As revoluções do poder

As revoluções do poder

Eunice Ostrensky

São Paulo, 2006

Copyright © 2006 Eunice Ostrensky

Edição: Joana Monteleone
Capa: Clarissa Boraschi Maria
Copydesk: Alexandra Colontini
Revisão: Neusa Monteferrante
Projeto gráfico e diagramação: Djinani S. de Lima

Dados Internacionais de Catalogação na Publicação (CIP)
(Câmara Brasileira do Livro, SP, Brasil)

Ostrensky, Eunice
As revoluções do poder/ Eunice Ostrensky
São Paulo: Alameda, 2005.

Bibliografia.
ISBN: 85-98325-23-6

1. Cromwell, Oliver, 1599-1658 2. História – Histografia
3. Inglaterra – Século 17 – História 4. Inglaterra – História –
Revolução Puritana, 1642-1660 5. Poder (Ciências Sociais)
I. Título.

05–9723   CDD–942.06

Índices para catálogo sistemático:
1. Poder: Inglaterra: Século 17: Revoluções: História – 942.06

[2006]
Todos os direitos desta edição reservados à

ALAMEDA CASA EDITORIAL
Rua Ministro Ferreira Alves, 108 – Perdizes
CEP 05009-060 – São Paulo – SP
Tel. (11) 3862-0850
www.alamedaeditorial.com.br

Para Helena e Estela.
Em memória de Eugênio, meu pai.

ÍNDICE

PERSONAGENS	11
INTRODUÇÃO: OS PERÍODOS FATAIS	23
I. A ORDEM DO MUNDO	41
Das homilias ao direito divino	45
Anarquia e tirania	57
Um mundo fora dos gonzos	65
II. CONTRATO E CONSTITUIÇÃO	77
No Continente: conseqüências paradoxais da Reforma	77
Na Escócia: teorias da rebelião	91
Na Inglaterra: o rei no Parlamento	100
Costume e lei	108
III. A LEI DA VONTADE	119
Um escocês na Inglaterra	125

Passagem para o ambiente absolutista da corte de Carlos I	132
Obediência passiva e cizânia entre os realistas	142

IV. Os Casuístas · 151

A unidade na trindade	158
Dilemas da constituição mista	166
Constituição mista e soberania do Parlamento	172
Contrato e lei fundamental	178

V. Uma teoria conservadora dos direitos naturais · 193

O sábio e o soldado	199
Antídoto contra feitiçaria	208
Crítica à ação política	216
Lei e liberdade	222

VI. Direito, liberdade e revolta · 245

Povo e multidão	247

Tolerância religiosa	257
Reinterpretação da lei de natureza	272
Direito natural e propriedade	277
Pacto, voto e revolta	283
Representação	290
A SEGUNDA METADE DO CÍRCULO	303
Índice	315
Bibliografia	331
Agradecimentos	341

PERSONAGENS

■ **Allen, William** (c. 1616-59), aliás, Edward Sexby. Agitador do exército e porta-voz dos levellers em 1647. Participou do governo Cromwell como agente do Conselho de Estado, sendo enviado a La Rochelle e Bordeaux para auxiliar os frondistas, quando traduziu e publicou a versão final do *Acordo do Povo*. Mas, por alguma razão, foi afastado do governo em 1655. Depois disso, encabeçou vários complôs para assassinar Cromwell, inclusive se aliando aos realistas, e escreveu *Killing no Murder* para justificar qualquer um que tivesse êxito nessa tentativa. Sexby morreu na prisão alguns meses antes da morte de Cromwell

■ **Ascham, Anthony** (c. 1618-50). Ou Eutactus Philodemius, pseudônimo com que assinou seus panfletos. Pertencente a uma respeitável família aristocrática, Ascham aliou-se ao Parlamento no início da guerra civil. Em 1647 foi nomeado tutor de Jaime, Duque de York (futuro Jaime II). Cogita-se que tenha auxiliado a redigir a peça de acusação contra o rei em 1649. Nesse ano tornou-se representante da República em Hamburgo e em 1650 foi designado Embaixador na Espanha. Foi assassinado por realistas antes mesmo de apresentar suas credenciais ao governo espanhol.

■ **Ball, William** (?-?). Há poucas informações sobre o cavalheiro William Ball de Barkham. Foi, provavelmente, procurador do tribunal do Tesouro. Nesse caso, teria iniciado como escritor realista, mudando de lado em 1645, quando foi eleito como representante de Abingdon no Longo Parlamento. Defendeu a soberania popular, mas de maneira ostensivamente diversa da dos levellers. É autor de *Constitution Liberi Populi*.

■ **Chillingworth, William** (1602-1644). Teólogo e controversista, Chillingworth foi um dos membros do Great Tew Circle, que se reunia na casa de campo do Visconde de Falkland. De católico a anglicano com ressalvas, defendia a infalibilidade da razão, não do Espírito Santo, posicionando-se assim ao lado dos erastianos, que propunham uma abordagem racionalista às Sagradas Escrituras. Segundo o biógrafo John Aubrey, se fosse possível converter um grão-turco pela razão natural, ele e o Visconde seriam os dois únicos homens indicados para fazer isso.

■ **Colepeper, Sir John, 1º Barão Colepeper** (? - 1660). Eleito pelo condado de Kent para o Longo Parlamento, Colepeper tomou o partido popular, criticando os monopólios e apoiando o processo contra Strafford. Mas se opôs à abolição do episcopado, temendo que pudesse desencadear mudanças drásticas demais. Por sua moderação, foi escolhido para apresentar, perante a Câmara dos Comuns, a proposta de paz de Carlos I. A essa altura, havia mudado completamente de lado. Junto com o Visconde de Falkland, teria redigido a *Resposta de Sua Majestade às XIX Propostas do Parlamento*. Permaneceu influente nas cortes de Carlos I durante a guerra civil e de Carlos II no exílio.

■ **Cromwell, Oliver** (1599-1658). Lorde Protetor da Inglaterra entre 1654 e 1658. Como (obscuro) representante de Cambridge na Câmara dos Comuns, em 1640, defendeu Lilburne contra a perseguição religiosa. Foi gradativamente adquirindo notoriedade como membro do Parlamento e oficial do Exército ao longo daquela década. Sua decisiva liderança militar na batalha de Marston Moor (1644) abriu caminho para formar o Exército de Novo Tipo. Suas campanhas na Irlanda asseguraram, com muito derramamento de sangue, a submissão dessa região católica à Inglaterra. De início relutante em relação ao regicídio, teria sido pouco logo depois um dos maiores articuladores da execução do rei e da instituição da República em 1649. Conquistou a Escócia em 1651. Era partidário da tolerância religiosa.

■ **Digges, Dudley** (1613-1643). Membro de uma eminente família de matemáticos e políticos, Digges se graduou em Oxford. Logo no início da guerra civil tomou o partido realista, publicando, com Chillingworth, *An Answer to a printed book* (1642), para refutar o panfleto *Observations upon some of his Majesties late Answers and Expresses*, de Henry Parker. Morto precocemente de febre tifóide quando servia ao rei em Oxford, Digges deixou uma obra póstuma, *The Unlawfulness of subjects taking up armes*.

■ **Falkland, Visconde (Lucius Cary)** (1610-1643). Poeta, estadista, membro dos Parlamentos Curto e Longo, secretário de Estado em 1642. Opôs-se à política eclesiástica de Laud e defendeu o processo contra Strafford, mas era contrário à abolição do episcopado em 1641. É provável que tenha redigido, juntamente com Sir John Colepeper, a *Resposta de Sua Majestade às XIX Propostas do Parlamento*. Também em 1642 foi enviado a York para negociar com o Parlamento em nome do rei. Segundo consta, sentindo-se culpado por um mau conselho ao rei, lançou-se – como um louco, diz o biógrafo John Aubrey – contra o exército parlamentarista na batalha de Newbury. É possível, porém, que o verdadeiro motivo desse gesto desesperado fosse, de acordo com o mesmo Aubrey, a profunda tristeza pela morte de sua amante, a senhora Moray.

14 EUNICE OSTRENSKY

■ **Ferne, Henry** (1602-1662). Teólogo anglicano que em 1642 caiu nas graças de Carlos I com o panfleto *The Resolving of Conscience* mas incorreu no ódio dos parlamentares. No ano seguinte, juntou-se à corte em Oxford. Quando Carlos se rendeu, Ferne se retirou a Yorkshire, onde permaneceu até ser chamado, em 1648, para pregar ao rei o último sermão que este ouviria antes de seu julgamento.

■ **Filmer, Robert** (1588-1653). Autor dos principais textos do pensamento político patriarcalistas, Filmer foi um dos mais ardorosos defensores da monarquia absoluta no século XVII. Embora não tenha tomado parte dos conflitos da guerra civil, suas obras deixavam muito claro que era um partidário ideológico do rei. No entanto, não foi durante o conflito que seus escritos encontraram excelente acolhida pelos monarquistas. Pelo contrário: naquele momento talvez se considerasse inadequado publicar algo que não enfatizasse a moderação da causa realista. Sua voga chegou em 1679-80, durante a Crise da Exclusão, enquanto os *Tories* se defendiam das tentativas dos *Whigs* de excluírem um herdeiro católico do trono. O mais implacável crítico de Filmer foi o filósofo John Locke.

■ **Harrington, James** (1611-1677). Filósofo republicano, discípulo de Maquiavel. Ao que parece, não tomou partido durante a Guerra Civil. Em 1647, provavelmente, tornou-se camarista de Carlos I no cativeiro, permanecendo a seu lado até a execução em janeiro de 1649. Conta a história que o rei costumava discutir as formas de governo com Harrington, mas não tolerava que este falasse do regime republicano. Em *Oceana* (1656), procurou explicar o fracasso da monarquia inglesa. Na época, a obra conquistou muitos seguidores, sendo ardentemente discutida nos cafés. Harrington foi preso no início da Restauração e, segundo o biógrafo John Aubrey, foi, então, que começou a manifestar os primeiros sinais de loucura.

- **Herle, Charles** (1598-1659). Teólogo presbiteriano, várias vezes pregou diante do Longo Parlamento, sempre enfatizando a natureza coordenada do governo inglês. Seguindo Calvino, condenou a resistência dos indivíduos privados, sob o argumento de que tal tarefa caberia aos magistrados e aos tribunais do reino.

- **Heylin, Peter** (1600-1662). Teólogo e controversista anglicano. Amigo de Laud, tornou-se capelão de Carlos I em 1630. Auxiliou a redigir a peça de acusação contra William Prynne e igualmente se fez útil aos realistas durante a Guerra Civil. Juntou-se ao rei em Oxford e lá editou o *Mercurius Aulicus*, jornal vivaz e virulento. Mas logo depois perdeu o cargo, sua casa foi saqueada e Heylin passou alguns anos de pobreza. A partir de 1653 fixou-se em Abingdon, onde pôde viver sem ser incomodado pelo governo republicano.

- **Hobbes, Thomas** (1588-1679). Filósofo.

- **Hunton, Philip** (c. 1604-1682). Clérigo presbiteriano, foi indicado diretor do Durham College em 1657, cargo de que foi demitido com a Restauração. Em sua mais importante publicação, *A Treatise of Monarchy* (1643), tentou oferecer uma alternativa à defesa do absolutismo régio e à reivindicação de soberania do Parlamento, dirigindo-se ao leitor que ainda não havia se decidido quanto a que partido tomar no início da guerra civil. O livro é o principal alvo de *The Anarchy*, escrito por Filmer.

- **Hyde, Edward** (1609-1704). Futuro conde de Clarendon. Advogado, Hyde foi um dos participantes, na década de 1630, do

16 EUNICE OSTRENSKY

erudito círculo formado em torno do Conde de Falkland. Elegeu-se para os Parlamentos Curto e Longo, destacando-se como realista constitucional, crítico das políticas do arcebispo Laud, mas favorável à manutenção da hierarquia episcopal. No conflito entre rei e Parlamento, propôs a adoção de uma via média: os três estados deveriam constituir os poderes legislativo e judiciário do reino, ainda que o rei detivesse o poder de veto. Teve lugar de destaque no governo da Restauração, tornando-se Chanceler de Carlos II em 1662. Sofreu *impeachment* em novembro de 1667, sendo forçado a se exilar na França, onde morreu.

- **Ireton, Henry** (1611-1651). General e teórico do Exército de Novo Tipo. Em 1645, tornou-se Comissário Geral do Exército e Membro do Parlamento graças à influência de Cromwell, de quem veio a se tornar genro em 1646, e graças sobretudo a seus próprios méritos. Em 1647, redigiu, com outros políticos independentes e chefes do exército, as *Heads of Proposals* que foram debatidas em Putney e propunham o fim do direito de veto do rei e a abolição da Câmara dos Lordes. Em 1648-9, empenhou-se em levar o rei a julgamento, ao mesmo tempo que buscou reconciliar os levellers com os líderes mais moderados do Parlamento, Exército e da *City*. Não conseguiu se eleger para o primeiro Conselho de Estado da República, por ser considerado perigoso demais. Em 1651, sucedeu Cromwell como Comandante-Chefe do Exército na Irlanda, onde morreu.

- **Laud, William** (1573-1645). Arcebispo da Cantuária, principal ministro de Carlos I. Reintroduziu nas cerimônias litúrgicas da Igreja Anglicana inovações teológicas mais próximas do culto católico, o que a muitos pareceu o início da dominação papista no país. Promoveu clérigos a cargos no governo, ao mesmo tempo que era um fervoroso paladino da autoridade real. Logo no início da sessão do Longo Parlamento, sofreu processo de *impeachment* junto com Strafford. Em outubro de 1646, um ano e meio após sua execução, foi abolido o episcopado na Inglaterra.

- **Lilburne, John** (1615-1657). Líder leveller, escreveu mais de 80 panfletos e esteve cerca de sete vezes na prisão em decorrência de suas atividades políticas. Em 1637-8, a Câmara Estrelada o condenou a sofrer açoites, a ficar exposto no pelourinho e à prisão por ter publicado um folheto atacando os bispos da Igreja Anglicana. Libertado pelo Longo Parlamento em 1642, juntou-se ao exército parlamentar e chegou ao posto de Tenente-Coronel. Como se recusasse a prestar o Pacto e Liga Solenes foi destituído desse cargo em 1644, passando a freqüentar os círculos sectários. Com o fim do movimento leveller em 1649, voltou à prisão. Já em 1647 passara a nutrir simpatias pelas doutrinas quacres.

- **Maxwell, John** (?). Bispo excomungado de Ross, autor de *Sacro-sancta regum majestas: or the sacred and royal prerrogative of christian kings (1644).*

- **Maynwaring, Roger** (1590-1653). Doutor em teologia pela Universidade de Oxford, foi indicado para o cargo de capelão na corte de Carlos I e nessa qualidade fez o famoso sermão que em 1628 lhe rendeu a ira dos parlamentares e custou-lhe a suspensão de qualquer cargo por três anos, além do pagamento de multa e pena de prisão. Perdoado por Carlos I logo após a dissolução do Parlamento de 1628, ocupou o cargo de Bispo de St. David, até ser novamente destituído e preso por ordem do Parlamento de 1640.

- **Milton, John** (1608-1667). Poeta, teórico, panfletista e político, Milton associou humanismo e protestantismo, defendendo uma república de inspiração ciceroniana, na qual os virtuosos e nobres – os cidadãos – são também os santos. Foi um dos primeiros a defender o regicídio em 1649 e por esse gesto destemido foi convidado a colaborar, na qualidade de alto funcionário, com a República (1649-53) e o Protetorado (1653-58). Na Restauração, viu-se perseguido e ameaçado. Mas é nesse período que publica seus maiores poemas: *Paraíso Perdido, Paraíso Reconquistado e Sansão agonístico.*

- **Nedham, Marchamont** (1620-?). Iniciou sua carreira de jornalista em 1642, como editor do diário anti-monarquista *Mercurius Britannicus.* Cinco anos mais tarde, tornou-se propagandista do rei. Depois de 1649, voltou a mudar de lado novamente, contratado como o o principal escritor da república para editar *Mercurius Politicus,* órgão oficial do governo, sob a supervisão do poeta e secretário de Estado John Milton. Em 1653, rompeu com Cromwell e dedicou seus escritos a resgatar os verdadeiros princípios da república romana.

- **Overton, Richard** (? –1664?). Pouco se sabe a respeito de Overton antes de 1641, quando começou a publicar tratados anônimos atacando o catolicismo, a Igreja Anglicana, os monopolistas, a corte e os conselheiros do rei. Entre abril de 1642 e janeiro de 1644, nada publicou – talvez porque estivesse cumprindo pena de prisão por dívidas. Envolveu-se com os batistas e, em 1645, com os *levellers,* vindo a tornar-se o editor do jornal *The Moderate.* Seu último tratado *leveller* apareceu em 1649. Em 1654, tentou tornar-se agente secreto a serviço do Protetorado, ao mesmo tempo que se juntava a oficiais realistas e republicanos para derrubar Cromwell. As últimas notícias que se têm dele datam de 1663, quando teria sido preso por conspirar com republicanos.

As revoluções do poder 19

■ **Parker, Henry** (1604-52). Advogado, veio a se tornar o principal propagandista do Parlamento. Em 1642, apoiou os presbiterianos e defendeu a soberania do Parlamento em situações de emergência. Em 1649, defendeu os independentes e a soberania da Câmara dos Comuns. Durante as guerras civis e o Interregno, Parker foi indicado pelo Parlamento para ocupar importantes cargos, dentre os quais o de secretário da Câmara dos Comuns em 1645 e o de secretário do exército de Cromwell na Irlanda.

■ **Petty, Maximilliam** (1617-?). Leveller. De família fidalga, tornou-se aprendiz da Grocer's Company de Londres, onde provavelmente conheceu outros aprendizes radicais, que nos anos de 1637-39 foram defensores de Lilburne quando este sofreu nas mãos dos bispos e da Câmara Estrelada. Figura central do movimento leveller, ajudou a redigir o *Acordo do Povo* e foi escolhido como um dos representantes civis nos Debates de Putney. Pouco se sabe dele depois de 1649, a não ser que nos anos seguintes à Restauração tornou-se membro de uma associação republicana, a Rota.

■ **Prynne, William** (1660-1669). Membro presbiteriano do Parlamento, Prynne pagou caro por suas severas críticas à política eclesiástica adotada pelo arcebispo William Laud na Igreja Anglicana durante a década de 1630. Em 1637, ele, o reverendo Henry Burton e John Bastwick foram condenados à exposição no pelourinho, a ser mutilados no cadafalso (tiveram as orelhas cortadas), a pagar uma elevada multa e à prisão perpétua (posteriormente revogada por pressão do Parlamento). Toda essa humilhação talvez tenha contribuído para torná-lo um homem absolutamente intransigente, como se vê pela seguinte descrição feita pelo estudioso Haller: "O pelourinho concedeu-lhe o privilégio de não ser contestado. O martírio era seu pão de cada dia e a contradição, um patíbulo no qual se exibia novamente como vítima. Suas cicatrizes o tornaram insensível ao argumento. As objeções eram a prova da iniqüidade de seus autores" (Haller 1934, p. 71).

- **Pym, John** (1584-1643). Renomado líder parlamentar e político, Pym foi crítico constante das políticas da corte e das influências arminianas e católicas na Igreja Anglicana. Sua longa carreira parlamentar se iniciou em 1614, no reinado de Jaime. Em 1628, apoiou enfaticamente a Petição de Direito. Em 1641, convencido de uma conspiração para destruir o Parlamento e o protestantismo, presidiu a sessão parlamentar que votou o processo de *impeachment* de Strafford.

- **Rainbourough, Thomas** (assassinado em 1648). Marinheiro e filho de um oficial da marinha a serviço do rei, lutou em mar e terra contra o rei e se tornou coronel em 1643. Aliou-se com os levellers nos debates de Putney em 1647, o que quase lhe custou a amizade de Ireton e Cromwell. Na Marinha, porém, seu radicalismo criou antipatias insuperáveis e talvez por isso tenha tido de abandonar o cargo de Vice-Almirante e retornar ao Exército.

- **Sexby, Edward**. Ver Allen, William.

- **Spelman, John** (1594-1643). Advogado, antiquário e Membro do Parlamento, fez parte do restrito círculo que se fechou em torno de Carlos I em Oxford. Como Digges, morreu de febre tifóide.

- **Strafford, Conde de**. Ver Wentworth, Sir Thomas.

- **Walwyn, William** (1600-80). Membro do *establishment* comercial (pertencia à Merchant Adventurers Company), já antes de

1641 publicou tratados anônimos em favor da tolerância religiosa que poderiam ser considerados radicais. Em 1645 se juntou a Lilburne mas, ao contrário deste, sempre atuou nos bastidores da política, publicando anonimamente. Mesmo assim, parece ter sido figura central na organização política dos levellers, ao fazer a ponte entre eles e as seitas e ao projetar o Acordo do Povo. Em março de 1649, quando Cromwell destruiu o partido leveller, foi preso e condenado à prisão perpétua na Torre. Enquanto estava na prisão, publicou-se um panfleto em que o acusavam de ateu, comunista, blasfemo e sedutor de inocentes. Posto em liberdade em 1651, voltou seus interesses para a prática da medicina. Em seus panfletos, muitas vezes faz menção à opinião de sua mulher, com quem teria criado 21 filhos.

■ **Wentworth, Sir Thomas** (1593-1641). Conde de Strafford em 1640. Na década de 1620, destacou-se como líder dos comuns, opondo-se a muitas das políticas de Carlos I. Foi obviamente considerado traidor quando aceitou o cargo de Presidente do Conselho do Norte em 1632. Por governar a Irlanda com mão de ferro, ganhou o apelido de "Black Tom Tyrant" (Tom, o negro tirano). Teria sugerido a Carlos I meios de governar arbitrariamente sem o Parlamento. Não bastasse ser julgado, condenado e decapitado em 1641, também sua descendência perdeu todos os direito civis de acordo com um Decreto de Proscrição.

■ **Wildman, John** (1623-93). Leveller. Tornou-se oficial do exército em 1649 e major em 1653. Elegeu-se Membro do Parlamento em 1654. Depois que Cromwell expulsou os radicais do exército, Wildman passou a atacá-lo sistematicamente em panfletos e debates. Foi preso em duas ocasiões (1655-6 e 1657).

■ **Williams, Griftin.** Bispo anglicano que perdeu o cargo quando as tropas parlamentares tomaram a Irlanda. Seu mais conhecido tratado é *Vindiciae Regum or the Grand Rebellion*, de 1643.

Introdução:
os períodos fatais

"Eu poderia enumerar muitos outros
governos efêmeros. Mas bastam esses para
mostrar que cedo ou tarde todos têm seus
períodos fatais; suas coroas volvem-se no pó
e suas glórias são enterradas no túmulo
do esquecimento"
Marchamont Nedham, 1650.

Em 14 de janeiro de 1642, um certo Thomas Wiseman escreve a Sir John Pennington, então em Paris, para relatar os últimos acontecimentos na Inglaterra e Escócia. Aterrado, Wiseman diz ao amigo prever o pior, caso não chegue a bom termo o conflito entre o rei e o Parlamento: "Não ouso advertir-vos das desgraças a que ficaremos expostos no fim dessas perturbações, se um feliz acordo entre o rei e o Parlamento não vier oportunamente evitálas. [...] Se Deus não olhar por nós em breve, possivelmente pereceremos" (SP 18/488/57). As expectativas de Wiseman, as boas e as más, frustraram-se todas. Dezoito anos se passariam até o rei e o Parlamento voltarem a se entender, e é provável que ao cabo desse tempo os dois amigos estivessem mortos. Mas Deus não abandonaria os ingleses: o país não sucumbiu, apesar da Grande Rebelião, nome pelo qual os seiscentistas conheciam as guerras civis ocorridas entre 1642 e 1660.

O primeiro a designar a Grande Rebelião por Revolução Inglesa foi o historiador e político François Guizot, em 1826 (Dunn 1989, p. 338). Preocupado em explicar os desvios da Revolução Francesa à luz da bem-sucedida monarquia constitucional inglesa, é possível que Guizot nem sequer cogitasse discutir o termo revolução. Bastou-lhe qualificar como Inglesa, talvez para compará-la à experiência francesa de 1789, essa revolução que havia logrado derrotar o absolutismo e afinal conservar a monarquia. Tanto assim que, em *A Revolução Inglesa no Século XVII*, Karl Marx e Friedrich Engels dedicaram suas ácidas críticas à economia política de Guizot, mas aceitaram sem pestanejar o termo "revolução". Daí em diante, a Grande Rebelião assumiu um indelével caráter burguês, conquistado graças à derrocada do absolutismo e às mudanças profundas provocadas no antigo modo de produção. De resto, não haveria sólida razão para deixar de rebatizar a Grande Rebelião como Revolução, principalmente depois de um britânico referir-se, ainda no século XVIII, à crise político-constitucional de 1688 como Revolução, faltando apenas acrescentar-lhe o adjetivo que a notabilizaria: Gloriosa.[1] Nada impediu chamar de revolução esse conflito sem sangue, quase burlesco. Nada poderia impedir então de chamar pelo mesmo nome o verdadeiro e trágico conflito.

Também no século XIX, o historiador Samuel R. Gardiner, descendente do general Oliver Cromwell, inaugurou uma escola de pensamento quando insistiu na motivação religiosa dos revolucionários e, em vez de privilegiar as causas econômicas da Grande Rebelião, decidiu chamar a Revolução Inglesa por Puritana. Hoje, os dois epítetos são utilizados alternativamente, muitas vezes pelo mesmo historiador, como forma de enfatizar o elo entre religião e economia – ou economia e religião, dependendo da interpretação

---

[1] Ver Adam Smith, *A Riqueza das Nações*, V, III, p. 1170.

As revoluções do poder   25

adotada. O mais das vezes, porém, o emprego dos dois adjetivos é simples conveniência, não permitindo decifrar nenhuma corrente historiográfica.

Nos tempos em que Wiseman e Pennington trocaram correspondência, poucos em sã consciência atribuiriam causas econômicas às guerras que mataram por volta de 85.000 pessoas na Inglaterra e em Gales.[2] O problema dos monopólios comerciais, dos impostos, da exploração de terras, do comércio exterior, do valor da moeda, do custo da realeza, eram certamente evocados e debatidos, mas nunca considerados como fatores exclusivos das discórdias, ou tratados isoladamente, sem menção a outros aspectos de natureza política e social. Isso para não dizer que se ignoravam absolutamente os conceitos modernos pelos quais concebemos as relações econômicas. Quanto aos motivos religiosos da Grande Rebelião, seria estéril negá-los: andavam por todas as cabeças e pelas bocas. Prova disso é o papel central da Bíblia como instrumento de compreensão e explicação dos fenômenos políticos, sociais e até econômicos. No entanto, nenhum refúgio seria mais obscuro e confortável, segundo o historiador Christopher Hill, do que atribuir ao puritanismo esse caráter revolucionário (Hill 1997, p. 1). É raro encontrarmos discursos da época cujo autor se orgulhe de ser puritano, termo de significado ambíguo, pejorativo, contraditório. Não bastasse a extrema relutância dos próprios ingleses do século XVII em declararem-se puritanos, é pouco crível que entre os oponentes de Carlos I fosse consensual o projeto de mudar a Igreja e o Estado. Por essas razões, o historiador John P. Kenyon conside-

---

[2] Faltaria acrescentar os mortos na Escócia e, sobretudo, na Irlanda. Segundo o historiador Charles Carlton, é muito difícil ainda hoje apresentar o total de mortos ao longo de dezoito anos de guerra. Dos 85.000 mortos, estima-se que aproximadamente 35.000 fossem parlamentaristas e 50.000, realistas. Não há estimativas quanto ao número de vítimas civis (In: Kenyon and Ohlmeyer 1998, p. 273).

ra que o maior desserviço de Gardiner para a historiografia tenha sido descrever a Grande Rebelião como a Revolução Puritana.[3]

A Grande Rebelião não parece ter sido, portanto, uma revolução burguesa consciente, nem tampouco uma deliberada revolução puritana. Em que medida então foi uma revolução? Na Inglaterra do século XVII, o conceito de revolução remete quase sempre a dois sentidos distintos, invariavelmente relacionados à astronomia e ao que hoje intitulamos física. O primeiro sentido é sinônimo de circunvolução e designa o processo cíclico de geração, corrupção e morte pelo qual passam todos os seres, mesmo os grandes corpos das repúblicas. Nem os corpos celestes, que giram em torno do próprio eixo e em torno de outros corpos, nem os corpos políticos, fadados a nascer e a perecer, estão livres desse movimento circular, que alguns autores – especialmente os republicanos – também viram como uma sorte de destino inexorável, ou como a roda da Fortuna.[4] E, se genericamente a mutação própria da *physis* encontra similitude na instabilidade política, descendo aos particulares, a trajetória das esferas celestes, conforme a linguagem ptolomaica, ajuda a refletir sobre as condições pelas quais uma forma de governo muta-se noutra e sobre a trajetória dos regimes. Daí falar-se na alternância das formas de governo, em várias e repentinas reviravoltas do poder, na precariedade do mando, na variedade de êxitos durante certo período, nas mudanças e confusões inerentes ao tempo ou às coisas passadas na história.

---

[3] Kenyon ainda acrescenta: "De fato, os opositores da monarquia eram, em sua maior parte, reacionários empedernidos que só queriam restaurar a 'antiga constituição' de um, talvez dois ou mesmo três séculos antes" (*The Stuart Constitution*, p. 7).

[4] Veja-se Marchamont Nedham; "... e isso por causa de um certo destino ou decreto da natureza, que em todas as suas produções faz o segundo momento de sua perfeição o primeiro no caminho de sua dissolução"; "rotação perpétua de todas as coisas num círculo, da geração à corrupção"; "rápidos furacões de fatal necessidade que varrem nossos negócios de todos os pontos da bússola" (*The Case of the Commonwealth...*, pp. 7-8).

Daí falar-se também, não naquilo que se transforma, mas no que se alterna em algo já conhecido, isto é, as repetições e os ciclos.

Revolucionar é revolver, mover em giro – definição que se conserva no segundo sentido a que remete o conceito de revolução. Também aqui a linguagem é tributária do desenvolvimento da astronomia, mas recorda a mecanização da natureza, a sujeição dos fenômenos a princípios universais. Agora, as esferas da astronomia ptolomaica cedem lugar à Terra e aos planetas na astronomia copernicana, e rotação e circulação são termos que se aplicam também a outras ciências, como a anatomia. No que diz respeito à política, as grandes mudanças não mais são causadas pela mera instabilidade dos regimes, devendo ser também entendidas no interior de uma estrutura de ambição realmente explicativa (Dunn 1989, p. 337). Ora ocorrem porque o poder político perde sua base social ou ética original; ora são fruto da restauração de direitos naturais ou históricos anteriormente violados.

Duas passagens retiradas da obra política do filósofo Thomas Hobbes ilustram o que viemos de dizer. A primeira é o célebre parágrafo que encerra o *Leviatã*. Ao mencionar a "revolução dos Estados", Hobbes parece referir-se ao movimento pelo qual um Estado ou corpo político artificial (personificado pela monarquia Stuart) deixa de existir depois de romperem-se os elos que o mantinham vivo – a relação entre proteção e obediência. Já ocupando o espaço do corpo morto, o filósofo vê nascer uma república que terá vida mais longa, desde que se funde nos verdadeiros princípios da ciência – a dele, obviamente.[5] Num dos parágrafos finais

---

[5] "E assim ponho termo ao meu discurso sobre o governo civil e eclesiástico, ocasionado pelas desordens dos tempos presentes, sem parcialidade, sem servilismo, e sem outro desígnio senão colocar diante dos olhos dos homens a mútua relação entre proteção e obediência (...). E, muito embora na revolução dos Estados não possa haver uma constelação inteiramente propícia ao aparecimento de verdades desta natureza (...), não posso

de *Behemoth*, por sua vez, o movimento circular do poder ilustra claramente a restauração da monarquia Stuart, que na década anterior Hobbes julgava morta. Os dois estágios simétricos e antagônicos de dissolução e constituição de Estados, um dos quais de direito e o outro de fato, sugerem que o movimento sedicioso faz estremecer o fundamento político e social da monarquia Stuart, porém não é capaz de destruí-lo.[6]

As revoluções consideradas por Hobbes nessas duas passagens são fenômenos tipicamente políticos que exigem do filósofo um grande esforço explicativo. Boa parte do edifício teórico do *Leviatã* reserva-se não só à exposição das razões pelas quais a maior necessidade humana é a de proteção, como a esmiuçar os meios de alcançar a mais completa obediência. Quanto ao *Behemoth*, em que Hobbes posiciona-se no alto de seus oitenta anos e contempla a revolução pretérita, nota-se o dobrado esforço de entender – talvez mais do que explicar – por que um governo legítimo se desfaz e seu sucessor não consegue se consolidar sobre a mesma base. E, no entanto, por mais que os agentes da revolução sejam homens, e não planetas ou astros; por mais que as mudanças investigadas pelo filósofo pertençam à ciência civil, e não à ciência da natureza, o conceito de revolução não tem, nos dois sentidos acima examinados, implicação claramente política – pelo contrário, de um modo ou de outro remetem a estruturas explicativas supra-humanas: *physis* e leis naturais.

---

acreditar que seja condenado nesta época, quer pelo juiz público da doutrina, quer por alguém que deseje a continuação da paz pública"(*Leviatã*, Revisão e Conclusão, p. 592).

[6] "Vi nessa revolução um movimento circular do poder soberano, que foi do falecido rei para seu filho, passando por dois usurpadores, *pai e filho*. Pois (deixando de lado o poder do conselho de oficiais, que foi temporário e cujos detentores se consideravam apenas seus procuradores) moveu-se do rei Carlos I para o Longo Parlamento; daí para o Rabo; do Rabo para Oliver Cromwell; e então de volta de Richard Cromwell para o Longo Parlamento; deste, para o rei Carlos II, onde se espera que permaneça por muito tempo" (*Behemoth*, p. 262).

Como esclarece o comentador John Dunn, apenas com a Revolução Francesa o conceito se tornará um importante instrumento de compreensão da política, designando os episódios históricos nos quais agentes humanos haviam produzido o colapso de uma ordem política, social ou econômica, e a emergência, em seu lugar, de novos valores ou regimes. É bom que se diga, entretanto, que a ausência de um conceito capaz de fornecer uma explicação inteiramente secular para um fenômeno não é prova das deficiências no modo antigo de conceber as relações políticas. Se tal ausência prova alguma coisa, prova apenas que o termo "revolução" não era essencial para a interpretação e a prática da política (Dunn 1989, pp. 334-37).

Podemos agora retomar a pergunta lançada alguns parágrafos atrás: em que medida a Grande Rebelião foi uma revolução? Se considerarmos os dois sentidos antigos do termo, por assim dizer, não resta dúvida de que conflito iniciado em 1642 arrastou consigo várias revoluções. Representou o ciclo de geração, corrupção e morte de pelo menos dois governos, a República e o Protetorado – sem contar que em 1649 também a monarquia Stuart parecia percorrer o mesmo ciclo ou padecer o mesmo destino. A Grande Rebelião também consolidou a mutação da monarquia em oligarquia, esta passando a uma democracia, até voltar a ser gradualmente o que fora no início. Além disso, sujeitou a Inglaterra a várias reviravoltas do poder, como para evidenciar a fragilidade do mando, e a fez ainda experimentar a morte e o renascimento de um Estado.

Mas, como leitores beneficiados pela visão *ex post facto* da história, julgamos que os numerosos efeitos de todas essas mudanças não levaram a Inglaterra de 1660 de volta ao ponto em que estava em 1642. A monarquia restaurada em Carlos II não era a mesma coroada em 1625 com Carlos I, nem sequer parecia a herdeira da que viera da Escócia em 1603. Não seria sem máculas que a Inglaterra sofreria tantas revoluções. Se as concepções "antigas" de revolução nos permitem pensar as transmutações e alternâncias, o conceito moderno, segundo o qual o colapso de uma ordem provoca a ruptura das relações sociais, políticas e econômicas então vigentes, auxilia-nos a refletir sobre as mudanças profundas e definitivas, sobre o que passa a pertencer de uma vez por todas ao passado.

* * *

Esses períodos fatais oferecem ao estudioso da política o privilégio de examinar o que herdamos e o que rejeitamos como improfícuo. Se enfatizamos as continuidades entre essa época e a nossa, delineamos o percurso através do qual as teorias da autoridade transcendente e descendente do governante – termos de Pocock e McIlwain (Pocock 1975, pp. 19-20) – foram deixadas de lado e substituídas por teorias sobre a autoridade imanente e ascendente do soberano. Desde então o governo passa a ser concebido como resultado do consentimento, o mais das vezes do consentimento da maioria.

Mas ainda que seja importante conceber o passado como um espelho onde mirarmos nossos defeitos, a ênfase na continuidade tem algo de excessivamente pragmático. É como se esse espelho, polido, desfocado ou invertido, nos fosse útil para resolver os problemas imediatos do presente. A investigação e a pesquisa do passado também devem ter o mérito de nos mostrar que mundo perdemos (para usar o título de um livro de Laslett[7]) ou que valores não mais endossamos e que perguntas não mais fazemos (Skinner 1998, p. 112). Ao escavarmos as coroas e as glórias que jazem sob o pó, trazemos à superfície não apenas as teorias que nos servem,

---

[7] *The World We have Lost*, 1965.

como ainda as que já foram abandonadas. São estas, particularmente, que iluminam problemas ou temas sempre evocados, mas talvez pouco compreendidos, em face de um certo menosprezo de parte da teoria contemporânea às circunstâncias políticas e aos discursos que lhes fizeram face, e que lhes conferem, no fim das contas, seu sentido e seu propósito originais. Por isso, é possível interpretar muitas das grandes obras de filosofia política como respostas a discursos que o filósofo considera incoerentes ou contraditórios, ou reflexões sobre momentos de ruptura.

É o caso, por exemplo, da teoria da obrigação política desenvolvida por Hobbes, fortemente tributária de um debate inglês sobre a distinção entre lei e liberdade Em geral, traça-se a história do pensamento político de Hobbes contrastando-o aos filósofos que o antecederam e até mesmo aos que o sucederam. Também acontece de se considerar a filosofia toda desse autor no contexto da grande filosofia do século XVII, em que o importante são os elos teóricos com Descartes, Mersenne, Gassendi e Galileu. Por fim, e é essa a via tomada aqui, é possível avaliar (não reduzir) o autor, situando um conjunto particular de prioridades políticas, não a obra toda, em certos debates provocados por certos acontecimentos. Trocando em miúdos, para entendermos por que Hobbes retirou aos súditos quase toda esfera de liberdade, precisamos reconstituir o contexto em que algumas de suas obras foram escritas, o discurso político inglês com que interagiram, e os desafios intelectuais com os quais o filósofo se deparou – a necessidade de recolocar o absolutismo numa outra chave ou, a bem da verdade, de tornar o absolutismo eficaz.

O mesmo tipo de abordagem pode se aplicar a outras questões, tais como o direito a expressar determinada opinião religiosa e o caráter representativo do Estado, apenas para citar dois exemplos que adiante serão discutidos mais longamente. Por ora, cabe dizer que este trabalho alinha-se aos estudos dedicados a realçar a importância de tratados políticos considerados menores e, muitas vezes, pouco dignos da filosofia. São esses textos nada sistemáticos que nos permitem compreender os propósitos dos autores de mais fôlego, e até mesmo sua grandeza. Nesses textos quase inconsistentes se encontram os vocabulários políticos, ainda usados ou já descartados, que nos possibilitam pesar nossos conceitos e preconceitos sobre certo assunto. A filosofia política pode e deve, sem risco de se aviltar, valer-se de todo o arsenal teórico disponível (jornais, panfletos, libelos, documentos), saindo, mesmo que por um instante, dos sistemas cerrados sobre si mesmos e dos temas à primeira vista universais. Nada perderá com isso, pelo contrário. Talvez então essa disciplina, às vezes calcificada como mais um ramo da especulação descompromissada, cumpra sua vocação de intervir no debate de cada época e de beneficiar-se, sempre, de distintas matrizes argumentativas. Foi isso o que fizeram, salvo engano, os grandes pensadores que a filosofia escolhe como seus ícones.

* * *

Este livro tem como objeto um desses períodos fatais, marcados por espasmos de aproximação e inelutável afastamento em relação ao passado – o período compreendido entre 1642 e 1649. Esses anos de crise da soberania, em que se colocaram e debateram, por um lado, questões sobre os limites do poder do Estado e, por outro, a natureza do dever do cidadão, permitem ver como adquiriu forma aquilo que Pocock chamou de "corpo clássico da teoria política inglesa": teorias que buscaram resolver, com base no vocabulário da lei civil e natural, problemas do direito, liberdade, da obrigação, autoridade e propriedade. Embora estes termos já fossem indubitavelmente noções complexas, ainda não haviam se tornado, antes do conflito, dominantes e paradigmáticos nas fundações do pensamento político europeu.[8] É ao embate ocorrido na primeira metade do século XVII entre discursos políticos díspares, empregados na defesa ou crítica da linguagem moral e política então existente, que devemos boa parte dos conceitos e dos vocabulários que continuam válidos quando queremos expressar as relações entre o indivíduo e a autoridade soberana – o que podemos exigir dela e o que ela pode nos cobrar, por exemplo; devemos às propostas de remediar o caos, inerente à ruptura então sofrida pelo poder político central, a organização da sociedade em torno de leis e direitos claramente estipulados. Se Pocock e outros estudiosos estiverem certos, um trabalho como este não será dispensável.

Como a esta altura já parecerá claro, para alcançar o significado dos conceitos acima enunciados – direito, liberdade, obrigação, autoridade e propriedade – é necessário nos assegurarmos de seu papel nas várias teorias e doutrinas que a partir de agora merecem nossa atenção. Não é essa uma tarefa simples, dada a variedade de argumentos distintos empregados pelos autores e, daí, a dificuldade de prestar consistência às teorias e doutrinas. Muitas vezes, há uma disposição quase caótica dos assuntos nos textos que certamente se deve não apenas às urgências colocadas pela hora revolucionária, como à sua natureza de polêmica. A balbúrdia das ruas se reproduz nos panfletos, exigindo do estudioso que conceda a palavra diretamente aos protagonistas desta história. Com isso, corre-se o risco de tornar o estudo mais descritivo, mas, em compensação, deixa-se ao leitor a possibilidade de imaginar o debate que este livro busca investigar.

Depois de demarcar a finalidade do livro e o período a que se refere (investigar o vocabulário da lei civil e natural debatido na

---

[8] Ver a Introdução de Pocock a *The Commonwealth of Oceana*, pp. xii-xiii.

Inglaterra entre 1640 e 1649) e de dizer algo sobre o tipo de abordagem que aqui se empreende (estudo do contexto político e intelectual), talvez nada mais reste a acrescentar, senão o roteiro adotado. Como resumiu com muita pertinência o Assessor da FAPESP responsável por acompanhar o desenvolvimento desta pesquisa ao longo de mais de quatro anos, a seqüência dos capítulos leva em conta uma "ordem cronológica das razões", refletindo o movimento gradual de democratização do poder que culmina com o regicídio. O ponto de partida é o pano de fundo convencional das crenças populares na Inglaterra antes de 1642. Para evidenciar a importância das concepções hierárquicas do poder e do significado da revolta, o Capítulo I apresenta uma incursão preliminar no chamado discurso da ordem, analisando nos documentos e tratados realistas e parlamentaristas o papel da Bíblia e das imagens e similitudes fornecidas por uma concepção macro e microcósmica do mundo, conhecida como Grande Cadeia dos Seres.[9] À primeira vista, o amplo recurso ao discurso da ordem às vésperas da guerra civil sugere um certo consenso no seio da sociedade inglesa a respeito da distribuição do poder político. Nas primeiras décadas do século XVII, de fato, era consensual que a relação entre soberano e súditos organizaria todas as outras relações laterais, das quais aquela constituiria o centro: compreendia a relação entre pais e filhos, senhor e criados, cabeça e membros, Deus e suas criaturas. Numa sociedade desse tipo, o homem comum tem como papel central o de obedecer a ordens superiores, cuja natureza é, para ele, um mistério.

Mas, bem examinadas as inúmeras ambigüidades do discurso da ordem, vêm à tona inquestionáveis focos de tensão. Para os realistas, o governante é a emanação da vontade de Deus, e sua auto-

---

[9] O termo é do historiador Arthur Oncken Lovejoy.

ridade espelha a ordem que Deus terá projetado para suas criaturas: de um lado, a submissão absoluta do súdito, de outro, a vontade incontrastável e livre do governante. Para os parlamentaristas, as várias hierarquias pressupõem reciprocidade, como se a obediência só fosse devida ao superior que se aceitasse submetido à ordem estabelecida pela lei.

No vazio de ordem e de autoridade inerente à guerra, outras linguagens, que havia muito estavam à disposição dos homens cultivados, ganham peso e novas interpretações. Se no Capítulo I examinam-se as crenças e convenções, no Capítulo II a ênfase recai sobre o pano de fundo conceitual do conflito iniciado em 1642, isto é, as doutrinas em que cada uma das partes se terá embebido para reivindicar legalidade às suas ações. Boa parte desse capítulo é dedicada à investigação dos princípios e efeitos paradoxais da Reforma, que fortaleceu o poder temporal, mas deixou aberta ao súdito a possibilidade da revolta. Algumas posições de Lutero e Calvino, pais da Reforma, por assim dizer, são sublinhadas e contrastadas a teses jesuítas e mesmos presbiterianas, a fim de assinalar que brechas levariam a conclusões tão distintas como a teoria da obediência passiva (principal substrato teórico dos absolutismos, no que se refere à obrigação política) e as teorias do dever e do direito de resistência. Na parte restante do capítulo, sai de cena o discurso teológico para dar lugar ao constitucionalismo inglês, discurso histórico por excelência. A finalidade agora é mostrar como na década de 1630 os ingleses se agarraram ao conceito de *common law*, que limitaria o poder soberano do rei, e como, malgrado eles, o absolutismo de Carlos I não só neutralizou as potencialidades desse conceito, como ainda o colocou a serviço da prerrogativa régia.

No Capítulo III, depois demonstrar que a prática política de Carlos não destoa dos ensinamentos absolutistas deixados pelo pai, o rei Jaime I, nem dos discursos que seus capelães vez por outra proferem, será possível delimitar um certo discurso realista, cuja principal ambição é ampliar a prerrogativa régia. É digno de nota que essa ampliação se justifica tanto por uma teoria legitimista como a de Jaime I (rei, diz ele, por direito de sucessão) como pelo direito de conquista, embora o legitimismo pareça incompatível com o direito de conquista. Quando se tem a pretensão de sistematizar teorias políticas, seria desejável estabelecer a primazia de um argumento sobre outro, e em seguida ordená-los em vista do que parece mais importante. Seria, porém, equivocado. O discurso realista é, antes de tudo, um conjunto de respostas que se dá a opositores distintos. Por exemplo, Jaime I e Robert Filmer, nomes mais representativos das teorias do direito divino, escrevem para dois públicos aparentemente diversos: o público externo, formado por jesuítas e protestantes radicais, e o interno, os juristas, conforme se verá no Capítulo II.

O Capítulo IV detalha os discursos parlamentaristas e os remédios constitucionais empregados para explicar – e solucionar – o problema gerado pelo crescimento imoderado da prerrogativa régia. Diante da inusitada dificuldade em resolver pelas vias normais a repulsa do rei em governar com o Parlamento, foi necessário seqüestrar a autoridade do monarca e considerar irresponsável o homem Carlos. De um modo ou de outro, esse gesto entre tímido – porque supostamente amparado na lei – e ousado – porque inédito – abriu caminho para a afirmação da soberania do Parlamento e para a execução do rei. Não podia ser outro, de fato, o desfecho apontado pela lógica da teoria da resistência: impossibilitados de julgar o homem cujo cargo se tinha por sagrado, só restava aos súditos abolir o cargo. Mas, além das teorias do direito e do dever de resistir, outras três linguagens se sobrepõem, quase aleatoriamente, para formar o cerne do discurso parlamentarista:

1) o discurso da ordem; 2) o constitucionalismo inglês, com ênfase nas limitações tradicionais ao poder da coroa; 3) o chamado "populismo aristotélico", em que sobressaem a noção de *politeia* (ou constituição) e o ideal da *eudaimonia*. A originalidade dessa colcha de retalhos teórica reside menos nas idéias ou conceitos que mobiliza, que em seu caráter de casuísmo. Por vezes convergentes, por vezes paralelas, as distintas chaves discursivas insistem em que a lei assegura a deposição do monarca tornado tirano.

Escrevendo duas de suas obras políticas no início das guerras civis, Hobbes parece ter especial cuidado em criticar Aristóteles, e fornecer cura para o encanto que as obras deste produzem nos leitores seiscentistas, retirando da noção de lei o sentido subversivo. A saída está numa teoria do direito natural. Mas agora já entramos no Capítulo V.

Hobbes é sem dúvida o grande nome do período e prova disso é a permanência no tempo de suas obras, que podem ser lidas, em princípio, desconsiderando-se o contexto intelectual e político em que foram escritas. Mas, por grande que seja ele em relação a seus contemporâneos, suas obras não são, nem poderiam ser, apenas o produto de seu talento. Nunca é demais insistir nessa afirmação, que a bem da verdade soa como truísmo. Hobbes não é uma figura isolada em seu ambiente, *avis rara* que causa estranheza a seus contemporâneos. Nem mesmo entre os realistas suas obras são extemporâneas, como se vê claramente pelo panfleto *The Unlawfulness of subjects taking up armes against their soveraigne in what case soever,* de Dudley Digges. Não se sabe ainda se Hobbes e Digges mantiveram algum contato pessoal ou se Digges lera *Elements of Law,* que circulou em manuscrito em 1640. Entretanto, toda informação a esse respeito somente confirmará que idéias como as de Hobbes começaram a ser aceitas por partidários do rei, embora não se firmassem como ortodoxia realista, quer por negarem as hierarquias necessárias para o reconhecimento do governante como lugar-tenente de Deus, quer por não se fundarem nas Escrituras, quer, finalmente, porque na década de 1650 Hobbes se distanciou por completo da Igreja Anglicana e afirmou coisas capazes de horrorizar os homens de bem. Seja como for, se mais tarde Adam Smith qualificou a política de Hobbes como particularmente ofensiva – já que apagaria a distinção natural entre certo e errado[10] – não o fez por considerar Hobbes um gênio maldito e solitário, mas por perceber a força dos discípulos hobbistas (entre eles Mandeville) nas discussões do século XVIII.

Isso não significa que nada haja de novo na política de Hobbes. Pelo contrário, o filósofo se envolve no debate suscitado pela crise da soberania para oferecer a mais sistemática resposta ao problema que preocupa seus contemporâneos: o governo pode ter origem humana e mesmo assim deter soberania absoluta? Ao enfatizar a origem humana do governo, Hobbes pretende bater seus adversários políticos no terreno destes; ao demonstrar a necessidade do Estado absoluto com base numa idéia negativa de liberdade, alia-se irremediavelmente aos realistas, colocando ao dispor destes o arcabouço teórico dos direitos naturais. Disso procura cuidar o Capítulo V.

O último capítulo se volta para um grupo político pouco estudado em nosso país: os levellers. Para perceber em que medida serão eles os primeiros democratas da história moderna e, além disso, algumas das aporias da democracia representativa, são postos em relevo os modos pelos quais os levellers alcançam a idéia de representação política: tolerância religiosa, reinterpretação da lei de natureza e uma teoria dos direitos naturais. No que se refere a esta última

---

[10] Ver *Teoria dos Sentimentos Morais*, p. 395.

teoria, seu pressuposto não é, como para Hobbes, uma idéia de liberdade segundo a qual se é livre quando não se sofre interferência de outros. De acordo com os levellers, a liberdade se define pelo direito de atuar no espaço público (poder de propor questões para debate e de participar do governo por meio de representação), mas sobretudo pelo direito de deter o domínio de si (por exemplo, poder seguir a própria opinião). No Capítulo VI, veremos mais detidamente como se articulam essas definições e qual sua gênese. Veremos também por que as propostas levellers de ampliação do colégio eleitoral, com base no questionamento do voto censitário, foram o *leitmotif* de sua derrota em 1649, quando os independentes trocaram a cabeça de Carlos I pela desmobilização do Exército.

Os levellers não foram derrotados apenas em 1649, mas num certo sentido em todas as vezes em que se contrapôs o direito do indivíduo aos direitos da sociedade como um todo. Mais de cento e cinqüenta anos depois, Stuart Mill dará a medida exata do avanço dessa contraposição, e do conseqüente recuo da atuação política, quando afirmar em *Ensaio sobre a Liberdade* que, embora todos tenham direito a expressar suas opiniões, não têm direito à liberdade de ação. E exemplifica, dizendo que um homem pode, de direito, expressar opiniões segundo as quais a propriedade constitui um roubo, mas deve ser punido, se as proferir "oralmente diante de uma turba exaltada, reunida em frente da casa do comerciante de cereais... Deve-se então limitar a liberdade do indivíduo na medida em que ele se torna nocivo a outras pessoas " (pp. 85-6). Importa agora respei-tar os direitos alheios, obedecer à vontade coletiva dos cidadãos, e, no isolamento de uma igreja ou de uma casa, ser livre para ter opiniões próprias, revoltar-se e resistir em silêncio, se possível.

Mas não nos alonguemos. Essas são questões cujo exame escapa ao nosso propósito e de resto convém nos apressarmos: Carlos I acaba de subir ao cadafalso.

I. A ordem do mundo

"O amor esfria, a amizade se rompe, os
irmãos se dividem. Na cidade, revoltas, nos
campos, discórdias; nos palácios, traição;
e se arrebentam os laços entre pais e filhos.
Esse vilão que criei caiu nessa maldição: é
um filho contra o pai. O rei desvia-se das leis
da natureza: é o pai contra a cria. "
Shakespeare, *King Lear*, I, 2, 112-124.

A execução de Carlos I na tarde gélida de 29 de janeiro de 1649 marca o ápice da Grande Rebelião e talvez por isso seu momento mais paradoxal. Por um lado, ainda que os novos governantes insistam em dizer que o julgamento e execução do rei foram abertos e justos, porque conformes às leis do reino, não existe até então nenhum precedente para os dois fatos. Nunca antes se havia julgado, condenado e executado um rei publicamente. No passado, coroas usurpadas e reis cruéis haviam merecido execuções que se fizeram pelas costas, no escuro, porque nem mesmo os assassinos, quase sempre parentes, cortesãos e nobres enciumados, preteridos ou humilhados, pensavam contestar a monarquia. É possível que os regicidas de 1649 a princípio também cogitassem tramas secretas, sabendo, como sabiam, que não conseguiriam suprimir o forte sentimento monárquico simplesmente cortando a cabeça do rei. Mas, por outro lado, o assassinato de Carlos I pela calada confirmaria a crença de que a monarquia era estimável e necessária, apesar de corrupto e sanguinário o rei. Ora, não seria tolo, de todo modo, dar à execução ares de legalidade, se ao longo das guerras civis a lei havia sido insistentemente violada, como sempre ocorre nos momentos revolucionários? E no entanto uma das características dessas guerras foi a freqüente reivindicação, tanto dos realistas como dos parlamentares, de que as respectivas ações se amparavam no passado e na lei e, por extensão, de que a outra parte introduzia perigosas inovações.

Além disso, enquanto o gesto sem precedentes pode ser enquadrado na categoria dos crimes, a ousadia de matar aquele que muitos ainda consideram o ungido de Deus, numa época de tanta suscetibilidade e fervor religioso, logo também adquire o grave aspecto de pecado. Realistas e presbiterianos, que de uma maneira ou de outra entrevêem no monarca a vontade do Altíssimo, não podem suportar tamanha impiedade, embora não tardem a explorar as conseqüências políticas do regicídio. Aliás, é preciso dizer que, ao perceber seu fim, o próprio Carlos I assumira de bom grado o papel de mártir, primeiro autorizando a difusão de preces nas quais fazia meditações sobre a morte[1] e, depois, entregando-se silencioso a seus juízes e carrascos. Do cadafalso, em suas derradeiras palavras, o rei ainda rogou a Deus que não imputasse a seus

---

[1] "Como disponho de muito tempo livre, tenho motivo mais do que suficiente para meditar sobre a morte e me preparar para ela, pois bem sei que são poucos os passos entre as prisões e as covas dos príncipes"(*Eikon Basilike*, p. 171). O autor dessa obra seria, segundo o editor Philip Knachel, o presbiteriano John Gauden, que teria mostrado a Carlos I, então prisioneiro na Ilha de Wight, boa parte do texto em manuscrito (idem, n. 1, p. 171). Nesse caso, Carlos I teria de alguma maneira colaborado na redação da obra. Ainda de acordo com Knachel, no próprio dia da morte de Carlos I circularam as primeiras cópias do livro, que em pouco tempo se tornou um dos mais lidos do século XVII na Inglaterra (ibidem, pp. XI-XXXII).

executes a culpa por ser ele, Carlos, mártir do povo (*The Stuart Constitution*, p. 295). Havia uma frieza estudada por trás desse rogo teatral, feito em voz alta diante de uma pequena multidão, sobre o palco sinistro de sua própria morte. Carlos queria suavizar o caminho para a restauração de seu herdeiro, reavivando nos corações dos súditos o antigo apego pela monarquia.

Nem os regicidas, nem os parlamentares, nem mesmo os líderes do Exército ignoram a força desse apego ainda presente, apesar de um tanto maculado pelas guerras civis. Os redatores da Declaração publicada pelo Parlamento em 22 de março de 1649 – cuja finalidade é justificar o julgamento e execução do rei, a alteração da forma de governo e a abolição da Câmara dos Lordes – fazem questão de abordar a suposta natureza sagrada do cargo do rei, tema bastante delicado, na tentativa de frustrar as artimanhas políticas de presbiterianos e realistas, inclusive as do rei morto. Não se pode atribuir a Deus, que pune a opressão e a injustiça, a criação dessas mesmas opressão e injustiça, dizem eles. Não é Ele, portanto, o responsável pelo surgimento desse estranho monstro que se pretende irresponsável perante os homens, e que mais apropriadamente deveria ser designado por "tirano". Como essa questão parece já suficientemente debatida, os redatores terminam argumentando que o epíteto de Ungido só se aplica aos reis da Judéia e Israel, nunca aos reis ingleses (*The Stuart Constitution*, p. 379). Sugere-se com isso que o problema com Carlos I havia sido de natureza estritamente constitucional, embora, como já vimos, desse ponto de vista a história inglesa não seja mais benéfica aos novos governantes que a exegese bíblica. Porém, um pouco acima, no mesmo documento, não há acanhamento em citar um conhecido argumento teológico da Reforma, segundo o qual as vitórias nas guerras – tal como a do exército parlamentar sobre o exército realista – são manifestações claras da vontade de Deus, ou melhor, são "a mão visível de *Deus*" que "agora apareceu *poderosa* e *miraculosamente*" (*The Stuart Constitution*, p. 378; itálicos no original).

Grande parte desses impasses no âmbito teológico e constitucional pode ser compreendida como a relutância em admitir o rompimento definitivo com uma certa ordem de coisas. Como lembra o estudioso John G. Pocock, a execução do rei tem lugar num ambiente profundamente monárquico e nenhum outro lhe seria mais propício. Carlos I foi morto, portanto, não por ser rei, mas por fracassar como rei: não conseguiu trazer paz aos súditos, não aceitou compor-se com o Parlamento e, pior ainda, juntou-se aos escoceses para subjugar os ingleses (Pocock 1996, p. 146). Daí os redatores da Declaração afirmarem que a decisão de alterar a forma de governo tem o propósito de impedir que um rei jamais volte a tiranizar o povo inglês (*The Stuart Constitution*, p. 384); daí alegarem que tal alteração diz respeito unicamente à forma de governo ("algumas simples alterações unicamente *formais*"), não ao conteúdo ("deixando intacta a *substância*" – *idem*, p. 387), que segue regulado pelas incomparáveis leis inglesas, intocadas apesar do Conquistador Normando.[2] Em suma, não promoveram a morte do rei e a alteração do regime – vigente desde o início dos tempos – por ódio à monarquia, mas porque um rei frustrara todas as esperanças nele depositadas e se tornara um obstáculo para a restauração da paz. Veremos no Capítulo IV que não havia, porém, como eliminar o tirano sem abolir seu cargo.

Dada a força da monarquia durante a Grande Rebelião, o objeto deste primeiro capítulo não poderia ser outro senão os hábitos convencionais de pensamento responsáveis pela manutenção

---

[2] "Emprega-se nelas [nas leis] o *nome rei* apenas por *formalidade*, mas nenhum *poder* de *administração pessoal* ou *julgamento* lhe são concedidos na mínima matéria que seja objeto de contenda" (*The Stuart Constitution*, p. 387).

de certa estrutura de autoridade. Sem esses hábitos, as teorias do direito divino dos reis teriam caído no vazio; por causa deles, as teorias contrárias às do direito divino, ou mesmo baseadas em pressupostos distintos, encontram um terreno ingrato no qual prosperar. Não resta dúvida de que, do início do século até 1642, predomina a concepção "monarquista" das relações de poder e não menos certo, porém, é o duro golpe sofrido por esse pensamento hegemônico naquele ano, quando a ruptura do poder estatal dá início à Primeira Guerra Civil. Como veremos mais adiante, nesse momento em que a antiga estrutura de autoridade praticamente desmorona – momento de crise da soberania – tornam-se mais evidentes as ambigüidades dos símbolos monárquicos. Também será necessário examinar como se comportam os homens após a decapitação do rei, quando as imagens representativas da monarquia aparentemente deixam de fazer sentido e os símbolos do poder monárquico começam a pertencer ao passado. Uma vez recomposto o mundo inarticulado das crenças, ao menos em seus traços mais notáveis, já será possível passar ao universo mais consistente do pensamento político, como se espera fazer a partir do Capítulo II.

Das homilias ao direito divino

Examinar os valores simbólicos da monarquia inglesa às vésperas da guerra civil é, de saída, conhecer a vida pública de uma sociedade cujos membros se encontram ao redor da paróquia, na igreja mesmo, unidos por estreitos laços às famílias. Mais de dois terços dos adultos são analfabetos nessa época (*Divine Right and Democracy*, p. 27). Para piorar, há aos montes párocos com pouca instrução que lêem mecanicamente textos bíblicos, sempre repetitivos, exaltando a obediência do súdito ao rei e, por oposição, anatematizando a desobediência ou rebelião. Esses textos, as homilias e os catecismos, trazem quase todo o conjunto de informações que os súditos mais incultos receberão ao longo da vida. De resto, são o baluarte da monarquia e da Igreja Anglicana.

A obediência, segundo a homilia de 1570, é "a principal virtude dentre todas as virtudes e de fato a raiz mesma de todas as virtudes, a causa de toda a felicidade" (*An Homily against Disobedience and Wyful Rebellion*, p. 94). A rebelião só pode ser "o primeiro e maior pecado, a raiz mesma de todos os outros pecados, a causa primeira e principal de todas as misérias mundanas e físicas ... e, coisa infinitamente pior do que tudo isso (...), a causa mesma da morte e também da danação eterna" (*idem*, p. 95). O texto inteiro das homilias é a repetição incessante de uma alternativa: o respeito aos reis e a salvação, por um lado, a entrega à rebeldia de Lúcifer e os horrores do inferno, por outro. É certo ainda que a autoridade das Escrituras basta para deixar claro o contraste entre céu e inferno, obediência e rebelião. Mas, como para sublinhar o papel do rei e o dos súditos, as homilias evocam "a similitude que existe entre a monarquia celeste e os reinos terrenos bem governados" (*idem*, p. 97).

Além das homilias que os súditos são mandados escutar, há também os catecismos que precisam ser decorados. Novamente, o tema central é a obediência. O catecúmeno submete-se a um questionário previamente redigido por algum clérigo autorizado e as perguntas lhe são lidas por um superior – o pai, a mãe, o senhor ou mesmo o pároco. Não há grande novidade nas perguntas, menos ainda nas respostas. O fundamental é o catecúmeno perceber a necessidade de obediência cega, sem contestação ou queixa, ao Quinto Mandamento – 'Honrarás pai e mãe'. Quem são os pais? – pergunta o catequista. A resposta tem de vir rápida: "Por pai e mãe no 5º. mandamento entendem-se não apenas os pais naturais, mas todos os superiores em idade e dons, especialmente aqueles que por ordenação de Deus estão acima de nós em posição de autoridade, seja na família, na Igreja ou na república" (*Political Ideas*, p. 28). O catecúmeno então se dá conta de uma hierarquia sagrada, e por isso absolutamente rígida, a começar pelo pai e a terminar em Deus. Romper essa hierarquia, ou seja, desobedecer, não respeitar as posições, não mostrar amor pelos superiores, constitui pecado, violação de uma ordem transcendente. Mais que isso as homilias e os catecismos não informam, nem é necessário. Aí está tudo o que se deve conhecer sobre as relações morais e políticas da sociedade: a posição de cada indivíduo, os deveres estritos que norteiam essas relações sociais, as punições em caso de transgressão. Ouvida e repetida, a palavra aguça a crença em Deus, mas sobretudo cria a fé na existência de um mundo organizado de tal e qual maneira. Como resultado, será quase geral a crença de que "devemos observar cuidadosamente a ordem que Deus designou para vigorar entre os homens", de acordo com as palavras de um outro catecismo (*Idem*, p. 29). Por conseqüência, a rígida hierarquia social, mais a proeminência da teocracia e da teologia, só podem exigir a recusa de direitos iguais a todos.

Daí que as Escrituras sirvam, antes de tudo, como fonte de conhecimento e de legitimação do poder. É natural que esse conhecimento se processe de maneira inteiramente passiva, aliás, conforme a linguagem dos deveres transmitida nas homilias e catecismos. Pouca gente terá instrução e ânimo para contestar, senão a autoridade das Escrituras, pelo menos a interpretação ortodoxa delas. Também é natural que a participação do indivíduo na vida pública de sua comunidade esteja praticamente restrita à paróquia e às idas obrigatórias à Igreja, onde se consolida a aceitação submissa da ordem descendente, isto é, instituída de cima para baixo. Nesse contexto, a consciência do indivíduo apenas pode se definir oralmente, para tomar de empréstimo a expressão de Petter Laslett e John Dunn (Dunn 1969, p. 75).

Mas, para além da "consciência definida oralmente" e "da experiência nua da ordem",[3] as homilias e catecismos, essas pequenas peças de literatura acanhada, nos apontam um rico sumário do vocabulário político dominante até 1642, que também é, como não poderia deixar de ser, em grande medida tributário das Escrituras. Ao mesmo tempo, estabelecem uma clara via de acesso às teorias do direito divino. Não é coincidência, então, que um clérigo instruído como Roger Maynwaring recorra, num famoso sermão de 1627, a imagens idênticas às encontradas naqueles outros textos de pouca sutileza. O sermão é proferido diante de uma platéia relativamente instruída, formada pelo rei e vários de seus áulicos, e visa a adversários bastante qualificados, como os parlamentares da Câmara dos Comuns. Mas Maynwaring não fica vexado em definir o homem por sua capacidade de reconhecer o dever da obediência a um superior e, mais ainda, ao mobilizar a imagem escatológica do inferno para aterrorizar os que não obedeçam de bom grado. Sem essa obediência, diz Maynwaring, a terra se abrirá para tragar os rebeldes contrários a Deus e ao rei, dando-lhes "súbita e presta passagem para o *inferno*" (*Religion and Allegiance*, p. 65; no original com ênfase). Sem dúvida o entusiasmado capelão não ficará impune depois desse sermão. Na primeira oportunidade, em 1628, os parlamentares não titubeiam em abrir um processo de *impeachment* contra ele, menos pela defesa da obediência ou do direito divino dos reis, do que por ousar versar sobre o papel do Parlamento e a extensão da prerrogativa régia, como se verá oportunamente.

---

[3] Veja-se M. Foucault, *As Palavras e as Coisas*, p. 11. Embora nessa obra Foucault não aborde diretamente a experiência subjetiva da ordem na Inglaterra do século XVII, a expressão acima citada talvez se aplique perfeitamente à idéia que estamos desenvolvendo: antes de haver um discurso sobre a ordem, há a percepção subjetiva que organiza o mundo e sustenta, posteriormente, aquele discurso.

Além da utilização do céu e inferno como instrumentos mais ostensivos de dominação política, os termos que caracterizam a monarquia são tomados às Escrituras. Assim, por exemplo, não raro Moisés serve de modelo ao rei inglês. Griffith Williams, bispo anglicano derrubado de seu cargo na Irlanda pelas tropas parlamentares, dedica boa parte de *Vindiciae Regum or the Grand Rebellion* (1643) à interpretação dos atos de Carlos I segundo a relação de Moisés com Deus e com os judeus. Isso porque, como explica o parlamentar realista John Spelman em *Certain considerations upon the duties both of prince and people* (1642), "Os reis da Igreja de Deus" – e não há dúvidas de que esse seja o caso da Inglaterra –, "tendo recebido de Deus uma ordenação mais imediata e sagrada, possuem também um dote mais especial de Seu espírito, motivo pelo qual sempre foram instituídos com a unção, e tiveram assim suas pessoas consagradas, para o exercício de sua função" (p. 5). Williams e Spelman não são exceção, pelo menos quanto à transposição do reino dos judeus para o reino dos ingleses, e certamente as divergências entre realistas e parlamentaristas em 1642 não são motivadas pelo uso constante do vocabulário sagrado. Em *Observations upon some of his Majesties late Answers and Expresses* (1642), Henry Parker, principal propagandista do Parlamento, compara Carlos I ao rei Roboão, o sucessor de Salomão. Parker vale-se não apenas das menções bajuladoras ou sarcásticas a Jaime I como o Salomão Britânico, como ainda da história do tirano Roboão (leia-se Carlos), que expusera seu reino à invasão (leia-se aos irlandeses) ao alhear-se das tribos do norte (os escoceses) e introduzir práticas religiosas pagãs – o catolicismo (p. 4). A comparação terá parecido bastante persuasiva.

Cedo ou tarde chegará o momento de colocar minimamente de lado tal vocabulário para explicar as relações políticas. As interpretações das Escrituras, muitas vezes da mesma passagem, se multiplicarão ao ponto de levar alguns teóricos a suspeitar certa confusão e indiferença nos leitores. Por isso o realista Dudley Digges não contempla a possibilidade de Deus ter transmitido imediatamente seu direito ao rei. A transmissão direta da autoridade divina ao rei aconteceu somente entre os judeus, coisa que hoje "nenhum Estado alegará" (*The Unlawfulness of subjects taking up armes against their soveraigne in what case soever*, p. 29). O presbiteriano Charles Herle concorda. Para ele, todos os exemplos que o anglicano Henry Ferne havia evocado para defender a submissão completa foram retirados dos judeus e dos romanos, governados por monarquias simples e absolutas que nenhuma relação têm com o governo "coordenada e mista" da Inglaterra (*A Fuller Answer to a Treatise Written by Doctor Ferne*, pp. 250-51). O notável é que tanto Digges como Herle não rejeitam por completo as Escrituras como fonte da história e de poder político.

Antes de se alterarem os termos do debate, porém, a crença de que a autoridade ou o direito do governante provém de Deus se conserva quase intacta. É o eixo em torno do qual revolvem as teorias realistas ortodoxas bem como as que lhes farão frente. Veremos o jurista Edward Coke desdenhar as pretensões a juiz e legislador de Jaime I, sem desafiar, porém, a autoridade sagrada do monarca.[4] Um pouco mais tarde, os parlamentaristas[5] manifestarão uma preocupação constante em preservar a autoridade divina do monarca enquanto retiram o poder de Carlos I. Os realistas ririam desses desvelos se a situação não fosse grave. Denunciam entretanto a hipocrisia subjacente: "Hipocrisia é quando um ho-

---

[4] Veja-se a referência à pessoa sagrada do rei em *The Second Part of the Reports* (p. 6).

[5] Parlamentaristas talvez seja a tradução mais adequada para o termo em inglês "parlamentarian". Este não é, necessariamente, um membro do parlamento, nem defende exatamente a mesma divisão política que hoje chamamos parlamentarista.

mem parece o que ele não é ... ele fala de paz e se prepara para a guerra, ele professa lealdade e, no entanto, odeia seu rei, nas suas palavras promove a Igreja, mas suas ações destruirão os eclesiásticos, ele recomenda toda a piedade, mas comete todas as iniqüidades" (*Certain considerations*, p. 93).

* * *

Ordem é palavrinha sagaz: designa não só o comando de um superior, como ainda o lugar de cada coisa no mundo. É neste último sentido que as homilias e catecismos também evidenciam outra linguagem bastante difundida, a da Grande Cadeia dos Seres. Essa teoria ou cosmologia se exprime por uma infinidade de imagens ou similitudes que ao fim dividem o universo num grande mundo – ou macrocosmo – e no homem, que constitui o microcosmo (Daly 1979, p. 5). No macrocosmo, um grupo de anjos separa Deus dos homens, que por sua vez se colocam entre os vários animais e Deus. A terra e o homem ocupam o centro do universo, como ensina o sistema aristotélico-ptolomaico que forma a base dessa teoria, juntamente com as Escrituras. "Deus na Escritura não é menos o Deus da ordem do que o criador de todas as coisas", explica o anglicano John Maxwell em *Sacro-sancta regum majestas regum majestas: or the sacred and royal prerrogative of christian kings* (1644). E prossegue: "No Céu a vemos instituída entre os anjos. Entre todas as criaturas, da abóbada ao centro da Terra, se vê uma doce subordinação" (p. 140). No macrocosmo da vida política e social, a ordem vigora quando a criatura se submete ao criador, a mulher ao marido, os filhos aos pais e, finalmente, os servos ao senhor. Tomadas em conjunto – diz Maynwaring – essas relações dão origem à relação mais elevada, sagrada e transcendente, a do *"ungido do Senhor* e seus leais *súditos" (Religion and*

Allegiance, p. 57; no original com itálicos). Para estes súditos, o soberano simboliza, a um só tempo, o pai, o senhor, o rei e Deus. Duplamente superior a todos os outros seres, a um homem isolado, bem como a uma multidão de homens, aos anjos e a um grupo de anjos, o rei organiza as várias relações sociais por ser, abaixo de Deus, o elemento mais alto na Grande Cadeia dos Seres. De fato, quanto mais elevada a posição, maior a proximidade com Deus e por isso maior a participação na majestade divina. Como se vê, na cosmologia da Grande Cadeia dos Seres o lugar ocupado pelo rei no universo explica sua afinidade e, por extensão, sua similitude com Deus. "Os reis são com justiça chamados de Deuses" – diz o rei Jaime I ao Parlamento em 1610 – "porque exercem o poder na Terra à maneira ou à semelhança do poder divino" (*Political Writings*, p. 181).[6] A posição elevada do rei, sua glória, o brilho da coroa e sua capacidade de dar vida a tudo que o cerca fazem-no semelhante também ao sol (*Eikon Basilike*, p. 49). Deixando o nível das relações transcendentes e fixando-se na cosmologia humana, o rei ainda se assemelha ao pai; o reino, à família. Ele pode se assemelhar também a um marido e o reino à esposa; ao comandante de um navio, ou a um pastor a apascentar ovelhas.[7]

O mesmo sistema de relações analógicas se aplica ao microcosmo, em que o corpo humano fornece elementos para compreender o mundo da política e das relações sociais: tal como o rei, a cabeça humana é a parte mais elevada do corpo e sede da alma, governando, graças a essa virtude, uma hierarquia de membros

---

[6] As citações subsequentes dos textos do rei Jaime foram extraídas da edição de Sommerville, a não ser quando estiver especificamente indicado que se referem à edição de McIlwain.

[7] "Que nenhum homem separe o que Deus juntou. Eu sou o marido e toda a Ilha é minha legítima esposa; eu sou a cabeça e ela é meu corpo; eu sou o pastor e ela é meu rebanho" (*Speech to Parliament, 19 March 1604*, p. 136).

inferiores, supostamente irracionais ou menos racionais. Mais uma vez, é o rei Jaime I quem ilustra a analogia entre o rei e a cabeça. Segundo ele, "os reis são comparados à cabeça deste microcosmo no corpo humano" porque a cabeça "detém o poder de dirigir todos os membros do corpo ao uso que o julgamento na cabeça achar mais conveniente" (pp. 181-3). Capaz de decisões invariavelmente sensatas, sagradas e que não devem jamais ser questionadas pelas partes inferiores, a cabeça é concebida como a principal responsável pela saúde do corpo, quer conservando-o, quer curando-lhe as doenças. No que diz respeito à conservação, a mera semelhança entre o rei e a parte racional do corpo basta para deixar claro que os poderes executivo, legislativo e judiciário devem pertencer unicamente ao rei, e não aos outros homens que, necessitando de uma sabedoria alheia para governar-se, exigindo sempre um tutor que os guarde, não são autônomos nem podem participar dos mistérios do governo.

Não se trata, porém, de considerar a comunidade formada pelo legislador-rei e os súditos como um corpo político eterno (Kantorowicz 1957, p. 199). Antes, embora a eternidade de Deus se reflita no rei, é o corpo natural que oferece o modelo para se pensar a relação entre governante e governados. Assim, existe o corpo civil perfeito, constituído de uma cabeça que é a imagem de Deus, e membros que desempenham suas funções de maneira ordenada e subordinada. Mas, por ser natural, esse corpo sofre as doenças comuns aos homens. E então, tal como médico, caberá ao príncipe remediar esses males, sob pena de todo o corpo padecer. O mais das vezes, a medicina de um rei como Jaime não opera com chás ou ervas, pois esses paliativos raramente curam um membro ferido. O criminoso que teima em infectar os outros súditos, tendo já recebido tratamentos mais gentis, deve ser extirpado, para o bem da comunidade. E o rei não desfere esse golpe contra uma parte de si mesmo sem pesar: ninguém é tão forte para suportar tamanha dor sem se ressentir.[8] Daí que para curar as doenças, ou – o que dá no mesmo – punir os criminosos e agir como o intermediário de Deus na Terra, o rei seja a única exceção ao Primeiro Mandamento: "Não Matarás".

Mas, se é verdade que recebe a coroa, a cabeça também tem suas tribulações, como as tem, aliás, o pai que zela pelo bem dos filhos: a cabeça é o lugar de preocupações semelhantes às que tem o pai em relação à administração das posses dos filhos, durante o tempo em que forem menores. Algum descontentamento suscitado nos filhos-membros-súditos por essa gerência sempre resultará, para o pai-cabeça-rei, em golpes desnaturados e irracionais, aos quais se expõem todos em posições de eminência. O governo, de fato, cria uma dupla inconveniência aos governantes, como explica Thomas Hobbes em *Elements of Law*, seu primeiro livro de ciência civil: "A inconveniência ... consiste, em parte, no contínuo cuidado e apuro quanto aos negócios de outros homens, que são seus súditos, e em parte na ameaça à sua pessoa. Porque a cabeça é sempre a parte, não apenas em que reside o cuidado, mas também contra a qual o mais das vezes se desfere o golpe do inimigo" (II, XXIV, 2).

Esta é uma dentre as relações de similitude possíveis entre o macro e o microcosmo, implícitas no discurso da ordem: a da cabeça com o pai. E, embora, sejam infinitas as possibilidades de associação entre os semelhantes, de modo geral se considera que Deus criou um sistema ordenado, harmonioso e totalmente hierárquico, e que a classificação dos deveres políticos e sociais existentes seja determinada por essa hierarquia, ou pelos diferentes lugares e

---

[8] "Ela [a cabeça] pode aplicar curas agudas ou decepar membros corruptos, sangrar na proporção que julgar adequada e o corpo puder ceder, mas ainda assim todo esse poder é ordenado por Deus *Ad aedificationem, non ad destructionem*." (*Political writings*, p. 182).

graus[9] ocupados pelos diferentes homens na sociedade. Sejam quais forem as posições estabelecidas no interior de cada mundo, sempre estará implícito que Deus dispôs de tal maneira as várias ordens de criaturas e as várias posições das criaturas no interior das ordens, que as mais baixas sempre se sujeitam aos propósitos das mais elevadas (Dunn 1969, p. 89).

No que diz respeito a Hobbes em particular, enquanto serve de evidência para o alcance do discurso da ordem e do grau, a passagem citada destoa fortemente do restante do livro, cujas principais teses dizem respeito à igualdade natural entre os homens[10] e ao contrato. Na verdade, o emprego dessas analogias não significa que o autor raciocine com base nas crenças de seus contemporâneos, ou que precise dessas crenças para confirmar seus argumentos. Pelo contrário, aqui as analogias têm um propósito deliberado, consciente e pragmático: tornar a obra palatável a um leitor pouco afeito às teorias do direito natural. Mais tarde, quando as circunstâncias forem outras, esse recurso poderá ser, e será, descartado sem custo nenhum para o edifício teórico. Por ora o discurso da ordem e seus elementos retirados da linguagem do micro e do macrocosmo fornecem conteúdo para as crenças dos leitores, e por isso mesmo Hobbes precisa lançar mão, incidentalmente, de analogias que são inconsistentes com a hipótese da igualdade natural e do contrato.

Resta observar, por fim, que em *Elements of Law* a referência à cosmologia da Grande Cadeia dos Seres, ou melhor, a dois de seus elementos, o pai e a cabeça, comprova o alinhamento do filósofo junto aos realistas em 1640 e reitera seu desejo de intervir direta-

---

[9] Termos retirados de um outro catecismo, o *Short Catecism*, que em 1642 já estava na 19ª. edição (*Political Ideas*, p. 28).

[10] "... podemos concluir que os homens, considerados em mera natureza, devem admitir entre si a igualdade, e que quem mais não reivindica deve ser reputado moderado" (*Elements of Law*, I, XIV, 2).

mente na história de seu tempo. É certo que poderíamos alcançar essa conclusão por outros meios, alguns dos quais serão examinados nos próximos capítulos. Importa frisar, de qualquer modo, que na literatura realista o ponto de vista é sempre o do governante, não o dos súditos. Nessa literatura, jamais são iluminadas as tribulações e inconveniências dos súditos em face do poder arbitrário do monarca, seus sofrimentos de filhos tratados perpetuamente como crianças, incapazes de administrar as próprias posses. Pelo contrário, os filhos estão ao dispor do pai. "Ora, o pai" – diz Jaime I ao Parlamento em 1610 – "pode dispor de sua herança aos filhos a bel-prazer (...): torná-los mendigos ou ricos a seu bel-prazer, detê-los ou expulsá-los de sua presença se achar que lhe dão motivo para se ofender, ou devolver-lhes novamente o favor junto ao pecador penitente. É assim que o rei pode tratar seus súditos" (p. 182). O pai talvez venha a odiar e prejudicar os filhos por qualquer razão, em vez de amá-los e protegê-los como deveria. Mas nem assim os filhos podem revoltar-se. Mesmo que um pai persiga os filhos com a espada em riste, pergunta Jaime em *The Trew Law of Free Monarchies,* "é lícito que eles se virem e o golpeiem de volta, ou ofereçam outra resistência senão a fuga"? (p. 77). Seu capelão, o oxfordiano William Goodwin, repete a mesma pergunta e dá resposta pronta: isso é mais que loucura (*Sermon Preached before the Kings Majestie,* p. 41).

Loucura que dominará as décadas de 1640 e 1650. Então, alguns filhos ainda manifestarão a esperança de que o pai morra, "pois enquanto viverdes nada poderemos chamar de nosso, e é de vossa morte que podemos esperar nossa herança" (*Killing no Murder,* p. 361). E, se tem ironia e frieza nesse desejo, tem também descrença na capacidade do discurso da ordem para expressar as relações políticas; mais que tudo, tem revolta. Chegará um momento, enfim, em que o mundo ficará de pernas para o ar: os filhos julgarão que o pai enlouqueceu, sua cabeça deve ser cortada. O modelo das relações políticas e sociais será então horizontal: ao governante caberão deveres estritamente estipulados pelos cidadãos; a estes, uma série de direitos.

Anarquia e tirania

Os eclipses do sol e da lua que precedem a ação na peça *King Lear*, de Shakespeare, não pressagiam, de acordo com a personagem Gloucester, "bem nenhum a nós". Os irmãos se separarão, filho ficará contra pai, o pai esquecerá a natureza e atacará seu filho; nos países reinará a discórdia e nos palácios, a traição: o mundo inteiro entrará em desordem e por algum tempo experimentará a anarquia. O bastardo Edmundo, quase um racionalista, zomba das crenças do pai: não se podem culpar o sol e a lua por nossas canalhices, ou atribuir à influência planetária o roubo, a bebedeira, a mentira e a traição (I, 2, 128-149).

Antes que o mundo dê razão ao torpe Edmundo, acredita-se que a mínima alteração na ordem das coisas provocará perturbações em todo o resto, nada havendo que consiga escapar desse movimento, como escreve com pena afiada o mesmo Maxwell já citado acima: "... sem ordem não pode existir nenhum ser; tudo deve ser aniquilação ou um confuso caos" (*The Sacro-Sancta*, p. 140). Para conservar o universo ordenado e harmonioso, é fundamental que os seres ajam de conformidade com o seu dever. Em nenhum momento se pode exorbitar, sob pena de colocar o mundo inteiro a perder.

Teme-se mais do que tudo a anarquia, a falta de ordem e de governo, que é "mãe e causa de toda a confusão e de todo o mal", ainda segundo Maxwell (p. 136). Mas esse temor está sempre e necessariamente no horizonte. No mundo da política, a desordem

58 EUNICE OSTRENSKY

é o mais das vezes causada pelo súdito ou filho desobediente, cuja desobediência é punida, como já vimos, com a anulação da liberdade, a fustigação da carne e eventualmente a morte do corpo. Pior que tudo, o inferno. É possível existirem também nações desobedientes, para as quais Deus concebeu um outro castigo: o governante cruel, enviado para obrigar os homens ao exercício extremo da paciência.[11] Graças à hipocrisia, malícia e aos pecados dos homens, Deus julgou que alguém igualmente mau os ensinaria o poder destrutivo do vício. Por essa razão, o tirano é apenas o signo do mal, a parte visível de uma comunidade corrompida.

A homilia também prevê a possibilidade de que o próprio rei se desvie do exemplo fixado pelo governo celeste.[12] Nesse caso tampouco o governante cruel conseguirá se safar das chamas do inferno, a despeito dos raios de divindade que seu cargo reflete. Sua condição é de resto mais delicada que a dos súditos. O rei Jaime pensa que "quanto mais o rei é preferido por Deus em detrimento de todas as posições e graus de homens, e quanto mais alto seu trono está acima deles, maior sua obrigação perante seu criador" (p. 83). "Um dia, o fato de o vice-gerente de Deus exercer a função de tirano", Henry Parker avisa a Carlos I em 1640, "não será coisa leve" (*The Case of the Shipmony Briefly Discoursed*, p. 123). Carlos talvez jamais se terá dado conta dessa advertência.

---

[11] " ... o rei iníquo é enviado por Deus como maldição para seu povo" (*The Trew Law* ... p. 79). Ora, afirmar que mesmo os tiranos governam por direito divino não é pressupor Deus como o autor do mal? Jaime I e Martinho Lutero, por exemplo, alegam que o tirano foi ordenado por Deus para governar apenas os pecadores. Os escoceses John Knox e George Buchanan consideram que essa pressuposição, e não a resistência, constitua heresia. Mais que isso, o mero fato de existirem tiranos evidencia que são os homens, decaídos após o pecado de Adão, os autores do governo. Voltaremos a esse assunto no próximo capítulo.

[12] "E quanto mais e mais um príncipe terreno se desviar do exemplo do governo celeste, mais ele é uma peste da ira de Deus" (*An Homily against Disobedience and Wylful Rebellion,*, pp. 97-8).

Ora, bastaria a lei divina para obrigar o rei a não negligenciar seus deveres? Em geral, a realeza e a ortodoxia anglicana enfatizam o peso dos deveres perante Deus e excluem, no mesmo golpe, toda responsabilidade do rei perante os súditos. O rei não estaria obrigado por nenhuma lei humana, do mesmo modo que o pai não deveria satisfações ao filho. A idéia de ordem que a realeza e a ortodoxia anglicana utilizam é, com efeito, a de uma ordem externa, imposta por uma vontade onipotente (Oakley 1984, p. 113). Isso explica a prioridade que Jaime I, no discurso ao Parlamento de 1610, confere à similitude entre o rei e Deus: "... se considerardes os atributos de Deus, vereis como concordam na pessoa do rei" (p. 181). Por partilhar a onipotência divina e para cumprir os deveres do cargo sagrado que lhe é transmitido por Deus, executar a Justiça e impedir a anarquia, o monarca possui um poder absoluto sobre os homens, mesmo que aos olhos dos súditos tal autoridade pareça exacerbada.

O pai demente que ataca os membros da própria família, o corpo sem cabeça, o pastor que se transforma em lobo, o navegador que deliberadamente lança o navio contra rochedos (Sanderson 1989, p. 15): todas essas metáforas sugerem a vontade descontrolada do rei, os males do arbítrio e do uso imoderado da prerrogativa régia. E no entanto nada, aos olhos dos realistas, justifica a desobediência do inferior. Além disso, embora a linguagem do micro e do macrocosmo recorde aos reis uma série de obrigações, nada há que os faça cumpri-las, salvo a lei divina. O corpo não pode andar sem cabeça nem forçá-la à sensatez, a mulher não pode exigir respeito de seu marido, um filho não pode conter a violência do pai, o servo não faz o senhor trabalhar.

Para os realistas, conter o descontrole do membro mais alto da hierarquia equivaleria, de algum modo, a promover a insubordinação dos inferiores. Mas, por outro lado, não seria pecado deixar o rei pôr tudo a perder com seu arbítrio? Ao que parece, de certo mesmo só há a precariedade da ordem num mundo tão instável. A estrutura do micro e do macrocosmo fornecida pela Grande Cadeia dos Seres é inevitavelmente frágil e basta um olhar mais atento para ver as enormes fraturas existentes no interior dessa cosmologia. É bem verdade que vigora um certo consenso quanto à classificação dos seres e, genericamente, de que a ordem é a única condição de sobrevivência do universo: "Deus, que criou todas as coisas, é autor da ordem pela qual todas as coisas são preservadas" (*Sacro-sancta*, p. 140). As divergências surgem quando se considera como Deus provê o funcionamento dessa ordem ou, em outras palavras, como se dá o relacionamento do todo com as partes ou dos elementos superiores com os inferiores. Enquanto os realistas privilegiam a relação descendente entre os elementos mais altos e os mais baixos, seus críticos dão relevo aos deveres de reciprocidade entre esses mesmos elementos, isto é, a relações bilaterais de obrigação, tanto descendentes como ascendentes. Para estes opositores, o rei detém a maior autoridade entre os homens, sim, mas seu âmbito de ação parece circunscrito a uma ordem meticulosa. Do contrário, para evitar a anarquia se incorreria na mais brutal tirania, que também fere os ensinamentos de Deus e igualmente coloca em risco a ordem do todo. O tirano não é, em absoluto, a imagem do equilíbrio e da perfeição.

Assim, depois de examinarmos o ponto de vista monárquico sobre o sutil, se não impossível, equilíbrio entre ordem e desordem, só nos resta verificar o ponto de vista adversário, isto é, dos parlamentaristas.

* * *

Nos seus últimos dias de vida, também o rei Carlos prevê que a interposição da lua entre o sol e a Terra levará a um eclipse. Curiosamente, nesse caso a escuridão não será provocada aqui na Terra, e sim no astro que a deveria iluminar. Esse astro, obviamente, é o próprio rei, e a lua, responsável pela escuridão e pelo eclipse, indica a influência maligna de um corpo de cidadãos girando fora de sua órbita (*Eikon Basilike*, p. 49).

Esse movimento irregular da lua, isto é, do Parlamento, começara ainda na década de 30 e um de seus primeiros efeitos foi o processo de *impeachment* sofrido por Roger Maynwaring depois do sermão que já tivemos a ocasião de comentar. Para formular a peça de acusação contra Maynwaring, o Parlamento escolheu John Pym, que poucos anos depois será coroado "rei Pym" pela *City* de Londres. No início da acusação, Pym retoma brevemente a estrutura hierárquica da sociedade defendida pelo capelão no discurso a Carlos I em 1627. Aos olhos do parlamentar, é verdade que a sociedade se constitui por diferentes membros, de distintas posições e graus. Mas o capelão parece ter-se esquecido de que essas relações entre os diferentes membros se regulam pela exigência de reciprocidade entre cada parte e o todo – a sociedade. Quando uma parte se empenhar em manter o antigo intercurso e a outra pretender introduzir um novo sistema de relações, toda a estrutura se despedaçará, porque as partes "miseravelmente consumirão e devorarão umas às outras" (*The Stuart Constitution*, p. 15). Pym nada mais faz que apontar a condição de existência da sociedade: a concórdia e o intercâmbio de apoio que, uma vez rompidos, levam à dissolução do Estado.

Disso talvez os realistas não discordassem. No mesmo ano em que Maynwaring é processado pelo Parlamento, Thomas Wentworth, futuro conde de Strafford, convertia-se de última hora para as fileiras realistas e aceitava o cargo de Presidente do Norte. No discurso proferido logo após sua nomeação, o ex-oposicionista[13] reconhece

---

[13] Talvez o vocabulário seja levemente anacrônico, mas no fim das contas é disso mesmo que se trata. Como explica Hobbes, até o Parlamento de 1628 Strafford sempre fizera oposição ao rei, "razão por que foi muito estimado e enaltecido pelo povo

que "existem as mútuas inteligências de amor e proteção descendentes, e lealdade ascendente" (*The Stuart Constitution*, p. 16). Porém não nos enganemos: em 1628 Strafford defende posições parecidas às de Jaime I em 1610. A seu ver, os príncipes se caracterizam como "pais que aleitam o povo", olham com carinho para as liberdades dos súditos, provêem-nos de habitação, conforto, repouso e segurança, e, em contrapartida, recebem deles o zelo prestimoso pelas prerrogativas da coroa. Entretanto, ao fim e ao cabo é o rei quem organiza a sociedade: "a autoridade do rei é a pedra angular que fecha o arco da ordem e do governo" (*Idem*, p. 16). Nesse sentido, embora existam relações ascendentes e descendentes de poder, o monarca não é mera parte do reino, assim como a cabeça não é apenas mais uma parte do corpo, como querem os parlamentares ao rememorarem a reciprocidade dos deveres; ele é a emanação direta da maior autoridade pensável – a de Deus.

Em 1641 Pym se empenhará pessoalmente em destruir a vida de Strafford, acusando-o de subverter as leis do reino. Mais uma vez, o parlamentar insiste na mútua relação de dependência do rei com os membros do Estado, mas agora a desdobra em duas uniões distintas e complementares: de um lado, a união legal de aliança e proteção, que dá ao rei o direito de contar com o serviço de seu povo e ao povo, o direito à justiça e proteção do rei ("The Speech or Declaration of John Pym", p. 131); de outro, a união pessoal e acordo mútuo, confirmado pelas duas partes, o rei e o povo, durante o juramento de coroação. A união legal determina as relações políticas e está baseada no equilíbrio entre prerrogativa e liberdade. A união pessoal, por sua vez, remete à analogia do corpo

---

como um bom patriota ...". Dissolvido o Parlamento, como o rei não conseguisse por meios institucionais aquilo que o fizera convocar o Parlamento – dinheiro –, resolveu apelar para soluções extra-legais e para isso cooptou Strafford (*Behemoth*, pp. 108-9).

natural. Para Pym, "o rei e seu povo constituem um corpo: as partes inferiores conferem nutrição e força, a superior, senso e movimento" (*The Stuart Constitution*, p. 192). Mas, neste caso, a relação hierárquica que permite ao rei comportar-se como cabeça do corpo político, esposo da república e pai dos súditos não depende, como pensava Maynwaring, da superioridade transcendente do rei. Na verdade, o rei e os súditos são inseparáveis, pois têm os mesmos interesses: não subsistindo o corpo ou corporação sem a relação de dependência entre as partes, a destruição de um leva à destruição do outro. Por isso, quando aconselharam o rei a alterar a antiga e primeira instituição da sociedade ou, como dizem os Comuns numa outra oportunidade, em 1629, a introduzir inovações na forma de governo que acabariam por destruir o Estado (*The Stuart Constitution*, p. 15), Maynwaring e Strafford promoveram, cada um à sua maneira, o rompimento das relações de obrigação e o domínio do arbítrio sobre a lei. Ato contínuo, transformaram-se em inimigos da comunidade.

Forma de governo, aliança e concórdia. Todas essas palavras se reduzem a uma só no vocabulário dos defensores do Parlamento: lei. A lei estabelece um limite, uma medida entre a prerrogativa do rei e a liberdade do povo, diz Pym em 1641. E, como para frisar a importância do equilíbrio de poderes, o parlamentar acrescenta que, enquanto a liberdade e a prerrogativa "se movem dentro de sua própria *orbe*", uma ampara e protege a outra. Mas, uma vez removidos esses limites, necessariamente se produzirá um de dois males: ou a prerrogativa régia se transformará em tirania se dominar a liberdade do povo, ou a liberdade produzirá anarquia se debilitar a prerrogativa (*The Stuart Constitution*, pp. 131-32). Mais que isso, a lei é o que permite à sociedade viver e prosperar, senão tudo é anarquia e horror, nada é de ninguém. É essa cristalina e terrível possibilidade que se encontra no horizonte da tirania, como lembra Pym na mesma ocasião: "A lei é o que estabelece uma diferença entre o bom e o mau, entre o justo e o injusto; removida a lei, todas as coisas cairão, ficarão confusas, todo homem se tornará lei para si mesmo, o que na condição depravada da natureza humana deve necessariamente gerar inúmeras e graves enormidades" ("The Speech or Declaration of John Pym", p. 131).

Também o autor de *Touching the Fundamental Lawes*, tratado de grande popularidade em 1643, credita à lei, a uma certa aliança, o bom relacionamento entre o rei e os súditos, compreendidos como cabeça e membros. A cabeça ocupa uma posição elevada e possui atribuições que distribuem honra pelo resto do corpo; o corpo, por sua vez, provê segurança ao todo (p. 265).[14] Mas, por sagrada que seja a cabeça, não é ela que promove a união com o corpo. Essa tarefa cabe a uma "constituição", metáfora que designa ao mesmo tempo a união ou aliança e o modo de operação dessa aliança. Há portanto uma ordem imanente, fundada na natureza das coisas, incompatível com a noção de vontade soberana (Oakley 1984, pp. 112). Por isso o Anônimo adverte que despojar a cabeça dessa virtude, investindo-a de outras atribuições além das conferidas pela constituição, resulta no rompimento da aliança e na tentativa de separar a cabeça do resto do corpo (*Touching the Fundamental Law*, p. 265).

No momento em que escreve o Anônimo, essa separação já se havia consumado e não demoraria para que o carrasco a mando do Parlamento somente ousasse ratificá-la, pelo machado, na tarde fria

---

[14] Em carta de fevereiro de 1642 a Sir John Pennington, Sir Thomas Smith utiliza os mesmos termos para manifestar a esperança de que o rei e o Parlamento voltem a se entender: "Quando esse entulho for removido, o edifício seguirá bravamente, e o rei e seu povo chegarão a uma correta compreensão um do outro; e ficarão tão firmemente unidos em afeição mútua que a cabeça amará e acalentará os membros e estes conferirão honra e obediência à sua cabeça " (SP 16/489/14).

de 29 de janeiro de 1649. Nesse ínterim, porém, os defensores do Parlamento se empenharam em restaurar a unidade perdida. Não lhes interessava em nada viver sem o rei, assim como não podiam viver sem a lei que Carlos teimava em violar. Mas a tirania do rei, o excesso de poder de que se investiram seus ministros e favoritos ao longo de seu governo, a recusa obstinada em convocar Parlamentos haviam levado à tão temida anarquia. A desordem reinava.

Um mundo fora dos gonzos[15]

No início de 1642, em correspondência que já começamos a abrir na Introdução, Thomas Wiseman confiava a Sir John Pennington suas impressões sobre as recentes perturbações em Londres e concluía que nada produziriam senão sangue (SP 16/487/27). John Pennington tinha verdadeiros motivos para se assustar com o futuro próximo de seu país. Quase na mesma época, outra carta chegava a suas mãos, dessa vez do Capitão Carterett. "Cada um providencia" – dizia o Capitão – "a própria segurança, como se todas as coisas tendessem para a ruína" (SP 16/488/28). Carlos I talvez também procurasse, à sua maneira, garantir a sobrevivência. Mas seus gestos em janeiro daquele ano traíam um certo desespero de causa, além de imprudência. Certamente era bastante temerário ir armado e cercado da própria guarda à Câmara dos Comuns para prender cinco parlamentares, entre eles Pym, orador presbiteriano de intensa combatividade. Como nota o também capitão Robert Slyngesbie ao

---

[15] Essa é uma expressão crucial no trabalho de meu amigo Eduardo Rinesi. Em seu livro *Política y Tragedia,* Rinesi investigou em que medida a tragédia, especialmente *Hamlet,* e os conflitos que põe em cena nos devem ajudar a compreender o pensamento político moderno.

mesmo Sir John Pennington, apenas um único rei fizera isso no passado e esse rei fora, segundo o capitão, Henrique VIII (SP 16/488/29). Imediatamente após à inútil e desastrada expedição de Carlos I à Câmara dos Comuns, criou-se uma comissão parlamentar para discutir a autoridade que a *City* possuía para recrutar armas em defesa do reino e do Parlamento, contra toda e qualquer violência (SP 16/488/39), fosse a do rei, fosse a dos irlandeses revoltosos contra a Inglaterra. O comitê decidiu, como era de esperar, que havia necessidade de recrutar uma milícia, do contrário as duas Câmaras não poderiam se reunir com segurança (SP 16/488/40).

Daí por diante os acontecimentos se precipitam. Os cinco membros caçados por Carlos I, que se haviam refugiado na *City* depois de se informarem das intenções do rei, voltam a Westminster e são recebidos em triunfo (*Behemoth*, p. 135). Por sua vez, o rei e a rainha abandonam a cidade da qual perderam o controle. O Parlamento declara essa retirada do rei "alta violação de seus privilégios" e reputa criminosos todos os que acompanharam o rei, isto é, os cortesãos e os membros das Câmaras que em Oxford formarão um outro parlamento (SP 16/488/54). A linguagem do Parlamento, a essa altura, é a única corrente (SP 16/488/54).

Em março seguinte o Parlamento baixa a Ordenação de Milícia, cuja origem remonta, portanto, ao comitê parlamentar, à retirada do rei de Westminster e à convocação de um novo Parlamento em Oxford. A Ordenação é o instrumento legislativo pelo qual o Parlamento decide recrutar uma milícia para se proteger dos inimigos católicos: os cortesãos e os irlandeses. O mais curioso, porém, é que recruta armas em nome do rei, pela autoridade de Sua Majestade (*The Stuart Constitution*, pp. 219-20), embora Carlos I afirme peremptoriamente que não autorizara o Parlamento a fazer isso, mais ainda, que tal medida, tomada sem as suas ordens e contra a sua vontade, não possui autoridade (SP 16/488/43).

Não foi difícil para os parlamentares e seus defensores encontrar, na retirada do rei de Westminster, a prova de que Carlos I enlouquecera: fora o rei que abandonara os súditos, e não o contrário. Essa manifesta diferença entre "abandonar e ser abandonado", nas palavras de Henry Parker (*Observations*, p. 10), havia sido obra de papistas e seguidores da "deplorável política do Florentino" (*Idem*, p. 19). Mas de certo modo os cortesãos e parasitas apenas se beneficiaram de um rei que já evidenciara estar "tão seduzido que prefere homens perigosos e persegue seus leais súditos" (*Idem*, p. 45). Abandonados por um rei suficientemente louco para lançar sua coroa e soberania aos pés do papa, os parlamentares sabiam que precisavam salvá-lo dos maus conselheiros, os quais haviam sugerido o recolhimento de impostos não autorizados pelo Parlamento, e também de seus raptores papistas, entre os quais se distinguia a figura da católica Henriqueta Maria. Seduzido por papistas, emasculado pela própria rainha e corrompido por cortesãos parasitas, Carlos perdeu o uso da razão. Julgou tolamente – como os indivíduos vaidosos de Hobbes – que merecia um poder maior do que lhe era devido.[16]

Naturalmente, não foi assim que os realistas interpretaram a retirada de Carlos a Oxford. Nos primeiros meses de 1642, Londres havia se tornado algo entre uma praça de guerra e uma assembléia ruidosa, e o rei deixa Westminster, na opinião de Hobbes, "para escapar aos tumultos da gente comum apinhada em frente aos portões de Whitehall" (*Behemoth*, p. 146). Carlos I chega a ser afrontado nas ruas. "A liberdade que pessoas tumultuosas assumiram em virtude de suas reuniões ilegítimas na *City* envenenou a obediência de muitos dos súditos de Sua Majestade", lamenta

---

[16] Os remédios legais e constitucionais para a loucura de Carlos serão tratados no Capítulo IV.

Thomas Wiseman (SP 16/488/57). Para Peter Heylin, anglicano e editor do jornal realista *Mercurius Aulicus*, sem o apoio dos súditos, ameaçado pela populaça e vendo o poder do Parlamento se agigantar, Carlos abandona Westminster com a finalidade de "frustrar suas consultas e tornar inúteis suas reuniões" (*The Rebel´s Catechisme*, pp. 26-7). Mas, além de retirar seu consentimento do Parlamento e tornar ilegais as decisões legislativas, o rei pretende poupar sua vida. Ainda segundo Heylin, como cabeça que confere movimento ao corpo, Carlos I decide se separar do Parlamento antes de ser levado a isso pela força e violência – palavras que em 1649 deixarão de ter sentido figurado. Para os realistas, portanto, as desordens do tempo deveriam ser atribuídas, não a uma loucura temporária de Carlos I, pelo contrário, mas à loucura de toda uma nação.

Seja como for, os dois lados parecem reconhecer que o achatamento da estrutura estatal e eclesiástica levara, em 1642, ao rompimento da antiga ordem de coisas. O republicano James Harrington será ainda mais preciso e eloqüente ao afirmar que o colapso da soberania havia causado a guerra civil e, mais adiante, o regicídio: "... *a dissolução desse governo causou a guerra, não foi a guerra que causou a dissolução desse governo*" (*Oceana*, p. 56; itálicos do autor). Embora não faça afirmação tão categórica, Hobbes pelo menos deixa clara a mesma idéia. Se "o povo estava em geral corrompido" e não "sob o mando de Sua Majestade" (*Behemoth*, p. 32) é porque já não havia mais Estado. A multiplicação de facções, fomentadas pelo poder dos sedutores, só poderia ter êxito se ocupasse um espaço vazio de poder, o espaço da soberania.

E fora isso exatamente o que acontecera. Cindida a sociedade, o indivíduo teve de decidir sozinho que partido tomar; precisou descobrir algo em si mesmo que lhe permitisse reorganizar a vida. Do presbiteriano Philip Hunton, por exemplo, ouve-se o apelo

As REVOLUÇÕES DO PODER 69

desesperado aos Céus, como se os homens estivessem desde então exclusivamente nas mãos de Deus. Nesse estado, "como se não tivessem nenhum governo", o juiz é "a lei superior da razão e a consciência" (*A Treatise of Monarchy*, p. 188). Henry Parker, por sua vez, dispensa o auxílio da Providência nas épocas de incerteza para ficar apenas com a razão, a mesma razão que o incita a se incorporar e a se fazer representar pela grande corporação do Parlamento. Com efeito, Parker vai buscar em Aristóteles a inclinação natural a viver em associações políticas para responder ao desafio colocado pela anarquia. E, afinal, não pensa que a guerra civil constitua a morte do corpo político: se na natureza a cabeça e os membros mantêm um laço de dependência recíproca, na política a cabeça recebe do corpo mais do que lhe dá e, "sendo subserviente a este, não existe quando ele se dissolve, que pode, contudo, se conservar depois da dissolução dela" (*Observations*, p.19). Diga-se de passagem que a explicação de Parker é um flagrante despropósito físico. A metáfora quase não resiste à prova da verossimilhança, tornando-se inválida. Isso talvez assinale a dificuldade de pensar o conflito político segundo as categorias que o próprio conflito, agora no âmbito conceitual, ia demolindo.

Seja como for, de todos os teóricos do período Hobbes é o que exprime com mais nitidez a situação do indivíduo quando desaparece o poder que antes organizava o mundo, e cada um se vê de volta, por assim dizer, a um estado pré-político e pré-moral em que nada mais existe senão o isolamento. Não é bom, com efeito, viver sem lei e sem autoridade: a vida do homem é "solitária, miserável, sórdida, brutal e curta" (*Leviatã*, 13, p. 109). Porém nem a Providência, nem Aristóteles podem nos guiar nos tempos de instabilidade. É apenas com a sobrevivência, a impressão cortante da morte e o desejo de se furtar a ela, que se pode contar quando tudo o mais deixa de fazer sentido ao nosso redor. Por isso é que, nas palavras sempre exatas de Pocock, "Hobbes ... é o mestre radical do pensamento político da Guerra Civil: o indivíduo inglês, despido de toda a proteção e legitimação, quando reduzido ao extremo do abandono pré-político, estava suscetível a se estabelecer no estado de natureza..." (Pocock, 1975, p. 370). É que guerra civil é somente o outro nome de estado de natureza[17], do qual todos os homens – iguais e com os mesmos direitos – encontram-se dispostos a sair, apenas a tempo de se sujeitar a uma autoridade que recomponha, de uma vez por todas e de uma outra forma, a ordem perdida pela irreflexão e insensatez humanas.

* * *

Em meados de 1640, época de homens e mulheres nivelados, um grupo político aproveita a oportunidade que os tempos oferecem e leva das igrejas sectárias para as praças públicas suas discussões sobre liberdade e igualdade. "Agora a Inglaterra se transformou numa outra Atenas, onde a maioria só passa o tempo contando alguma novidade para nossos ouvidos", anuncia o número 14 do jornal realista *Mercurius Rusticus,* em circulação de 30 de novembro a 7 de dezembro de 1647, numa óbvia referência aos debates realizados na localidade de Putney, próxima de Londres. Esses debates marcaram o momento mais intenso de uma insurreição popular em que a democracia apareceu, não como finalidade, mas como resultado da busca por mais liberdade. "Porque sou pobre tenho de ser *oprimido?*" – perguntou o coronel Thomas Rainbourough, um dos mais exaltados durante as discussões (*The English Levellers,* p. 108; itáli-

---

[17] "Seja como for, é fácil conceber qual era o gênero de vida quando não havia poder algum a temer, pelo gênero de vida em que os homens que anteriormente viveram sob um governo costumam deixar-se cair numa guerra civil" (*Leviatã,* 13, p. 110).

cos no original)[18]. Para a soldadesca e seus representantes presentes aos Debates, não havia mesmo sentido em lutar pelo país, combater a tirania, e ainda assim não ter direito de voto, permanecer sujeito à vontade dos assim chamados legisladores naturais, gente que tinha na propriedade a certeza da cidadania. Por trás do comentário do *Mercurius Rusticus* havia portanto o medo de classe, sublinhando a opinião do redator. Ele não era o único. Se ganhavam as ruas como ganhavam batalhas contra Carlos I, os homens e mulheres representados em Putney – fatia expressiva da população inglesa[19] – ganhavam também nomes contraditórios, de significação torpe: herege, cismático, sectário, sedicioso, jesuíta, realista, inimigo da república, leveller.[20] Mas o desejo de ver como semelhantes homens até então diferentes, ou melhor, de tratar como iguais pessoas que ocupavam distintas posições na sociedade, havia rendido aos levellers talvez a mais freqüente e infamante de todas as pechas: anarquistas. Em Putney, um pragmático Oliver Cromwell lhes recomenda que, se não desejam ser assim chamados, evitem remover os limites pelos quais os ingleses definem sua sociedade (p. 110). O comissário-geral Henry Ireton, genro

---

[18] Grande parte dos textos levellers aqui citados se encontra na coletânea, editada por Andrew Sharp, *The English Levellers*. A numeração de página é a dessa edição, salvo quando houver indicação em contrário. Por sua importância como precursores da democracia moderna, os levellers merecerão o Capítulo VI, *supra*.

[19] Segundo o historiador Keith Thomas, os levellers representavam pequenos proprietários que haviam perdido tudo para se engajar no exército parlamentarista, assalariados que igualmente perderam os empregos, não apenas por terem-se ausentado do trabalho durante a campanha militar, mas também porque muitas atividades mercantis e comerciais foram interrompidas nesse período, e trabalhadores autônomos (Thomas 1974, pp. 66-70).

[20] Foi provavelmente o rei Jaime um dos primeiros a empregar publicamente o termo 'leveller', no discurso à Câmara Estrelada em 1616, referindo-se à gente com pruridos de popularidade que rouba a monarquia a pretexto de redimir a liberdade (cf. Ed. McIlwain, p. 340; 344.)

de Cromwell e importante participante dos mesmos debates, afirma que as propostas levellers de estender o direito de voto a toda a população masculina adulta violam a lei divina, particularmente o 5º. Mandamento ("Honrarás pai e mãe"), que estabelece a superioridade de uns sobre outros (p. 111). Pouco mais tarde, quando se aproxima rapidamente a derrocada dos levellers, o presbiteriano William Prynne, convertido de vítima da perseguição realista em algoz dos "sectários, levellers e lilburnistas", também invoca, em *A Plea for the Lords*, o discurso da ordem e da subordinação para recordar quanta loucura há em "nivelar a cabeça, o pescoço e os ombros aos pés ... o sol, a lua, as estrelas, o firmamento, à terra mesma e ao centro, até os próprios homens aos mais vis animais" (*Political Ideas*, pp. 32-3).

Ainda que houvesse, àquela altura do século XVII, um ambiente mais propício para a difusão das teses do direito natural e, por conseguinte, das idéias de liberdade nele fundadas, as propostas e o comportamento dos levellers soavam demasiado subversivos. Não era ainda o tempo da democracia. Mas de que adiantaria punir os levellers, condená-los ao esquecimento, se o discurso da ordem não era mais o único a tornar perfeitamente inteligível o mundo? Logo no início de *A tenência de reis e magistrados* (1649), John Milton nos diz que só existe o tirano porque os homens renunciam seu entendimento a uma dupla tirania: "a do costume externo e a dos cegos afetos internos" (p. 5). Sendo internamente escravos, não admira então, prossegue o poeta, "se empenharem tanto em fazer o estado público se governar de acordo com a viciosa regra interior mediante a qual governam a si mesmos" (p. 5). Ora, assim como a tirania do rei só podia ser a conseqüência inevitável da tirania invisível a que se dispuseram a se sujeitar muitos de seus súditos, a insurreição dentro dos homens foi a condição de possibilidade da insurreição nos atos: queriam que o mundo – as relações sociais e morais, o governo e o

Estado – deixasse de se governar por uma regra que, no íntimo, talvez os indignasse.

A prova disso não está só no movimento organizado e consciente dos levellers, que veio à tona quando se romperam as cadeias que mantinham a antiga ordem (a Igreja Anglicana e o aparelho repressivo do Estado). A revolta interior também se verifica nos movimentos desorganizados, irracionais e aparentemente apolíticos dos saques a ricas propriedades, pertencentes a realistas e a parlamentaristas. Muito saque, roubo e rapina visou somente ao lucro, como afirma Hobbes no *Behemoth* (p. 34), ou atendeu à apropriação raivosa dos despojos do vencido. Mas sob o lucro e a desforra se ocultava ainda o forte desejo de exercer poder sobre aqueles que em tempos normais eram socialmente superiores. Uma vez liberadas as ações violentas das sanções morais e punições físicas que antes as acompanhavam, os saqueadores puderam mostrar, à sua maneira de arruaceiros, que tampouco aceitavam de bom grado a submissão ao arbítrio de outro.[21]

Quando enfim a sociedade, acéfala, possibilitou à multidão mostrar toda sua força na figura monstruosa da Hidra de Lerna, confirmando a previsão de Carlos I (*Eikon Basilike*, p. 49),[22] muitos dos que acreditavam ocupar – ainda – posições sociais respeitáveis

---

[21] Assim como os estupros não foram (nem são) apenas um crime de patologia sexual, mas também um ato de ódio e violência contra os homens – tentativa de infligir a agressão e humilhação extremas na sistemática violação de suas mulheres, irmãs e filhas (ver, a esse respeito, o excelente *The Civil Wars*, editado por John Kenyon e Jane Ohlmeyer, notadamente pp. 292-305).

[22] É comum encontrarmos, nos textos realistas da época, a referência à rebelião, e sobretudo ao governo da populaça promovido pela rebelião, como um monstro de muitas cabeças. Apenas para ficar com dois exemplos mais relevantes, tomemos o caso do bispo anglicano Griftin Williams que, em *Vindiciae Regum* (1643), descreve a rebelião como "uma horrível besta de muitas cabeças e aspecto repulsivo" (pp. 1-2), "a filha do orgulho e do descontentamento" (p. 89), "na verdade, um monstro, isto é, um monstro de dez cabeças ou de dez chifres" (p. 91). Cada chifre desse estranho animal corresponde a um

decidiram pôr termo aos distúrbios. A ordem do mundo foi-se aos poucos recompondo: primeiro uma autoridade acabou com o terror, depois se restauraram a monarquia e os símbolos que a definiam. Tanto assim que o mais ostensivo (não o mais valioso) legado teórico dos anos revolucionários para as décadas seguintes não terá sido o pensamento de Hobbes nem o de Harrington, mas o de Robert Filmer, com seu claro apelo às crenças dos contemporâneos. No tardio ano de 1711, Charles Leslie, discípulo de Filmer, ainda poderá dizer: "Considero extremamente natural que a *autoridade* seja *descendente*, ou seja, seja *derivada* de um *superior* para um *inferior*, de *Deus* para *pais* e *reis*, e dos *reis* e *pais* para os *filhos* e *servidores*" (*Apud* Dunn 1969, p. 63).

A clara insuficiência dessa cosmologia para tornar o universo perfeitamente inteligível faz que outros vocabulários sejam empregados, outras camadas de argumentos se sobreponham nos discursos políticos. Pouco a pouco, no entanto, as perspectivas mudam e finalmente as analogias, em vez de adotarem o ponto de vista do filho oprimido ou dos membros servis do corpo, vão perdendo importância, até não ilustrarem quase nenhum aspecto da

---

pecado – orgulho, descontentamento, inveja, rumor, hipocrisia, mentira, injúria, vitupério, impudência e rebelião. O outro caso, bem mais conhecido, de autor que utiliza a imagem do monstro de muitas cabeças é o de Thomas Hobbes. Em *Leviatã*, a Hidra denota a multiplicação descontrolada das exigências de um homem popular, que tem sua teimosia recompensada pelo soberano, em vez de censurada: "É uma luta contra a ambição, como a que *Hércules* travou com o monstro de *Hidra*, que, tendo muitas cabeças, para cada uma que desaparecia havia outras três que cresciam. Pois da mesma maneira, quando a ousadia de um homem popular é dominada por recompensa, surgem muitos mais (devido ao exemplo) que fomentam idêntica discórdia, na esperança de receberem igual benefício – como todas as espécies de manufatura, a malevolência aumenta por ser vendável " (cap. 30, p. 295). Também no *Behemoth* a Hidra simboliza a chantagem, particularmente contra Strafford, antigo servidor de Carlos (p. 116), mas tem o sentido mais comum de rebelião, já indicado pelo título e pelo contraste com o monstro bíblico Leviatã, este simbolizando o Estado e a paz.

vida política. É indiscutível, porém, que nunca mais se fechou como antes o círculo de relações políticas e sociais responsáveis pela identificação da monarquia com uma ordem sagrada. As teorias que passaremos a examinar nos capítulos seguintes haviam deixado amplos rasgos nesse pano de fundo convencional das crenças e fornecido carga, no fim das contas, para John Locke e Algernon Sidney, membros da geração que virá dar o tiro de misericórdia no absolutismo por direito divino.

II. Contrato e Constituição

No Continente: conseqüências paradoxais da Reforma

Quando em 1603 o rei Jaime pisou na Inglaterra para tomar posse do trono, encontrou uma terra relativamente tranqüila. As rebeliões haviam cessado: não mais existiam líderes do povo como Jack Cade e Wat Tyler,[1] os súditos pareciam unidos em torno da defesa do protestantismo, nas paróquias pregavam-se regularmente os sermões, e as homilias eram ensinadas como de hábito. Alguma dor-de-cabeça que Jaime esperasse seria motivada por um punhado de católicos, obviamente impopulares, que antes mesmo de morrer a rainha Isabel já haviam questionado a legitimidade de assumir o trono inglês o primo escocês, sendo o mais ativo e hábil desses católicos Robert Parsons, "jesuíta, inglês por nação e espanhol por devoção", nas palavras do Cardeal d'Ossat (*Apud* McIlwain, IN: James I, *The Political Works*, p. 1).

Dois anos mais tarde, em 1605, as ameaças dos jesuítas se concretizam na tentativa de explodir o Parlamento inglês quando lá se reúnem todos os membros e o rei, episódio conhecido como Conspiração da Pólvora. Jaime I usou dos rigores da lei para punir os

---

[1] Jack Cade liderou a rebelião de Kent em 1450, e Wat Tyler, a Grande Revolta dos Camponeses, em 1381.

conspiradores, e pouco depois convocou o Parlamento para votar o Juramento de Fidelidade, obrigando os súditos a renunciar à doutrina papista segundo a qual um rei excomungado poderia ser morto[2]. O próprio Juramento, todavia, suscitaria novas polêmicas entre o rei e os católicos. O papa Paulo V interveio, qualificando Jaime I de herege e ameaçando os súditos ingleses com a danação, caso aceitassem freqüentar a Igreja do herético. Por se recusar a proferir o Juramento, o arquipreste católico George Blackwell foi encarcerado. E se encontrava na prisão em 1607, à espera da execução, quando recebeu uma carta de solidariedade do cardeal Roberto Belarmino. Nela, o cardeal elogiava a paciência do arquipreste, ao mesmo tempo que o instava a não ceder. Não haveria, segundo Belarmino, graça de Deus mais feliz que a glória do martírio (*Political Writings*, p. 99).

De nada adiantaram as admoestações de Belarmino e as reiteradas ameaças do Papa. Blackwell fracassou em sua constância e, preferindo escapar à sentença de morte, acabou por prestar o dito Juramento. O episódio pareceu diminuir a força dos argumentos católicos, sobretudo os que enfatizavam a perseguição religiosa na Inglaterra e a necessidade de ir a martírio por Cristo. Por trás desses argumentos, havia a acusação de que Jaime I ultrapassara os limites de seus poderes temporais, empreendendo obrigar os súditos, em consciência, a admitir doutrinas conducentes à danação.

A sobrancería intelectual de Jaime I, mais o sério problema político acarretado por essas questões, fazem o rei engajar-se numa polêmica que, segundo ele mesmo, é pouco digna de sua realeza – o cardeal, com efeito, não é seu par (McIlwain 1976, p. 111). Resta-

---

[2] Ver a declaração do Papa Paulo V aos ingleses em outubro de 1606: "Os príncipes excomungados ou destituídos pelo *Papa* podem ser depostos ou assassinados por seus súditos ou por qualquer outro homem"(In: "Triplici Nodo", *Political Writings*, p. 89).

lhe impugnar as alegações de Belarmino em duas frentes: usando de farto material bíblico, mostrará ser ele, o rei, o verdadeiro respeitador da fé católica (obviamente, porém, não romana), e advogará a teoria do direito divino dos reis. Com isso, Jaime I julga calar, de uma vez por todas, as vozes que se levantaram para contestar sua ascensão ao trono inglês e devolver as acusações que lhe foram feitas: são os papas que abusam de seu poder espiritual e invadem os domínios temporais dos príncipes.

É forçoso dizer que nessa polêmica os dois lados estão certos: o Papa e o rei arrogam para si um mandato divino que lhes permitiria invadir os respectivos domínios temporais e espirituais. Mas, enquanto o rei afirma que o Papa deve ao consentimento dos governantes temporais sua jurisdição espiritual,[3] os jesuítas atribuem a origem do poder dos governantes ao povo, que por sua vez o recebeu de Deus.

O jesuíta espanhol Francesco Suárez se enquadra entre estes últimos. A seu ver, Saul e Davi não podem ser invocados como prova do poder divino dos reis, uma vez que a indicação deles constituiu um modo de proceder extraordinário e sobrenatural (*De Legibus*, p. 38). Mais correto é dizer, pois, que Deus, de quem todo poder deriva imediatamente, cede-o à comunidade. Esta, embora não esteja obrigada pela lei de natureza a investir de poder um homem ou um grupo de homens,[4] o mais das vezes escolhe transferi-lo a um rei, fazendo-o então assumir o lugar de Deus. O rei não recebe esse poder indireto por delegação, mas por uma espécie de alienação do povo. Ao contrário da delegação, a alienação diz respeito a uma transferência perpétua e incondicional de po-

---

[3] Argumento análogo é empregado por Hobbes. Veja-se *Behemoth*, pp. 42-3.

[4] "A determinação particular da forma de poder num caso particular deve, necessariamente, se originar do livre-arbítrio humano" (*De Legibus*, pp. 37-8).

der, ainda que Suárez admita, em princípio, que a comunidade possa delegar o poder.[5] A ressalva tem como finalidade justificar o direito de sucessão, que nada seria além da alienação do poder àquele a quem o rei o confiar (*De Legibus*, p. 43).

A relação entre senhor e escravo ilustra a forma como ocorre a alienação do poder. Trata-se de uma relação inteiramente humana, fundada num contrato por meio do qual um homem renuncia à sua liberdade em nome de outro e posteriormente poderá ser vendido por este a um terceiro. Após se consumar a transação mediante a qual um aceita tornar-se escravo de outro, quem se desfez de sua liberdade deve obediência irrestrita ao que a obteve. Este senhor, seu dono de direito, pode transferi-lo a quem desejar, na medida em que com o contrato o agora escravo perdeu todo o direito à posse de seu corpo. Com o poder político dá-se o mesmo: de livre, o povo passa a inteiramente submetido ao rei, perdendo o direito a se autogovernar como originalmente fazia. O rei, por sua vez, pode transferir esse poder a quem lhe convier, não devendo consultar, jamais, os antigos proprietários. Daí por que nunca poderá ser privado dessa posse – o poder –, a não ser que se degenere em tirano. Quando isso ocorre, é lícito ao povo fazer-lhe a guerra e recuperar o poder, já que a comunidade não aliena seu direito à autoconservação.[6]

---

[5] "Em conseqüência, a transferência desse poder do povo ao governante não constitui uma delegação, mas uma espécie de alienação ou ilimitada renúncia de todo o poder que residia na comunidade. Por essa razão, assim como a comunidade, o governante também pode delegá-lo" (*De Legibus*, p. 43).

[6] O anglicano Maxwell observa, corretamente, as condições em razão das quais é lícita, para Suárez, a retomada do poder pelo povo: "Se o rei evidentemente, manifestamente, abusa de seu poder e da soberania para a total destruição de seu reino (...), nesse caso isto [a retomada de poder] é lícito, porque o povo pode usar o poder de autodefesa do qual a natureza o dotou, poder de que não se despojou, nem foi transferido ao rei" (*Sacro-Sancta*, p. 14). Ao que parece, Belarmino defende posições semelhantes às de Suárez no que diz respeito ao direito de resistência e à alteração da forma de governo (*Apud* Filmer, *Patriarcha*, p. 5). Mas sem dúvida sua teoria é menos sistemática que a deste.

Nos dois casos, sujeitos originalmente livres (o escravo e o povo) cedem os direitos sobre si ao senhor e ao rei. Partindo de uma concepção ascendente do poder – que também se poderia chamar de 'populista', já que vai do povo ao rei – Suárez justifica o mais severo absolutismo (Skinner 1978, vol. II, p.184). A diferença entre o escravo e o povo, como sujeitos de direito, reside em que o primeiro jamais conserva uma parte, mínima que seja, da propriedade sobre si, ao passo que o povo, numa situação limite, tem de volta o direito de alienar seu poder a quem queira. Note-se que, embora o indivíduo tenha o direito de defender sua vida de ameaças, não lhe pertence, porém, o direito privado de recuperar o poder. Este pertence apenas ao povo em conjunto (*De Legibus*, p. 40).[7]

Como se verá, Suárez defende duas posições simetricamente opostas às dos teóricos do direito divino: toda autoridade provém de um povo originalmente livre e igual em poderes; sempre há um resíduo do poder a ser utilizado, em casos extremos mas previstos, para readquirir a autoridade. É contra esta segunda posição que mais tarde se voltarão teóricos conservadores do direito natural como Thomas Hobbes e Dudley Digges, por entenderem que constitui o principal alicerce de uma teoria da rebelião. Não nos apressemos, porém. As tribulações de Jaime mal haviam começado.

* * *

Conta-se que em 1528, seis anos antes da Lei de Supremacia que tornou o monarca o chefe da Igreja Anglicana, veio a cair nas mãos de Henrique VIII um curioso panfleto escrito sob a forma de

---

[7] Embora com o contrato o povo alienasse o bem intitulado "poder", a outra parte – o rei – deteria o direito de uso ilimitado, mas não a posse definitiva desse bem. A esse respeito, veja-se Tuck 1979, pp. 56-7.

82 EUNICE OSTRENSKY

carta. Nele, o autor – supostamente um mendigo – narrava as agruras de ser pobre e honesto numa terra dominada por vagabundos muito mais ricos, provenientes do reino de Satã. Um historiador nos diz que dificilmente se poderia levar o panfleto a sério (Dickens 1964, p. 99). Mas tudo indica que Henrique VIII não pensou assim. Depois de carregá-lo consigo por três ou quatro dias, o rei mandou seus servidores à procura de Simon Fish, o autor da peça, que não foi encontrado. Por medo do Cardeal Wolsey, tinha fugido para a Holanda, onde se juntara a William Tyndale, o primeiro a traduzir para o inglês a versão protestante do Novo Testamento.

Embora Wolsey nem mais fosse o homem forte do Estado (Thomas More sucedera a ele como Chanceler em 1529, para ser executado em 1535)[8], Fish tinha razões de sobra para temer retaliações. De modo geral, os clérigos não costumavam reagir bem quando confrontados (como no caso Hunne)[9] e talvez menos ainda quando ridicularizados. O panfleto os tratava como tiranos que extorquiam o povo para se fartar de riquezas, gafanhotos que devastavam toda a lavoura dos proprietários rurais; concupiscentes

---

[8] Ver Elton 1979, pp. 193-195.

[9] Richard Hunne era um importante comerciante londrino que defendia, como os lollardos, o direito de ler as Escrituras em língua vernacular. Mas, na verdade, todo o seu trágico problema com a Igreja começou em 1511, quando se recusou a pagar a taxa mortuária reclamada pelo padre que havia celebrado o enterro de seu filho. O padre decidiu, depois de algum tempo, abrir um processo contra Hunne no tribunal do arcebispo e o comerciante, por sua vez, recorreu ao King's Bench. Aos poucos, o processo foi reacendendo o conflito entre os tribunais régios e os eclesiásticos, até que autoridades eclesiásticas, bastante enfurecidas, começaram a investigar as supostas práticas heréticas de Hunne. Este foi afinal mandado para a prisão do arcebispo e, dois dias depois de preso, foi encontrado enforcado na cela. Os clérigos católicos afirmaram que Hunne cometera suicídio e como conseqüência levaram adiante postumamente o processo contra ele. Por fim, mandaram cremar o cadáver de Hunne, como faziam com os heréticos. Os comerciantes de Londres se indignaram e na esteira dessa indignação criou-se um clamor popular. Quinze anos depois, Thomas More ainda julgava necessário estabelecer a verdade contra os propagandistas clericais (ver Dickens 1964, pp. 90- 96; Elton 1979, pp. 51-3).

que usavam de sua posição para seduzir mulheres honestas, disseminando com a mesma velocidade filhos naturais e doenças venéreas; impostores que torturavam o povo com doutrinas cúpidas, como a do purgatório etc. O cerne do panfleto, aliás, encontra-se na crítica de Fish à doutrina do purgatório. Não sem razão. A invenção do purgatório põe a nu os desígnios do clero, bem como seu maior crime, em torno do qual todos os outros giram: a usurpação do poder real. Fish revela, de maneira tão simples quanto engenhosa, a falácia subjacente a tal doutrina: se houvesse purgatório, e se o papa com seu perdão a dinheiro pudesse livrar de lá uma alma, então ele também poderia livrá-la sem receber nada por isso; se pudesse livrar uma, poderia livrar mil, e se pudesse livrar mil, poderia livrar todas e assim destruir o purgatório. Ora, e por que não o faz? Porque é um tirano que se compraz com a dor e o sofrimento (*A supplication for the beggars*, p. 93).

Mas há mais. Como em lugar algum das Escrituras esteja mencionada a existência do purgatório, o clero teve de criá-lo se queria, de acordo com Fish, transferir para si reinos de outros príncipes. E a prova definitiva de que esses comerciantes de almas invadiam os assuntos temporais do reino repousa sobre o fato de proibirem a tradução para o inglês do Novo Testamento, onde se lê que Cristo submeteu-se ao poder temporal, pagando o tributo a César (*A supplication for the beggars*, p. 93).

O panfleto de Fish tem interesse histórico na medida em que remete a um tema bastante caro ao protestantismo: o papa e seu séquito como a representação acabada da tirania e da usurpação. Talvez por isso tenha causado tão viva impressão a Henrique VIII. O tema certamente não é novo, nem há de se esgotar nesse século. Já no século XII João de Salisbury acusara os sacerdotes de usar seu poder espiritual para invadir os assuntos temporais, embora

84 EUNICE OSTRENSKY

não identificasse no papa o tirano,[10] e Hobbes, no século XVII, voltará sua mais pesada munição contra "as correspondentes usurpações dos eclesiásticos sobre os seus cargos [i.e., cargos dos soberanos cristãos]" (*Leviatã*, 47, pp. 576-7).[11] Mas, seja como for, a pregação aberta pela resistência ao mando papal, somada às exortações para que se preste obediência ao governante temporal, de certo modo ajudarão a abrir caminho, na Inglaterra, para o absolutismo Tudor e Stuart. Mais ainda, no correr do tempo criarão dificuldades para se elaborarem teorias da resistência a outro governante que não o papa. Daí Martinho Lutero se gabar de que ninguém fizera mais do que ele para promover o governo dos príncipes, e talvez tivesse razão (Figgis 1994, p. 284).

* * *

É bem verdade que para Lutero o poder temporal não goza de imenso prestígio. Parece-lhe que os governantes nada sejam além de criminosos, carcereiros e carrascos dos quais Deus se serve para punir os maus e conservar a paz externa (*Da Autoridade Secular*, p. 30).[12] No entanto, a fim de preservar a pureza do poder espiritual, impedindo que os santos empunhem a espada ensangüentada do poder temporal, o reformador acaba por fixar limites ao governo dos príncipes a que o clero não pode pretender. Assim, Lutero mostra, no mesmo golpe, a necessidade de se com-

---

[10] "... quer eles [os tiranos] sejam eclesiásticos ou terrenos, desejam ter poder sobre todas as coisas, desdenhando o que precede e sucede esse poder" (*Policraticus*, VIII, 17, p. 192).

[11] Veja-se ainda *Behemoth*, I, p. 6: "B. Que poder resta então aos reis e a outros soberanos civis, sem que o papa reclame pertencer-lhes *in ordine ad spiritualia*? A. Nenhum, ou muito pouco".

[12] Todas as citações subseqüentes foram retiradas dessa obra.

bater a tirania do papa, conferindo ao príncipe todo o poder que as Escrituras lhe atribuem.

A usurpação do papa e seus bispos baseia-se na dobrada arrogância de pretenderem a licença divina de empunhar a espada secular contra os infiéis e de não estarem sujeitos à lei, uma vez que, sendo santos, submetem-se apenas ao Rei dos Reis. O primeiro passo consiste em mostrar então que todos os cristãos estão submetidos ao mando secular, recorrendo sobretudo ao Novo Testamento (João 18:36; Mateus 3: 2; Mateus 6:33). Aí se lê que o clero não forma uma classe separada, precisamente porque a perfeição ou imperfeição de um homem não radica nas obras, mas na fé em Cristo (p. 8). Sejam clérigos ou não, os que crêem serão salvos pela graça de Deus e, por serem justos, não precisam da espada secular. Logo, no plano da fé não se distingue o clero do laico.

Quem dera, porém, se as leis fossem inúteis. O mero fato de existirem comprova que nem todos são verdadeiramente cristãos. Aliás, comprova que ninguém é naturalmente cristão. Ao contrário, somos todos homens decaídos que conquistam o reino dos Céus pela graça de Deus. Por isso, se existe uma autoridade secular é porque Deus julgou necessário conter os perversos, a fim de evitar que os homens se devorassem (p. 10). Lutero considera a advertência necessária por causa da pregação dos Anabatistas, para os quais o batismo invalida as armas da justiça. E o autor compara o cristão que interpreta o Evangelho de modo abusado aos animais selvagens (p. 11), para deixar claro que nem o batismo, nem as obras garantem a eleição divina. Apenas podem estar seguros do sacerdócio, apesar de inescrutáveis os desígnios de Deus, os que crêem em que o Senhor é o Cristo através da palavra revelada.

Ora, se a missão do clero não é baixar leis, nem mesmo executar a justiça (tais são atribuições do governante), mas aconselhar, parece claro que os tribunais eclesiásticos, as penitências, os tributos cobrados aos fiéis não têm razão de ser. Mais ainda, uma vez que a salvação não depende de nenhuma autoridade, desaparecem os mediadores entre Deus e o homem e por extensão toda a obediência devida ao clero.

Assim, de um lado Lutero recusa a independência da autoridade civil em relação ao poder divino, já que um não subsiste sem o outro: sem o primeiro, todos se matariam; sem o segundo, não haveria justiça. Na primeira condição, os homens se submetem ao gládio do príncipe; na segunda, que não é deste mundo, todos os santos são livres. De outro lado, no entanto, considera imprescindível manter distinto o governo secular do espiritual (p. 12), porque as leis do governo secular não excedem o mando sobre o corpo, isto é, as questões externas e terrenas (p. 23). Como ninguém tem poder sobre a alma, isto é, nenhum humano pode matar a alma ou trazê-la de volta à vida, é impossível à autoridade secular ordenar ou coagir alguém a acreditar em qualquer doutrina. Por isso, os cristãos devem saber que todo o necessário para alcançar a salvação está expresso na palavra de Deus.

Lutero é o primeiro a se sujeitar à força da Epístola de São Paulo aos Romanos: todo governante, mesmo o ímpio, detém o mando por vontade de Deus, o que torna igualmente ímpio assassiná-lo.[13] Ao cristão que sofre injustamente a fúria do príncipe caberia, portanto, suportar o castigo e esperar de Deus – o único com poder de punir a alma – a verdadeira justiça. E caso essa interdição sagrada não seja suficiente para justificar a obediência pura e simples, Lutero afirma que o mesmo São Paulo, em Atos 5:29, enfatizou que "mais importa obedecer a Deus do que aos homens" (p. 29). Quando diver-

---

[13] Romanos 13: 1-2: "Toda pessoa esteja sujeita às autoridades superiores, pois não há autoridade que não venha de Deus. As autoridades que há foram ordenadas por Deus. Por isso quem resiste à autoridade resiste à ordenação de Deus, e os que resistem trarão sobre si mesmos a condenação" (Trad. de João Ferreira de Almeida).

gentes as ordens do príncipe e os mandamentos de Deus, melhor será obedecer a este último, sob pena de morte eterna. É preciso considerar, ainda, que São Paulo exorta à obediência quando há um poder que de direito a pode cobrar. Disso se segue, segundo Lutero, que São Paulo não se refere à fé, nem ao poder da autoridade temporal para exigi-la: "ele fala dos bens externos, de ordenar e governar sobre a Terra" (p. 28). O cristão incorreria em pecado se, ordenado a acreditar em qualquer credo não-cristão, obedecesse. Nessas circunstâncias, jamais poderia, como cristão, voluntariamente desobedecer à lei divina. Outro é o caso quando os soldados do príncipe entram em sua casa, queimam seus livros, destroem-lhes os bens, pois então nada há que o cristão possa fazer. Não se deve resistir ao mal, mas sofrê-lo pacientemente (p. 29). Em seus atos externos o cristão obedece ao príncipe, não lhe resistindo. Pelo contrário, é vontade de Deus que chamemos nossos carrascos de "graciosos senhores" (p. 30). Mas no foro íntimo da consciência o cristão resiste e se insurge. Ora, como essa batalha do homem interior contra o tirano não é travada com a espada, nenhum ato externo de resistência é lícito.

Partindo da distinção entre santos e imperfeitos, eleitos e perversos, João Calvino, cuja doutrina inspira o presbiterianismo, chega à mesma divisão entre governo espiritual (governo relativo ao homem interior e à alma) e governo temporal (governo relativo à justiça externa e civil). Mas, ao contrário de Lutero, não vê incompatibilidade entre esses dois governos, já que a finalidade do governo secular é proteger o culto a Deus, defender a doutrina de Cristo, moldar a conduta dos homens à justiça e defender a paz comum (*Do Governo Civil*, p. 49).[14] Isso significa investir os magistrados de uma função pastoral: se a estada do homem na terra se

---

[14] Todas as citações subseqüentes foram retiradas dessa obra.

88 EUNICE OSTRENSKY

assemelha a uma peregrinação, a justiça executada pelos magistrados é um importante auxílio para essa viagem (pp. 49-50).

Portanto, embora o simples fato de serem representantes e plenipotenciários de Deus (p. 74)[15] já obrigasse os homens a obedecer-lhes, há que se levar em conta ainda sua capacidade de purificar o culto a Deus e permitir que a religião atinja o grau de perfeição (p. 58). Calvino atribui, assim, duplo valor ao poder temporal. O valor "positivo" está na função de disciplina: cabe ao governante dirigir a religião da maneira mais conveniente às Escrituras e incitar nos súditos a verdadeira virtude cristã. O valor "negativo" consiste no emprego da violência para conter os depravados. Esse poder coercitivo – no qual se concentra Lutero – foi ordenado por Deus porque Seu Reino não é deste mundo, ou seja, porque não se encontra nas associações humanas a perfeição do Reino dos Céus, podendo os perversos levar à destruição tudo o que foi criado por Deus (p. 50).

É em consideração ao reino eterno dos eleitos que Calvino manifesta algum repúdio à contestação e resistência aos poderes superiores ordenados por Deus, mesmo quando alguns governantes, em vez de revelarem sua semelhança com Deus, envolvem-se "naquilo que unicamente se pode chamar de criminalidade" (p. 76): tornam-se indolentes e desrespeitam o ofício sagrado de que são investidos; buscam vantagens particulares, desprezando direitos e privilégios alheios; extorquem dinheiro aos pobres, ou pilham as casas e violam as mulheres. A figura do tirano se revela em seus traços mais odiosos e deve-se reconhecer, concede Calvino, que "a humanidade sempre teve ódio e horror inato aos tiranos, assim como sempre amou e venerou os reis de direito" (p. 76). No entanto, esse sentimento da humanidade conduziria, erroneamente, à crença de que apenas os

---

[15] Em apoio a essa necessidade de reverenciar os governantes, Calvino evoca Pedro 2:13-17.

bons reis deveriam ser obedecidos, o que para o cristianismo é um contra-senso. Se os reis que se desincumbem de suas obrigações espelham a bondade divina, os maus, que governam injustamente, remetem à necessidade de punir a iniqüidade humana. Mesmo o mais detestável dos homens, na medida em que possui autoridade pública, recebeu-a de Deus e por isso seu ofício é sagrado. Portanto, um governante não deve ser obedecido por seus merecimentos – os quais, aliás, os súditos não têm capacidade para avaliar –, mas simplesmente por ser quem é. Os súditos devem obediência ao tirano ou ao bom rei, porque ambos possuem autoridade divina.

Mas, se em geral as Escrituras mostram que os cristãos nasceram para o sofrimento, para "carregar perpetuamente suas cruzes" (p. 72) enquanto não alcançam o Reino de Deus, também há outros relatos bíblicos que apontam em sentido diverso. Às vezes é vontade de Deus que os reis injustos vivam (como no caso de Saul, a quem Davi se refreou de assassinar); outras vezes, que sejam punidos. Moisés, de fato, foi instrumento de Deus na libertação do povo de Israel, submetido até então à tirania do Faraó. Como fora chamado por Deus para punir os crimes cometidos contra o povo eleito, não praticou iniqüidade ao resistir (p. 82). Porém, como saber quando a resistência é autorizada por Deus? Ou melhor, como ter certeza de que alguns homens agem pela mão de Deus ao resistir ao tirano? Na verdade, os particulares não têm como conhecer o modo de operar a vontade de Deus; devem saber simplesmente que ela opera em tudo quanto ocorre. O mando injusto e a intervenção divina para cessá-lo, por um lado, e o governante pio, por outro, inscrevem-se igualmente numa esfera sagrada, de modo que a ação política, em geral, é expressamente vedada a indivíduos particulares,[16] embora não seja aos magistrados populares, tais como

---

[16] "E mesmo se a punição à desbridada tirania for vingança do Senhor [aos tiranos],

os éforos em Esparta ou os tribunos em Roma. Estes agirão de acordo com seu dever se refrearem a licenciosidade dos reis.

Recuperemos os passos dados até aqui. Vimos que a resistência dos católicos ingleses a Jaime I se baseou no direito do povo de depor e assassinar o rei ímpio que ameace a vida temporal e espiritual dos súditos. Na verdade, as teorias 'populistas', com ênfase na origem contratual da sociedade, não apenas permitem aos jesuítas explicar a escravidão como ainda estabelecer limites para a obrigação política. Aos olhos do monarca, porém, os jesuítas nada mais pretendem com essas e outras teorias senão usurpar seu poder temporal e deter efetivamente o mando sobre os homens. E antes mesmo que um rei como Jaime lançasse mão de uma teoria própria para combater essas perigosas conseqüências, a teologia de Lutero havia gerado duas relevantes implicações políticas, que agora poderiam servir perfeitamente aos monarcas ameaçados pelo Papa. Primeiro, o repúdio à idéia de que a Igreja possua poderes jurisdicionais e tenha, por isso, autoridade para governar a vida do cristão (Skinner 1978, vol. II, p. 12). Segundo, a defesa das autoridades seculares, instituída por Deus para a punição da iniqüidade. Além disso, como se espera mostrar no próximo capítulo, a preocupação de Lutero com a injunção paulina, segundo a qual "as autoridades que há foram ordenadas por Deus", fornecerá o mais valioso substrato às teorias realistas: a doutrina da obediência passiva. Pois, embora frise que o rei ímpio não deve ser obedecido, Lutero não se cansa de dizer que ninguém oporá resistência ativa a esse rei.[17]

---

não devemos imaginar que fomos nós os convocados a infligi-la. Tudo o que nos foi designado é obedecer e sofrer" (p. 82).

[17] Skinner já demonstrou, por outro lado, o equívoco de se atribuir à discussão da Reforma um caráter eminentemente conservador, pois mesmo Lutero teria revisto, após 1530, sua posição contrária à resistência ao tirano (Skinner 1978, vol. II, p. 17).

Também Calvino coloca entraves à resistência dos súditos em face do rei tirânico, mas admite que em alguns casos isso possa ocorrer. Para resistir ao governante é necessário, antes de tudo, que este tenha transgredido os limites do poder instituído por Deus e, depois, que a resistência se faça por um representante de Deus, alguém que tenha Dele recebido algum mandato – em suma, por uma pessoa política. Na consideração de Calvino acerca do governo civil essa é uma situação limite, uma lacuna que, todavia, seus sucessores não negligenciarão. Entre estes, os escoceses têm papel fundamental ao formularem uma teoria da revolução. John Knox (1514-1572), assumindo as implicações mais radicais e heterodoxas do calvinismo, enfatizou o dever de resistir; George Buchanan (1506-1582), voltando-se para o humanismo, justificou o direito de resistência. Resta examinar, então, como esses teóricos conseguiram neutralizar a injunção paulina, e acabaram por dar à Reforma Protestante um tom bastante distinto daquele projetado por seus pais fundadores.

Na Escócia: teorias da rebelião

Em 1610, um certo David Owen, autor hoje totalmente desconhecido, escreve o livro *Herodes and Pilate Reconciled*, que mais tarde, em 1643, será publicado novamente, desta vez com o título de *Puritano-Jesuitismus, the Puritan turned Jesuit.*[18] Ao escrever o livro, Owen tinha um olho no assassinato de Henrique IV, rei da França, pelo monge fanático François Ravaillac, e outro nas proclamações de Jaime I contra os jesuítas, sem descuidar, porém, dos

---

[18] Em português, *Puritano-jesuitismo: o puritano que se tornou jesuíta.*

92 EUNICE OSTRENSKY

puritanos ingleses e escoceses. Tanto assim que as primeiras páginas já se abrem com a afirmação de que "a política da Igreja Puritana e a *sociedade jesuítica* começaram juntas: a primeira em *Genebra*, 1536, e a outra em *Roma*, 1537" (p. 257; itálicos no original). Além de uma série de frases coletadas entre filósofos antigos e recentes para refutar os reformadores, e de abundante explicação de passagens bíblicas com finalidade semelhante, o livro traz comentários curtos sobre diversos jesuítas e puritanos, tais como Roberto Belarmino, Giacomo Antonio Marta, João Calvino, John Knox e Christopher Goodman. Todos os citados são, para Owen, potencialmente regicidas, com a diferença de que os jesuítas sustentam o direito do papa a depor o rei, enquanto os puritanos atribuem essa mesma faculdade aos súditos. Separados pela cabeça, mas unidos pela cauda, eram irmãos em sedição.

A atividade política de John Knox fora de fato intensa, o que lhe rendeu muitas fugas, alguns anos de prisão e a satisfação de ver realizado o efeito de sua pregação. Por exortar à deposição de Maria de Guise,[19] em 1547 cai no cerco ao castelo de St. Andrews, é capturado e enviado como escravo para as galés na França. Dois anos depois retorna à Inglaterra, onde goza de alguma tranqüilidade. Mas isso dura pouco. Em 1553 ascende ao trono inglês Maria I, a Jezebel, a mulher perversa, a bastarda (*The First Blast of the Trumpet*, p. 3). "Que uma mulher reine e exerça império sobre o homem" parece a Knox algo monstruoso (p. 4). É contrariar a von-

---

[19] Maria de Guise era mãe de Maria Stuart e, portanto, avó de Jaime VI da Escócia. Nas últimas décadas do século XVI, a família Guise participa ativamente das guerras civis de religião na França, sempre se posicionando ao lado dos católicos contra os protestantes. Por sua linhagem, Jaime tinha fortes motivos para se afastar do pensamento de Knox e Buchanan; por sua experiência como rei, tinha motivos igualmente fortes para rejeitar as teorias católicas que justificavam o regicídio.

tade revelada, as manifestações de Deus aos profetas, a ordem da natureza (p. 4).

Já se vê que, em *The First Blast of the Trumpet*, Knox deixa de lado a célebre passagem da Epístola de São Paulo aos Romanos. Não pode ser Deus quem dá origem ao governo torpe da mulher (p. 25). Como ser perfeito, Deus não produz ordens degeneradas, não é o autor do mal e da injustiça: não ordena os tiranos. São os homens, pois, que escolhem seus governantes. Se este é justo, a escolha seguiu a vontade de Deus; se é ímpio, os homens consultaram apenas sua vontade cega (Skinner 1978, vol. II, p. 228). É por isso que não se pode acatar como legítimo o reino do demônio, esse reino usurpado, sob pena de suscitar a ira divina, nem atribuir a Deus a escolha resultante do mero arbítrio humano. Foi por cegueira que o reino e seus estados deram assentimento a uma mulher e não podem imaginar que, apesar desse ato inaceitável a Deus, safem-se "da presença do fogo que consome" (*On Rebellion*, p. 43). Daí o desespero, a angústia e o tom ameaçador de Knox ao imaginar o que pode decorrer de todas essas misérias realizadas contrariamente à glória e honra de Deus.

Mas antes de Knox pedir a Deus que ilumine os olhos dos homens (golpe retórico que mais tarde Hobbes chamará de hipócrita),[20] é preciso verificar como, apesar de afirmar que os tiranos são uma criação humana, Knox supera o impasse suscitado pela clara interdição da Epístola de São Paulo. Sem renunciar a uma teoria da revolução, Knox se dedica a aprofundar, em *The Appellation*, os poderes ordenados por Deus de que falava São Paulo. Concorda então que os magistrados superiores foram instituídos por Deus.

---

[20] "Quem pensaria que desígnios tão horríveis como esses poderiam permanecer tão facilmente e por tanto tempo cobertos pelo manto da santidade? Por isso, eles eram os mais ímpios hipócritas ..." (*Behemoth*, p. 61.)

Mas acrescenta que ao dizer "poderes" – no plural – o Apóstolo também se referia aos magistrados inferiores, cujo ofício é, como o do rei, divino, e cujo dever é, também como o do rei, reformar a religião de acordo com a lei de Deus (p. 85). A punição aos idólatras cabe, portanto, não apenas ao rei, como também à nobreza, de modo que, se um príncipe idólatra desejar destruir os eleitos e impedir a glória do Senhor na terra, os nobres têm o dever de "reprimir a fúria e insolência de nossos reis sempre que tiverem a manifesta pretensão de transgredir a abençoada ordenação de Deus" (p. 102). Nesse caso extremo, em que o rei ameaça a vida dos eleitos, a resistência não apenas constitui obrigação, como ainda é recompensada pelo próprio Deus. Logo, é dever da nobreza e dos estados remover, sem mais tardar, aquela cuja autoridade foi promovida por sua cegueira.

Com isso, Knox separa o poder ordenado por Deus da pessoa que exerce esse poder. Enquanto o poder é divino, perfeito e imutável, a pessoa que o exerce manifesta todos os sinais da Queda. Mas, além dessa distinção, Knox introduz em *The Appelation* o argumento essencialmente anti-populista do pacto entre Deus e uma minoria aristocrática de eleitos (Skinner 1978, vol. II, p. 236). Knox lembra que, assim como o povo de Israel prometeu obediência a Deus por intermédio de Moisés, os gentios prometeram obediência a Jesus, reconhecendo-o como o Cristo. Assim, se Jesus não é inferior a Moisés, o pacto confirmado no tempo dos Apóstolos tem a mesma validade do pacto firmado entre Deus e o povo eleito (*The Appelation*, pp. 102-3). Ora, se o pacto continua a ser válido, permanece em vigor a obrigação de o cumprir, isto é, de não somente desobedecer às ordens dos "orgulhosos espanhóis e da iníqua Jezebel" (p. 112), como ainda de "retirar as honras e punir com a morte aqueles que Deus houver condenado por Sua própria boca" (p. 97). E como a violação de uma promessa implica punição, os que se furtarem a seus deveres serão assolados pela mais indescritíveis pragas. A resistência se converte enfim em obrigação, não imposta pela consciência, mas pela lei divina.[21]

O sectarismo de Knox, que atribuía aos eleitos a missão apocalíptica de impedir o domínio do mal, mas condenava a rebelião popular, não deixa vestígios em *The Rights of the Crown in Scotland*, de George Buchanan. A doutrina deste último é secular, populista, e chega a ser irônico que Buchanan dedique seu livro a Jaime VI, desejando–lhe boa saúde e ao mesmo tempo defendendo princípios completamente antipáticos aos que no futuro ele desenvolverá como Jaime I. É bem verdade que Buchanan lhe dedica a obra não apenas porque foi nutrido na tradição ciceroniana, como por ter sido um dos professores do jovem Jaime. O aluno todavia parece ter desenvolvido sincera aversão pelo que recebera como ensinamento, e não errou em identificar as teorias do antigo mestre protestante à dos jesuítas, que tanto procuraram perturbar seu reinado inglês.

O diálogo entre Maitland e Buchanan transcrito na principal obra deste inicia-se pelo comentário dos últimos acontecimentos na Escócia e a repercussão deles nos países estrangeiros, principalmente na França. Os dois se referem, naturalmente, à bem-sucedida revolução calvinista naquele país e à conseqüente deposição, em 1567, da rainha católica Maria Stuart, mãe de Jaime I. Maitland considera uma enormidade perseguir uma mulher, "sexo que é poupado mesmo por exércitos hostis na captura das cidades" (p. 240). Horroriza-o que se tenha perdido todo o respeito pelo sobe-

---

[21] Para Skinner, ao conceber o combate à idolatria como um dever imposto por Deus, Goodman e Knox conseguiram reverter "a mais fundamental tese do pensamento político da Reforma: eles asseguram ao povo, não que incorrerá em danação se resistir aos poderes que existem, mas, ao invés, que sofrerá danação se deixar de fazer isso..." (Skinner 1978, vol. II, p. 238).

rano, que o supremo poder executivo seja ridicularizado pela mais baixa ralé e que, por consentimento de todos, não mais exista distinção entre o certo o errado, o honroso e o desonroso. A nação está mergulhada na mais "selvagem barbaridade" (p. 240).

Já se pode entrever que o papel de Maitland no diálogo será o de resguardar a majestade dos reis, embora Buchanan, desmentindo-lhe todas as crenças, arrogue para si esse papel. A realeza que Maitland pretende defender não passa, para Buchanam, de tirania. Para evitar equívocos quanto aos termos e a seu conteúdo, de saída Buchanan faz Maitland admitir que tiranos e reis são contrários. Assim, quando se entende a origem do rei e a razão por que se deve obedecer a ele, entende-se também a origem do tirano, negativo do rei, e por que há direito em resistir-lhe.

Então se segue uma explicação sobre a origem do governo, emprestada do *De Inventione,* de Cícero, levando em conta a condição pré-política da humanidade.[22] De fato, a vida solitária é a menos conforme à natureza, que dotou os homens de uma lei para se reunirem em sociedade. A suma dessa lei de natureza – "amar aos outros como a si mesmo" – indica a necessidade da vida em comum. Ao contrário de Cícero, Buchanan considera que a reunião das primeiras tribos dispersas seja obra de Deus, não de um orador. Mas, divergindo também de Aristóteles, afirma que o surgimento dos reis não se deveu à eminência e superioridade indiscutíveis, porque no estado de comunidade primitiva ninguém se destacava por algum mérito singular. Pela lei de natureza, "um igual não tem o poder nem o direito de assumir autoridade sobre

---

[22] "... houve um tempo em que os homens viviam em cabanas e mesmo em cavernas, e vagavam a esmo, sem lei, sem habitação fixa, como simples vagabundos, unindo-se em grupos conforme os levava a fantasia ou o capricho, ou os incitava alguma conveniência e vantagem comum" *(The Rights of Crown,* p. 242).

seus iguais" (p. 245). Como não existem reis por natureza, foi necessário aos homens eleger um dentre eles para governar e nessa medida as sociedades resultam de uma escolha diretamente humana, e apenas indiretamente divina.

Isso não é mais do que afirmar que todos os homens são imperfeitos por trazerem em sua natureza as marcas da Queda e da degradação.[23] Como homem, o rei pode se desviar dos retos preceitos da lei natural, não resistir a seus afetos selvagens, e por isso Buchanan julga necessárias, para orientá-lo e refreá-lo, leis estabelecidas pelo consentimento da comunidade (p. 247). Do contrário, o governo, que foi instituído para o bem dos homens, se degenera em tirania. Daí a definição dos tiranos segundo os gregos e romanos: "aqueles cujo poder, sob todos os aspectos, não estava limitado nem restrito por nenhum laço legal e não se sujeitava à alçada de nenhuma judicatura" (p. 260). À diferença de Knox, Buchanan não vê o tirano como um idólatra, mas como um governante que subverte o princípio do consenso voluntário existente na base das sociedades. Quando o rei ignora a lei civil e passa a governar pela força, a lei de natureza proclama "que todo sistema apoiado pela violência pode, pela mesma violência, ser derrubado" (p. 264). Rompido o pacto mútuo firmado entre o rei e o povo, o direito que cabia ao governante de punir os transgressores da lei retorna ao povo, que volta a ser livre como era antes da sociedade (p. 280). O tirano então encontra na comunidade um inimigo aberto e nenhuma guerra é mais "justa e necessária" do que a provocada por "danos dolosos e intoleráveis". Numa guerra tão justa, "não

---

[23] "... há na natureza humana dois monstros selvagens, a cupidez e a irascibilidade" (*The Rights of Crown*, p. 252); "manifestam-se claramente no homem dois abomináveis monstros, a ira e a lascívia" (*Idem*, p. 275).

apenas o povo inteiro, como também cada indivíduo tem o direito de matar esse inimigo"(p. 281).

Assim, o corpo do povo detém, primeiro, o poder de retirar a autoridade de que ele próprio investiu o governante, em seguida, de julgá-lo de acordo com a lei e, finalmente, de sentenciá-lo à morte. Nesse caso, o direito de rebelião é coletivo. Mas existe também um direito individual de matar o tirano na medida em que as sociedades se instituem para o bem comum, tanto quanto para a utilidade de cada um.[24] Ao se transformar em tirano, o rei rompeu cada um dos elos de humanidade que haviam sido criados entre ele e os outros pactuantes. A partir de então deixaram de existir as vantagens que antes se apresentavam: a conveniência desapareceu e a segurança foi posta em risco. O tirano enfim se equiparou a um animal de presa, um lobo com o qual não há sociedade, que invade as propriedades e devora os rebanhos. O primeiro a se armar tem, como cidadão, o direito de matá-lo. É por isso que a história traz exemplos de tiranicidas que receberam, por seu gesto, o aplauso de seus concidadãos.

Embora tenda a concordar com todo o raciocínio de Buchanan, Maitland julga que haja uma sanção moral ao tiranicídio. Diz Maitland, referindo-se à injunção paulina: "Meu julgamento é influenciado mais decisivamente por essa única passagem do que por todos os argumentos de todos os filósofos" (p. 267). Buchanan não se impressiona. De início, se serve das distinções já estabelecidas entre a função e o dever dos magistrados, por um lado, e, por outro, leva em conta os próprios magistrados, que são tão- somente pessoas privadas investidas de certo poder. O Evangelho ordena que todos os crimes e criminosos sejam punidos, sem diferenciar posições ou

---

[24] "Admito que a utilidade seja uma causa, porém não a mãe absoluta da justiça, como querem alguns" (*The Right of Crown*, p. 243).

As revoluções do poder 99

privilégios sociais, e o tirano, vale lembrar, é um parasita, indivíduo privado.[25] Acrescenta ainda que Deus ordena a obediência aos bons reis e disso não se segue que seja ilícito resistir a um mau príncipe. Finalmente, contextualiza, por assim dizer, a injunção paulina, considerando a época em que São Paulo compôs seus escritos e as pessoas a que se dirigia. Do contrário, não há como explicar algumas passagens bíblicas, relativas a outros períodos históricos, que aprovam o tiranicídio.[26] Portanto, são a lei e o costume de cada país que determinam a aceitação ou não do tiranicídio. A Escócia, nesse aspecto, é prolífica em exemplos desfavoráveis aos tiranos.

* * *

Aí está, nas palavras do realista Robert Filmer, "toda a estrutura dessa imensa máquina da sedição popular" (*Patriarcha*, p. 2). Nos princípios – ou na cabeça, como dizia Owen – os jesuítas se separam dos presbiterianos. Os primeiros supõem que toda autoridade seja humana; os últimos, que existam duas autoridades igualmente divinas, unidas pelo dedo humano do consentimento. As conclusões – a cauda, ainda segundo Owen – são as mesmas para uns e outros: é lícito destruir o tirano, o governante que transgrida os limites de seu mandato. Mas Owen não enxerga uma implicação que torna a teoria de Buchanan ainda mais sediciosa: enquanto o jesuíta argumenta que o rei recebe o poder do povo "por via de privação", renunciando absolutamente à soberania, o puritano defende que o povo ape-

---

[25] "... assim como há na Sagrada Escritura um comando expresso visando à extirpação de crimes e criminosos, sem nenhuma exceção de grau ou posição, não há em lugar algum privilégio específico assegurado, a esse respeito, *mais aos tiranos do que aos indivíduos particulares*" (p. 271; o itálico é meu).

[26] De acordo com Skinner, essa engenhosa exegese das injunções tem como finalidade afastar a idéia de que São Paulo houvesse enunciado máximas universais de prudência política (Skinner 1978, vol. II, p. 344).

nas comunique sua soberania ao rei "mediante confiança", de modo que "se o rei falhar nos necessários deveres do governo para o bem da Igreja e do Estado, por seu inato poder o povo pode agir e remediar isso" (*Sacro-sancta*, pp.11-2). É por isso que para o anglicano Maxwell, arguto observador dessa diferença, "por mau que seja o jesuíta, na minha concepção o puritano é ainda pior" (*Sacro-sancta*, p. 10).

Em meados da década de 1610, Jaime se refugiará no direito inato à sucessão para rebater a ambos, puritanos e mais ainda jesuítas. Pouco mais tarde, Filmer negará, do início ao fim, que por natureza os homens sejam iguais e livres (*Patriarcha*, pp. 2-3). Por ora, na época em que Filmer se inicia como teórico, os jesuítas se aquietaram e os puritanos não representam perigo extremo. Mas convinha usar de cautela e precaver-se contra possíveis ameaças.

Devia haver algo de premonitório nas inquietações de Filmer. Na década de 40, Maxwell, Williams, Ferne, Spelman e o próprio Filmer se vêem a remexer as teorias puritanas e jesuítas e o fazem com sobradas razões. Desmoronava o governo monárquico. Arruinada "a hierarquia sagrada, a ordem instituída por Cristo para o governo de sua Igreja, constituída pelos Apóstolos e mantida contra qualquer oposição prevalecente durante quinze séculos (...) sem interrupção", Maxwell se pergunta, "qual será a condição da soberania e do súdito?" (Epístola Dedicatória). É o que se pretende responder no Capítulo III.

Na Inglaterra: o rei no Parlamento

Vimos no Capítulo I que no início do século XVII as analogias do rei como cabeça e do reino como corpo expressam uma rede de claras conexões entre o rei e o Parlamento. O rei precisa dos homens representados no Parlamento para coletar impostos, recrutar soldados em caso de guerra e exercer o poder judiciário nos condados, já que a Inglaterra não dispõe de burocracia nem de exército permanente. Quanto à nobreza e à *gentry*, que compõem a maioria do Parlamento, precisam manter boas relações com a corte e o Conselho Privado se desejam obter vantagens para si e suas localidades. Não podem esquecer, ainda, que o rei tem a prerrogativa de convocar e dissolver parlamentos a seu critério e que nenhum projeto de lei será aprovado sem seu consentimento. Além de tudo, a autoridade do monarca é fundamental para evitar as dissensões internas que tanto enfraqueceram a Inglaterra no passado. Por isso, pouco haveria a temer enquanto Jaime se expandisse na retórica absolutista, porém mantivesse intocados os recursos legais disponíveis contra a prática do absolutismo.

Esses recursos legais tomam corpo na ampla e antiga convicção de que a verdadeira governança exige a cooperação e, na legislação e tributação, o consentimento da sociedade. Ainda no século XV, Sir John Fortescue, no tratado *The Governance of England*, distinguira o *dominium regale*, vigente na França, do chamado *dominium politicum et regale* adotado pela Inglaterra. A primeira dessas fórmulas estabelece o governo do rei de acordo com leis que ele mesmo elabora e, por conseqüência, a tributação sem o assentimento do povo (p. 52). A monarquia francesa é, nesse sentido, absoluta. Todavia, a governança real não parece trazer benefício algum. Como não dispõe de meios lícitos para manter sua realeza, como não conta com a contribuição voluntária dos súditos – eles mesmos reduzidos à miséria –, o rei da França precisa extorquir deles até as roupas (p. 55). Logo se vê obrigado a lançar mão de poderes negativos, por meios dos quais perde suas posses, vale-se de usurários, peca, pratica o mal, torna-se tirano. Impelido a esbulhar pela força o que não obtém pelo consentimento do povo, o rei se priva de sua autoridade, vê-se impotente, despido do poder que o fazia eterno e imortal.[27]

A fragilidade da França contrasta com a pujança, fartura e disposição para lutar contra inimigos externos as quais caracterizam a Inglaterra, onde predomina o *jus politicum et regale*. Aí, o rei governa de acordo com as leis a que o povo dá assentimento e, como sua capacidade pública é inteiramente mantida pelos súditos, não depende de outros para viver. No entanto, mais que defender o Parlamento ou rechaçar o absolutismo, Fortescue cuidou de prevenir o despotismo, exaltando os benefícios trazidos ao reino quando o povo consente com os atos do rei. Em vez de enaltecer as decisões autônomas do Parlamento, Fortescue desejou mostrar a necessidade da centralização política em torno do rei,[28] caso contrário sobreviria a opressão e miséria. Talvez por isso o autor não esclareça quais poderes, precisamente, o rei exerce fora do Parlamento, ou quais são os poderes reais. De qualquer modo, Fortescue em nenhum momento sugere que o Parlamento tenha autoridade sem o rei, pois isso equivaleria a tirar o peso do *et* na fórmula *dominium politicum et regale* (Mendle 1997, p. 103).

Muitos cuidarão de preencher a omissão de Fortescue, definindo os poderes reais a serem exercidos pelo rei fora do Parlamento. Em *De Republica Anglorum*, livro sobre a sociedade inglesa

---

[27] "...não constitui poder ser capaz de alienar e largar; constitui poder, sim, ser capaz e conservar para si. Do mesmo modo não constitui poder ser capaz de pecar e fazer o mal, ou ser capaz de adoentar-se, envelhecer, ou que um homem possa se ferir. Todos esses poderes provêm da impotência. Portanto, podem ser propriamente chamados de não-poderes. Por isso os espíritos santos e anjos que não podem pecar, envelhecer, adoecer ou se ferir têm mais poder do que nós ..." (*The Governance of England*, p. 59).

[28] "Como nosso rei nos governa por intermédio de leis mais favoráveis e boas a nós do que as leis mediante as quais o rei francês governa seu povo, é razoável que para ele nós sejamos melhores e mais proveitosos do que o são os súditos para com o rei da França " (p. 56).

As revoluções do poder 103

escrito em 1566, Sir Thomas Smith retoma a teoria da governança política, afirmando que "o mais elevado e absoluto poder do reino da Inglaterra consiste no Parlamento" (p. 222). O Parlamento simboliza ao mesmo tempo a cabeça e o corpo do reino, já que todos os ingleses livres, seja o rei ou a rainha, sejam homens diversos cujos rendimentos atinjam 40 libras anuais, aí se apresentam pessoalmente ou por procuração. Mas Smith está longe de acreditar que a lei retirou do rei o poder absoluto e discricionário. Pelo contrário, em situações de emergência, das quais o rei é o juiz, a lei confere ao monarca a prerrogativa de anular as decisões e suspender provisoriamente a autoridade do Parlamento. Nesses momentos, a vontade do rei equivale à lei e tem, por conseqüência, caráter de lei marcial. O adágio bastante citado de Cícero, de que as leis silenciam na guerra (p. 229; Sommerville 1999, p. 98), sugere a responsabilidade, pertencente ao rei, não ao Parlamento, de proteger o reino quando existe perigo externo ou interno.

* * *

No final do século XVI, Richard Hooker apresenta uma versão próxima da teoria da autoridade compartilhada, mas com ênfase na lei fundamental. Embora julgue que o rei seja supremo em relação a cada indivíduo da comunidade, Hooker o considera inferior à comunidade tomada como um todo, isto é, como reino ou corpo. "O rei – dirá Henry Parker mais tarde, expressando opinião idêntica –, "embora seja *singulis major,* é ainda assim *universis minor*" (*Observations*, p. 2; *Of the Laws of the Ecclesiastical Policy*, VIII, 3.2).[29] Para demonstrar que o rei no Parlamento constitui a

---

[29] É pouquíssimo provável que em 1642 Parker tenha lido Hooker, já que somente em 1648 foram publicados os livros VI e VIII de *Laws of Ecclesiastical Polity*. Na verdade, a

autoridade legislativa da Inglaterra, Hooker afasta, em primeiro lugar, a hipótese de que os princípios políticos devam ser derivados da Bíblia, já que nem todos os governantes receberam, como os judeus, sua autoridade diretamente de Deus. É preciso então verificar como surgiram os outros governos. Hooker inicialmente presume, em viés aristotélico, que o forte desejo de ser amado pelos iguais impele um homem a amar todos os outros. A razão natural nos diz que, se não queremos sofrer dano, não devemos causar dano; se queremos ser honrados, devemos honrar (I, 8.7). É obra da razão (ou de Deus e da natureza) que já existam comunidades antes mesmo de "qualquer forma certa de regimento estabelecida" (VIII, 3.1). Daí a sintomática alternância, em *Of the Laws of Ecclesiastical Polity*, dos termos "comunidade" e "multidões".

A vida em comunidade não parece suficiente, entretanto, para justificar os propósitos elevados do homem, compreendido agora como ser político. Se Deus concedeu razão aos homens para que vivessem bem, concedeu-lhes também poder para participar das decisões políticas da sociedade. As comunidades naturalmente detêm, assim, autoridade para escolher as espécies de sociedades sob as quais desejam viver. Mas Hooker não é ingênuo para sugerir que os governos nunca resultem da coação ou força de um outro agente. Tendo de escolher entre a sujeição a um conquistador e a morte, algumas comunidades preferiram o mal menor – era afinal vontade de Deus que aquele homem, e não outro, vencesse a guerra. Não importam realmente os meios pelos quais os reis e governantes alcançam o trono, se pela espada ou pelo voto. As duas situações remetem a uma escolha, e por isso devemos "reconhecer

---

oposição entre *singulis major* (ou *maior singulis*) e *universis minor* (ou *universis populo*) é bastante antiga (ver Skinner 1978, vol. II, p. 133), e no século XVII pode ter-se tornado lugar-comum.

AS REVOLUÇÕES DO PODER 105

tanto que sua legítima escolha foi aprovada por Deus, como ainda que eles são os *Lugares-Tenentes de Deus*, admitindo que seu poder é o Dele" (VIII, 3.1; itálicos no original).[30] No que se refere aos reinos instituídos livremente "por acordo e composição", os que virão a se tornar súditos já estabelecem, no momento do pacto, qual será a extensão do poder do rei. Ora, como provar que algum dia se tenha celebrado tal contrato, se os inícios da sociedade são "completamente desconhecidos ou conhecidos apenas de uns poucos" (VIII, 3.3.)? Em outras palavras, como os súditos podem estar seguros de que entre eles e o monarca vigora um contrato, e não a herança do conquistador? Segundo Hooker, os súditos encontrarão as cláusulas do contrato original em toda concessão voluntária do rei, quer manifesta em seu consentimento às leis positivas do reino – e, por extensão, no juramento proferido durante a coroação –, quer oculta sob costumes "que vão além da memória" (VIII, 3.3). Nos dois casos, o rei admite governar–se por leis escritas e não escritas, respectivamente, que não se reduzem, como Hooker esclarece, à palavra de Deus nas Escrituras e na natureza: "Entendo não apenas a lei de natureza e de Deus, mas mesmo a lei nacional ou municipal consoante ao lugar" (VIII, 3.3). Apesar disso, nega compartilhar a opinião dos que fazem a apologia do poder limitado – este possuiria estreita capacidade de promover o bem do povo. Defende, isso sim, o maior poder possível, o mais atado à regra indiferente da lei. Irônico e judicioso, Hooker esclarece o raciocínio ambíguo: o melhor governo é aquele cujo rei tem pleno poder para executar as leis criadas pela comunidade.[31]

---

[30] Veja-se Parker: "o domínio que é usurpado, e não é justo, enquanto permanecer domínio e até ser legalmente de novo despido, refere a Deus, como seu Autor e Doador, tanto quanto o que é hereditário" (*Observations*, p. 1).

[31] "É mais feliz o povo cuja lei é seu rei nas maiores coisas do que o povo cujo rei é ele próprio a lei" (VIII. 3.3).

O rei sobressai a cada membro da comunidade por ser escolhido como governante; mas é inferior ao todo, pois deve executar leis que, por si mesmo, não tem o poder de fazer. A comunidade consente em que o governante execute as leis, e a lei de natureza exige a aprovação da sociedade para colocar essas leis em vigor: " mediante a lei natural, ele converteu todos em súditos, mas o poder legítimo de fazer leis para comandar sociedades políticas completas pertence ... propriamente à mesma sociedade inteira" (X.8). Os atos do governo adquirem então legitimidade quando a letra das leis positivas se iguala ao espírito da lei de natureza, adaptando-a às exigências da vida política. Do contrário, sobrevém a tirania.

Assim é que o poder do rei depende do poder da comunidade, e "por dependência entendemos subordinação e sujeição" (VIII, 3.2). Não se trata, como parece claro, de convocar uma assembléia composta por todos os membros da comunidade sempre que se queira aprovar uma lei. A comunidade a que se refere Hooker deve ser entendida como uma entidade pública, uma corporação imortal (I, 10.9); em suma, como o Parlamento. Aí se apresentam, como já enunciara Thomas Smith, todos os ingleses "pessoalmente ou mediante aqueles aos quais eles voluntariamente atribuíram o próprio direito pessoal" (VIII, 6.3). O Parlamento é, portanto, a principal autoridade legislativa da Inglaterra. Hooker sublinha, porém, que o Parlamento não exerce nenhum poder executivo – este pertence integralmente ao monarca fora do Parlamento.[32]

Tal doutrina convinha a Isabel e aos que então rechaçavam a teoria segundo a qual o poder supremo do rei em questões eclesiásticas seria uma derivação do direito divino do Bispo de Roma

---

[32] "O corpo político inteiro faz leis, leis estas que dão poder ao *Rei* e como *Rei* se comprometeu a empregar de acordo com a lei tal poder, sucede que a execução de uma é consumada pela da outra da maneira mais religiosa e pacífica" (VIII, 8, 9).

(*Of the Laws of the Ecclesiastical Policy*, VIII, 3.1).[33] Porém não convinha a Jaime, malgrado o Papa não houvesse desistido de reivindicar sua autoridade nas questões espirituais da Inglaterra. Quase à mesma época em que Hooker escreve *Of the Laws of Ecclesiastical Polity*, Jaime publica *The Trew Law of Free Monarchies*, texto em grande medida dedicado a refutar três grandes objeções ao direito divino dos reis. A primeira objeção é apresentada por republicanos, isto é, pelos que se julgam obrigados a devotar à república *(commonwealth)* o mesmo zelo que dedicam à mãe. Quando reis tirânicos e perversos ameaçam a pátria, alegariam os adversários de Jaime, "os bons cidadãos são forçados, em virtude do zelo e dever natural que têm para com seu próprio país nativo, a pôr as mãos à obra para livrar sua república dessa peste" (p.78). Os presbiterianos colocam a segunda objeção: em face de reis perversos, nenhum gesto é mais conveniente aos olhos de Deus que "libertar o país dessa maldição" (p. 79).[34] Finalmente, a terceira objeção se fundamenta no pacto mútuo celebrado entre o rei e seu povo no momento da coroação. Jaime admite que ao ascender ao trono o rei faça uma promessa ao povo. Mas ressalva: o rei promete *voluntariamente* dar bom cumprimento à incumbência que recebeu de *Deus*. Jamais se teria celebrado tal contrato, "especialmente contendo uma cláusula tão irritante como a que eles alegam" (p. 81).

A "cláusula irritante" mencionada por Jaime versa sobre a quebra do contrato, caso o rei transgrida as leis. Hooker não achou necessário defender uma teoria da resistência, talvez imaginando que

---

[33] McGrade, editor da obra de Hooker, esclarece que essa espécie de consideração era conforme à Lei de Supremacia aprovada por Isabel, legislação que fez da rainha governante suprema "pela autoridade do presente Parlamento" (p. xxviii).

[34] "livrar sua república dessa peste" e "libertar o país dessa maldição": o tom religioso de que se revestem as duas fórmulas não oculta o elemento republicano do presbiterianismo.

a constituição inglesa fosse suficiente para impedir a tirania (Sommerville 1999, p.76). Possivelmente por essa razão não expõe a cláusula mediante a qual a comunidade retira seu consentimento quando o rei se converte em tirano. No entanto, é preciso admitir que as teorias do contrato, semelhantes às avançadas pelos jesuítas para contestar a ascensão de Jaime ao trono inglês, previam essa possibilidade. Não surpreende então que a teoria de Hooker, facilmente identificável à dos jesuítas, caísse em relativo esquecimento durante o reinado de Jaime, principalmente após a Conspiração da Pólvora. Os tempos favoreciam o absolutismo.

Mas até certo ponto, uma doutrina absolutista segundo a qual o rei está acima das leis jamais terá desfrutado completo êxito na Inglaterra. Durante os primeiros anos do século XVII, à medida que declinam as teo-rias do contrato, ganha consistência uma outra concepção não–absolutista da constituição inglesa, a da *common law* como limite para o uso da prerrogativa régia. Essa concepção se condensa, como Edward Coke observa a Jaime I em 1608, na máxima do jurista Henry de Bracton: o rei não está submetido a homem algum, mas está submetido a Deus e à lei.[35]

Costume e lei

Em *The Case of ShipMony Briefly Discoursed* (1640) Henry Parker, que em pouco tempo virá a ser o grande propagandista do Parlamento, atribui à política da Inglaterra uma especificidade praticamente sem paralelo no mundo inteiro: "nem é tão ilimitada que oprima o povo em coisas injustas, nem tão estreita que inca-

---

[35] "Prohibitions del Roy" (p. 18). Nessa passagem, Coke cita outro jurista inglês, Bracton. *Quod Rex non debet esse sub homine, sed sub Deo & Lege.*

pacite o rei nas coisas justas" (p. 99). Se os escravos dos muçulmanos são muito mais maltratados que os dos holandeses, e os camponeses franceses muito mais infelizes que os ingleses, é porque, continua Parker, "eles estão sujeitos a um poder mais imoderado e contam menos com o benefício da lei para fazer-lhes reparação" (pp. 109-110). Ao estabelecer a supremacia da lei sobre o arbítrio, Parker evoca o grande interesse de seus contemporâneos por Fortescue e Aristóteles, como indica claramente o panfleto anônimo *The Maximes of Mixt Monarchy* (1642). Segundo o Anônimo, os primeiros filósofos já ensinavam que é melhor ser governado por um rei que por boas leis. Mas, porque os reis não sejam sempre bons, a Inglaterra de longa data resolveu que a melhor governança é a Real e Política, "sendo o poder real restrito por aquele que Fortescue designa por político, e em razão do qual ele recomenda as leis da Inglaterra sobre as leis de todos os reinos" (p. 1).

Como vários de seus contemporâneos letrados, Coke bebeu nas fontes de Aristóteles e Fortescue. De Fortescue, retém a idéia, menos de uma constituição mista, que de uma lei específica e única a equilibrar as relações entre o rei e os súditos na Inglaterra – a *common law*. De Aristóteles, Coke empresta a discussão sobre a excelência das leis e as virtudes do governante.[36] Um homem cujas virtudes sejam incontestavelmente superiores às dos outros homens deve se submeter às mesmas leis que estes? A resposta de Aristóteles é, naturalmente, negativa.[37] Coke então examina o conhecimento que o monarca da Inglaterra pode reivindicar em detrimento dos súditos, e conclui, em *Prohibitions del Roy,* que o rei não é superior aos ou-

---

[36] Pocock demonstra que, na verdade, Fortescue já se havia beneficiado da discussão aristotélica sobre o alcance das leis (Pocock 1975, pp. 9-12).

[37] "Daí vemos que a legislação diz necessariamente respeito apenas aos que são iguais em nascimento e em capacidade; e para os homens de virtude preminente não existe lei – eles próprios são a lei" (*Política*, 1284ª 10).

tros homens: não é mais experiente, mais prudente ou mais erudito do que um juiz, mesmo quando Jaime se esmera em mostrar erudição, e Coke, de seu lado, admita que Deus dotou esse rei de "excelente ciência" (p. 18). Para Coke, os dotes naturais de Jaime não são suficientes para transformá-lo em juiz e legislador porque a lei da Inglaterra não é, como quer o rei Jaime, uma razão natural;[38] antes, é uma razão artificial, "uma arte que exige muito estudo e experiência antes que alguém possa alcançar o conhecimento dela" (p. 18). Por ser uma arte específica, um processo de acumulação no tempo e do tempo, e não a apreensão racional e atemporal de uma verdade, a lei não está sujeita a demonstração, colocando-se acima da crítica do rei. Mais ainda: como é "a razão (...) dispersa por milhares de cabeças",[39] a cabeça única do rei é incapaz de compreendê-la. Diante da experiência de seus súditos, dos que vivem agora e dos que viveram no passado, da "inumerável democracia dos mortos da antigüidade", para usar a bela expressão de Pocock (1975, p. 19), a experiência do rei é tão-só a experiência de um único homem. Sendo assim, se julgar com base em sua razão e se editar leis – quando editar – estas serão imperfeitas. E seria melhor, nesse caso, que também o rei se submetesse à lei do reino.

Era de esperar que Jaime ficasse desgostoso com as palavras de Coke, menos talvez por desdenharem de sua alardeada erudição, que por deixarem claro como o rei estava, a exemplo de qualquer súdito, submetido às leis. E de fato o rei fica gravemente ofendido. Afirmar tal coisa, diz Jaime, é traição. Ora, segundo as leis do rei-

---

[38] "... o rei disse pensar que a lei fosse fundada na razão, e que ele e outros possuíam razão, tanto quanto os juízes" (*Prohibitions del Roy*, p. 18).

[39] Esta última parte da definição de lei comum é citada por Hobbes em *A Dialogue between a Philosopher and a Student of the Common Laws of England*, p. 55. A personagem intitulada 'Jurista' volta a repetir literalmente essa definição, que é de Coke, nas páginas 61 e 62.

no, o rei não pode julgar os supostos casos de traição, pois isso implica dispensar os tribunais de justiça da Inglaterra e atuar pessoalmente como juiz em processos civis e criminais. Coke lembra, ainda em *Prohibitions del Roy,* que nesse país "o rei pessoalmente não pode decidir nenhuma causa, seja criminal, como traição, felonia etc. ou entre parte e parte, concernente a sua herança, bem móveis ou outros bens" (p. 14). Em última instância, a autoridade judiciária do rei se limita apenas e tão-somente aos casos em que não estejam em jogo as chamadas liberdades dos súditos, isto é, suas posses, vidas e pessoas (Ribeiro 1999, p. 150).

Refugiado na teologia e no *ius regium* da Escócia, Jaime parece ignorar, em mais de um sentido, a importância da *common law* para o funcionamento da vida inglesa. É possível que o rei de fato não atinasse com o valor dela para seus súditos. Mais certo, porém, é que desejasse obrigar seus súditos a aceitar uma ampla e radical reforma no sistema legal inglês, que afinal resultaria na aniquilação da *common law.* É isso o que propõe ao Parlamento, em 21 de março de 1610, quando manifesta seu desejo de ver três coisas expurgadas da *common law*: a linguagem mista ou corrupta, apenas entendida por juristas; a falta de clareza dos casos citados como jurisprudência; a incompatibilidade entre os precedentes e as leis já votadas com base neles (*Political Writings,* p. 186). Jaime propõe, em suma, a sistematização da lei, a codificação do direito.

Ocorre que a *common law* inglesa não possui texto único para todos os casos jurídicos contemplados, já que se fundamenta sobre antigos costumes ou pareceres e julgados de juízes, "que denominamos *Responsa Prudentum*" (*Political Writings,* p.186). Por se identificar ao costume[40], por não estar escrita, por ser mutável, não

---

[40] "A *common law* da Inglaterra nada é senão o costume comum do reino" (Sir John

112 EUNICE OSTRENSKY

possui, estritamente, força de lei. Ou melhor, só passa a ter força de lei quando alguém a codifica: o monarca ou o jurista. Resta decidir quem destes, afinal, deterá o poder judiciário.

Jaime, obviamente, arroga para si esse poder, afirmando que o costume jamais teve força, senão por permissão do rei. Cabe a ele, como *Lex Loquens*, confirmar o costume e interpretar a lei, porque estes são atos de soberania (*Political Writings*, p. 161, 171). Os juristas, por sua vez, estão convencidos de que a *common law* preexistia à Conquista e, por conseguinte, à monarquia inglesa. Sua origem é desconhecida, perde-se na poeira dos tempos antes mesmo que o primeiro rei tenha à cabeça a coroa e empunhe o cetro do reino inglês. Sir John Davies, Procurador Geral da Irlanda entre 1616 e 1619, mostra-se seguro de que o Conquistador Normando considerara "as antigas leis da Inglaterras tão honrosas e proveitosas tanto para o príncipe como para o povo", que não julgara necessário fazer nenhuma alteração "nos seus pontos fundamentais ou na sua substância" (*Le Primer Report*, p. 133-4). De seu lado, Coke acredita que as leis da Inglaterra excedam todas as outras porque nenhuma conquista – a dos romanos, saxões, dinamarqueses ou normandos, "sobretudo a dos romanos" – conseguira alterá-las (Prefácio, *Second Part of the Reports*, pp. 6-7).[41] De certo modo, essas leis sempre existiram e em virtude da "devida administração dessas leis" o reino da Inglaterra florescera de longa data, ao contrário do que ocorrera com outros países, "devastados por guerras sangrentas", porque neles não vigora, nem pode vigo-

---

Davies, *Le Primer Report des Cases et Matters en Ley Resolues et Adiudges en les Courts del Roy en Ireland*, p. 131).

[41] Confira-se ainda *Le Tierce Part des Reportes*, em que Coke afirma estar suficientemente comprovado "que as leis da Inglaterra são muito mais antigas do que se relata e do que qualquer [das] constituições de leis imperiais dos Imperadores Romanos" (p. 145).

rar, a glória da Inglaterra: a *common law* (pp. 6-7).[42] As leis da Inglaterra não haviam sido, pois, manchadas pela espada do conquistador normando, muito menos maculadas pelo direito romano. Permaneciam imunes aos ataques da vontade, mesmo aos da razão, dos sucessivos governantes.

A crença na antigüidade da *common law* estimulou a crença na existência de uma Antiga Constituição, sistema de leis não escritas, equivalentes aos hábitos do povo interpretados pelos juízes. Essas leis, cuja validade fora atestada pelo desenrolar do tempo, seriam superiores até mesmo às leis promulgadas no Parlamento. Como explica Davies, enquanto as leis fundamentais (os costumes) jamais poderiam se tornar obsoletas, as leis escritas do Parlamento (*statutes*), por não se alterarem, jamais conseguiriam apreender os desejos do povo: "quando nossos parlamentos alteraram ou modificaram pontos fundamentais da *common law*, a experiência mostrou que essas alterações foram tão inconvenientes para a república, que de fato a *common law* foi novamente restaurada, nos mesmos pontos, por outras leis do Parlamento em épocas posteriores" (*Le Primer Report*, p. 132). Pocock assinalou o paradoxo subjacente à definição de *common law* e, por extensão, uma das razões pelas quais Coke foi, nas palavras de Christopher Hill, um "criador de mitos" (Hill 1992, pp. 303-358): se a lei fundamental se identifica ao costume, então é sempre variável, está em constante mudança e adaptação. Não pode ser, portanto, imemorial (Pocock 1957, p. 36).

Essa flagrante inconsistência dos juristas não invalida suas pretensões a se tornarem, em prejuízo tanto do rei como do Parlamento, o poder judiciário e legislativo do reino. No longo prazo, entretanto, dois obstáculos relacionados à abordagem dos precedentes

---

[42] Também para Sir John Davies a *common law* constitui "invenção característica desta nação" (*Le Premier Report*, p. 133).

114 EUNICE OSTRENSKY

impedem que tais pretensões se realizem. Em sua tentativa de engrandecer o poder dos juristas, Coke se volta para esses documentos que, apesar de escritos, são considerados provas da vigência da *common law* (Klein 1993, p. 33). Mas, nessa busca genuinamente histórica, Coke acaba evidenciando o papel subserviente do Parlamento na constituição do reino, conclusão que sem dúvida beneficia Carlos I na década de 1630. Os *Institutes* de Coke são um dos textos mais citados por Filmer em *The Free-holders Grand Inquest* para certificar a origem e o sentido dos mandados de convocação expedidos pelos reis em todos os tempos, a subordinação dos privilégios parlamentares aos termos impostos por esses mandados, a natureza mesma das leis propostas pelos Comuns (meras petições).[43]

No reinado de Carlos I, o caso do *ship-money* – imposto incidente sobre a construção de navios e recolhido sem o consentimento do Parlamento – deixa claro que não era bom aos juristas permitir o crescimento do poder do rei à custa do poder do Parlamento.

* * *

O ano de 1637, quando se julgou a legalidade da cobrança desse imposto, marca um dos momentos mais críticos da teoria da supremacia da lei, que então passa constituir um dos instrumentos de governo do absolutismo. A questão que anima o processo jurídico é a prisão de um dos homens mais ricos da Inglaterra, John Hampden, que se havia recusado a pagar o imposto. Reunidos em Westminster para julgar o recurso de Hampden, os juízes decidem, por ampla

---

[43] Veja-se, nesse sentido, a seguinte passagem: "Para termos outra prova de que o poder legislativo é próprio do rei, podemos observar que nos tempos antigos, segundo afirma Sir Edward Coke, 'Todas as leis do Parlamento estavam na forma de petições'" (*The Free-Holders Grand Inquest*, p. 107).

maioria, a legalidade da condenação de Hampden e da cobrança do *ship-money* (*Behemoth*, p. 74; Hill 1980, p. 46). Advogado de Hampden, Oliver St. John argumenta que a defesa do país cabe ao rei na qualidade de *suprema potestas*, mas apenas quando realmente existe necessidade de defesa. Não era esse o caso em 1634-6, porque não havia nenhuma guerra contra o país e o rei tivera tempo suficiente para convocar um Parlamento. Por isso, a pergunta que St. John propõe é se "em tempos de paz Sua Majestade pode, sem o consentimento do Parlamento, alterar a propriedade dos bens do súdito em nome da defesa do reino" (*The Stuart Constitution*, p. 99). O advogado desloca a questão inicial. Toma como incontestável a prerrogativa régia em tempos de guerra, o papel do rei como juiz nas situações extraordinárias, mas põe em xeque seu papel de única autoridade legislativa e judiciária em tempos de paz.

Embora afaste a possibilidade de tributação arbitrária, Sir Robert Berkeley, juiz do caso, afirma que o rei, como *summae majestatis*, tem o poder de decidir quando os lordes e comuns se reúnem. A lei, em outras palavras, está compreendida na prerrogativa régia, conferindo ao rei o direito de tributar os súditos quando julgar necessário para a conservação do país (*The Stuart Constitution*, p. 101). Sir John Finch, então presidente do tribunal de *Common Pleas,* e que presidira o Parlamento de 1628, vai além e assevera que antes de existir um parlamento já existia um rei, "pois do contrário como poderia existir uma assembléia de Rei, Lordes e Comuns?" (*The Stuart Constitution*, p. 102). O rei, sendo anterior ao Parlamento, é soberano, e quem tem o poder tem também, por sua autoridade, os meios de executá-lo. Bem se vê que Finch deixara de lado as considerações técnicas sobre o caso e passara a discorrer sobre a natureza do poder em geral. De um modo ou de outro, estava seguindo o modelo fixado por Coke, mas – ironicamente – para defender a superioridade do rei sobre a lei.

O desfecho do processo jurídico em torno do *ship-money*, com a conseqüente transformação em precedente da cobrança não autorizada pelo Parlamento, parece representar o declínio dos juristas. Para Kenyon, ao longo da década de 1640 não apenas se reclamará, como pretendia o rei Jaime, a codificação do direito, o abandono do *Law French* e o aperfeiçoamento das práticas dos tribunais, como ainda se exigirá que os advogados sejam excluídos do Parlamento (*The Stuart Constitution*, p. 91).

O segundo obstáculo às aspirações dos juristas foi colocado pela dissolução do Parlamento de 1628. Naquele ano, o Parlamento conseguiu que o rei aprovasse a Petição de Direito, comprometendo-se a respeitar direitos específicos dos súditos, cujos precedentes se encontram na Carta Magna e nas leis promulgadas por Eduardo I e Eduardo III. Ao seguir o exemplo de seus antecessores, Carlos confirmaria a carta de liberdade dos ingleses e, portanto, admitiria a validade da antiga lei – o costume. Com base nesses precedentes, agora confirmados em lei, os parlamentares procuram estabelecer direitos individuais dos súditos e, em contrapartida, deveres ou, em caso de descumprimento desses deveres, transgressões do governante. De acordo com a Petição, os súditos têm direito a ser julgados pela lei, em processo compatível com as normas legais, a desfazer-se de parte de sua propriedade apenas mediante o consentimento do Parlamento, ao uso de suas posses. Mas, basicamente, os súditos têm direito à sua liberdade, palavra que compreende as posses, os bens e os corpos. O rei, por sua vez, tem o dever de não a violar.

O rei assinou a Petição e deixou de convocar o Parlamento por onze anos, mostrando com isso quantos deveres ele de fato assumira ao trocar sua assinatura pelo dinheiro dos impostos votados naquela sessão do Parlamento. O caso do *ship-money*, aliás, comprova que a Petição é letra morta. O veredicto e as alegações expostas durante o julgamento acerca da legalidade do imposto es-

As revoluções do poder 117

tendem a tal ponto a prerrogativa régia que "praticamente nada ficou inviolado", nas palavras coléricas de Henry Parker em 1640 (*The Case of Shipmony*, p. 96). A prerrogativa destruíra inteiramente a lei e isso não podia ser compatível com a liberdade dos súditos. Com a lei a serviço da prerrogativa e os Parlamentos suspensos indefinidamente, é preciso encontrar uma outra forma de impor limites ao poder extraordinário do monarca. Em vez de enfatizar os direitos individuais, como o faz a *common law*, é necessário pôr em relevo o bem público e a comunidade como um todo, recorrendo não mais, ou não apenas, ao costume e à razão artificial, mas à razão natural, à lei de natureza e à constituição mista.

* * *

Nosso percurso neste capítulo partiu da Reforma Protestante, seus adversários e efeitos paradoxais, e alcançou as disputas entre o rei e os juristas na Inglaterra às vésperas da guerra civil. Não foi um percurso aleatório, por mais que pareçam apenas sobrepostos temas como as interdições colocadas pela injunção paulina e a crença na Antiga Constituição. Na verdade, embora aparentemente não mantenham elos teóricos de ligação, o discurso teológico do protestantismo e o discurso histórico do constitucionalismo inglês permitem identificar, a um só tempo, as doutrinas contra as quais se voltam os absolutistas – isto é, as teorias para as quais o absolutismo, principalmente o de direito divino, fornece resposta compreensível – e boa parte dos argumentos empregados pelos revolucionários na Inglaterra da década de 1640. É a sobreposição um pouco caótica de várias camadas de argumentos, à maneira dos casuístas, que caracterizará as intervenções de autores do período revolucionário como Henry Parker ou Philip Hunton, por exemplo.

Examinados os panos de fundos convencional e conceitual do conflito (capítulos I e II, respectivamente), reconstituído o quadro formativo de três das principais linguagens utilizadas pelos protagonistas das guerras civis (o discurso da ordem e da subordinação, a defesa da resistência ativa e o constitucionalismo), já temos meios para nos situarmos no debate intelectual travado por realistas e parlamentaristas durante os primeiros anos das guerras. Vamos, então, aos realistas.

III. A LEI DA VONTADE

Assim que projetou escrever a *História da Inglaterra,* o escocês David Hume deparou-se com uma dificuldade comum aos autores: por onde iniciar? Como lhe parecesse assustadora a idéia de iniciar com a invasão de César e daí avançar dezessete séculos, inclinou-se a princípio pelo reinado de Henrique VII, a partir do qual retrocederia. Mas pouco depois mudou de opinião. As transformações ocorridas nos negócios públicos durante o primeiro reinado Tudor demoraram muito a se manifestar e era necessário que a *História* iniciasse numa época pródiga de alterações imediatas. Obviamente, decidiu-se pelo reinado dos Stuart. Como explica numa carta datada de 27 de setembro de 1752 ao amigo e conterrâneo Adam Smith, "foi sob Jaime que a Câmara dos Comuns passou a levantar a cabeça e então começou a querela entre privilégio e prerrogativa" (*The History of England*, vol. I, Foreword, pp. XI-XII).

A história das guerras civis é, segundo o próprio Hume na mesma carta, "a mais curiosa, interessante e instrutiva parte de nossa história" (*Idem*, p. XII), porque os acontecimentos que se desenrolaram naqueles anos exerceram influência decisiva sobre os séculos posteriores. Mas em que medida o início daqueles tempos trágicos se acha no reinado de Jaime I? Mais ainda: se de fato houve uma ruptura entre o rei e o Parlamento ainda no início do século XVII, qual o lugar de uma teoria como a do direito divino dos reis? Seria mero arroubo de um rei com fumos de filósofo, ou instrumento teórico de justificação da prerrogativa régia ilimitada?

120 EUNICE OSTRENSKY

Um exame das diferentes posições de alguns historiadores a respeito do papel do absolutismo permite ver que essas perguntas permanecem sem uma resposta definitiva. O historiador britânico J. P. Kenyon considera que a principal teoria política do século XVII seja o patriarcalismo, não o absolutismo (IN: *The Stuart Constitution*, p. 9). Haveria duas teorias familiares aos ingleses: a defendida por Filmer, um lugar-comum segundo a qual o poder dos reis derivava do poder de Adão sobre as famílias; e a teoria oposta, mas bastante criticada, de que o rei era escolhido pelo povo. Para comprovar que até mesmo os Comuns acreditavam em teorias patriarcalistas, Kenyon reproduz o *Commons Journals* de 1604, onde se lê que, no decorrer da história, as famílias se transformaram em reinos, sendo essa "a verdadeira linhagem original do governo" (IN: *The Stuart Constitution*, p. 10). Essa hipótese ganha força quando se leva em conta o uso de analogias patriarcalistas por escritores insuspeitos como George Buchanan, que compara o comportamento do bom rei em relação aos súditos com o do pai para com os filhos (*The Rights of the Crown in Scotland*, p. 257). Ainda que seja mera comparação, pois Buchanan é daqueles que acreditam num contrato original, não se pode negligenciar a força persuasiva da imagem.

De acordo com o mesmo Kenyon, embora já esboçada em finais do século XVI, apenas em 1610 a teoria do direito divino dos reis começaria a suscitar comentários entre os Comuns (IN: *The Stuart Constitution*, p. 48). Não sem razão, data desse ano o famoso discurso ao Parlamento, em que Jaime I declara ser a monarquia "a coisa mais suprema sobre a Terra: os Reis não apenas são os Lugar-tenentes de DEUS na Terra, e se sentam no trono de DEUS, mas mesmo pelo próprio DEUS são chamados de deuses" (*Political Writings*, p. 181). Ao que parece, no entanto, Jaime não levaria o absolutismo às últimas conseqüências, já que ele próprio distingue claramente a criação dos primeiros monarcas, cujo poder não encontrava limites, e os reis de Estados estabelecidos, os quais deveriam cumprir a lei que seus predecessores haviam auxiliado a criar. Em breve voltaremos a esse tema.

Ainda segundo Kenyon, o que de fato incomodava os Comuns era Jaime afirmar, por exemplo, que "na qualidade de rei" ele era "dentre todos os homens" o que tinha menos motivo "para não gostar da *common law*: nenhuma outra lei é mais favorável e vantajosa ao rei, estendendo tanto sua prerrogativa" (*Political Writings,* p. 184). Mas de modo geral o relacionamento entre o rei e os parlamentos mostrou mais sinais de cooperação do que de oposição. Na prática, portanto, o que se via era o rei defender a extensão de sua prerrogativa, não seu direito a fazer dos súditos o que bem entendesse. Na teoria, o horizonte de Jaime se alargava e ele debatia com adversários muito mais eruditos que os parlamentares: jesuítas e presbiterianos escoceses. O alvo de sua teoria do direito divino dos reis não era então o público local, mais afeito às teorias patriarcalistas, mas os defensores do tiranicídio.

O estudioso Gordon Schochet parece concordar com esse quadro. Para ele, a grande controvérsia de inícios do século XVII se dá entre patriarcalistas e contratualistas (Schochet 1988, p. 8). Em resposta ao crescente desenvolvimento de teorias contratuais da obrigação política, a doutrina patriarcal se transforma de teoria da sociedade vagamente articulada numa intencional ideologia política (Schochet 1988, p. 55). Porém, ao contrário de Kenyon, Schochet não considera que o patriarcalismo se dissocie do absolutismo, pois, segundo ele, foi apenas para defender o absolutismo que o patriarcalismo adquiriu suas dimensões plenas (Schochet 1988, p. 87). Isso não significa que a recíproca seja verdadeira. O absolutismo tanto pode prescindir do patriarcalismo que, embora repletos de imagens patriarcais, os textos de Jaime I não contêm uma doutrina patriarcal claramente definida. É por isso que no mesmo discurso de 1610 Jaime rejeita o *jus paternum* como uma das fontes históricas do governo, observando que alguns reinos se iniciaram com uma conquista, e outros, pela eleição do povo. Para o historiador J. R. Tanner, porém, a raiz do absolutismo por direito divino está na ampliação da doutrina da prerrogativa régia. Em razão disso lhe parece conveniente perguntar "o que a teoria do direito divino significava na boca dos reis Stuarts, e de que modo contribuiu para aumentar a brecha entre eles e seus Parlamentos" (Tanner 1983, p. 18). Segundo Tanner, a rebelião inglesa foi uma tragédia de dois atos, o primeiro dos quais termina com uma execução, o segundo com uma abdicação, tendo entre eles o interlúdio do mando militar. Nessa tragédia, o reinado de Jaime I faz as vezes de prólogo (Tanner 1983, p. 1). Ainda que essa hipótese forneça uma sedutora visão de conjunto da história, levada a ferro e fogo resulta numa inexplicável teimosia, por parte de Jaime I, em provocar os parlamentares com a teoria do direito divino, e uma noção bastante clara, por parte dos parlamentares, de seus direitos como homens livres. Enfim, um escocês obtuso contra revolucionários esclarecidos. Esse talvez seja um bom exemplo de historiografia *whig*, que tende a enaltecer o papel do Parlamento, conferindo-lhe desde o início a justa consciência de sua missão salvadora.

John Figgis não pensa exatamente como Tanner. Em vez de considerar que a teoria do direito divino dos reis surja do embate com o Parlamento, afirma que é necessário observá-la à contraluz de uma teoria ainda mais antiga, a do direito divino dos papas, segundo a qual "o Papa proclama para si uma teoria da soberania completa; ele é rei, o único verdadeiro rei, responsável somente perante Deus" (Figgis 1994, p. 50). Isso não obstante, Figgis julga que as relações entre Jaime I e o Parlamento sempre foram hostis, justamente porque o rei desejava impor-lhe seu absolutismo. Nesse sentido, concorda com Tanner quanto a um dos alvos dessa teoria ser os Comuns (Figgis 1994, p. 50).

Por outro lado, Figgis discordaria completamente de Schochet, pois a seu ver Robert Filmer era, não um expoente do patriarcalismo, mas o símbolo máximo da decadência da teoria do direito divino (Figgis 1994, p. 160). Todavia, apesar de decadente, a teoria do direito divino dos reis prefiguraria as doutrinas do direito natural. Figgis ousadamente diz que "a teoria dos direitos naturais é a antiga teoria do Direito Divino disfarçada" (Figgis 1994, p. 153). Ora, se a teoria do direito divino dos reis, o patriarcalismo – forma decadente desta primeira – e as teorias do direito natural são momentos distintos de um mesmo "conceito", então John Locke e Robert Filmer estavam, no fundo, falando a mesma língua. Tampouco haveria um diálogo de surdos entre Hobbes e o rei Jaime, ou entre os levellers e Maynwaring. Para Figgis, "na realidade, o ponto de vista de Locke e Filmer é idêntico. Ambos acreditavam que teria existido um estado de natureza" (Figgis 1994, p. 158).

Talvez seja contra afirmações semelhantes que Schochet erige sua interpretação, ao estabelecer uma diferença profunda entre as teorias contratuais, fundadas sobre direitos naturais, e as teorias patriarcalistas: as primeiras repousam sobre hipóteses lógicas, ao passo que as últimas recorrem a explicações genéticas (segundo as quais o dever atual de obediência segue os padrões estabelecidos por Deus no início do mundo) e à história factual (Schochet 1988, p. 8). Nesse sentido, o que Filmer não podia tolerar em Hobbes era ter este rompido definitivamente com o patriarcalismo, ao insistir que o poder paterno no estado de natureza não era derivado da paternidade enquanto tal (Schochet 1988, p. 228). A propósito, mais adiante se perceberá que a hipótese do estado de natureza é uma abstração que o entendimento de Filmer parece incapaz de figurar-se, pois incessantemente toma idéias por fatos.

124 EUNICE OSTRENSKY

Voltemos então ao caso do absolutismo e à possibilidade de descobrir a raiz dos conflitos de 1640 ainda no reinado de Jaime.

Para uma certa corrente (acima representada por Tanner e que tem em Gardiner um de seus fundadores), a guerra civil foi o desfecho trágico de um longa e antiga série de enfrentamentos entre o Parlamento e o rei a respeito de questões constitucionais. Nesse contexto, o absolutismo de Jaime teve um papel decisivo, quer por provocar os parlamentares, quer por indicar a disposição de Jaime e seu sucessor a transformar a Inglaterra numa França. Por outro lado, para o "revisionismo" – corrente acima representada por Kenyon e que encontra em Sir Conrad Russel seu mais veemente defensor – a atmosfera da Inglaterra durante o reinado dos dois primeiros Stuarts era de consenso, exemplificado pela partilha de um vocabulário constitucional comum. Não haveria, portanto, uma via direta ligando absolutismo e guerra civil,[1] mesmo porque haveria realmente poucos defensores do absolutismo.

Nos últimos anos, o revisionismo tem sofrido duros golpes, talvez por levar ao extremo a tese de que nunca existiu, até 1640, uma Inglaterra revolucionária. A guerra civil, a Revolução Constitucional certamente ocorrida em 1642, seriam inexplicáveis.[2] Um dos mais consistentes críticos do revisionismo é John P. Sommerville, que vem se dedicando a recuperar o absolutismo do limbo a que os anos 70 o abandonaram, sem incorrer nos exageros da historiografia *whig*, isto é, sem transformar os parlamentares em libertários. Para Sommerville, malgrado a excentricidade de muitas de suas metáforas, Jaime I não era uma figura marginal e pouco significativa da sociedade – pelo contrário, como parece óbvio (Sommerville 1999, pp. 224-265).

---

[1] A expressão 'via rápida para a guerra civil' é de G. R. Elton. Veja-se *Studies in Tudor and Stuart politics and government*, II, Cambridge, 1974.

[2] Título, aliás, de um artigo de Elton, "The unexplained revolution".

É verdade que os interlocutores diretos de Jaime I seriam fundamentalmente os jesuítas e "puritanos", hipótese apoiada ainda pelo professor Charles McIlwain e mesmo por Figgis (IN: Jaime I, *The Political Works*, 1965, pp. xx-xxi; Figgis 1994, p. 137). Mas, embora voltada inicialmente a um público externo, embora sem grande serventia para os impasses colocados pela constituição tradicional da política inglesa, a teoria do direito divino dos reis proclamada pela primeira vez por Jaime está no horizonte da crise entre o Parlamento de 1629 e Carlos I. Foi no momento em que se deixou de lado a política de acomodação e colaboração entre o rei e o Parlamento que os problemas inerentes à prática do absolutismo real revelaram-se por inteiro (Pocock 1996, p. 151).

Depois de tantas décadas de controvérsia sobre a origem das guerras civis, a posição de Hume parece ainda se sustentar: algo aconteceu no reinado de Jaime que terá contribuído para o desajuste entre prerrogativa régia e privilégios parlamentares. Não será ainda o conflito entre a corte e o Parlamento, mas o desequilíbrio de alguma maneira se havia instalado. Certo é que, malgrado alguma instabilidade no início do século, a guerra civil poderia jamais ter eclodido na década de 1640. Não menos certo, porém, é que as doutrinas absolutistas deixam transparecer a monarquia acuada. São teorias empregadas pelos realistas em face dos desafios colocados por puritanos, papistas, juristas e parlamentares

É esse o objeto deste capítulo. Noutras palavras, cabe responder à pergunta: o que é o absolutismo em suas variadas formas?

Um escocês na Inglaterra

Em 1607, Dr. John Cowell, professor de direito civil da Universidade de Cambridge, publicou *The Interpreter*, dicionário voltado

126 EUNICE OSTRENSKY

principalmente aos temas do direito, mas com alguns verbetes de política e outros mais heteróclitos como "GENGIBRE" , "GOMA", "TENDEIRO" e "ARENQUE". Certamente não foram estes últimos que causaram celeuma no Parlamento. Eram insultuosas aos parlamentares as definições contidas nos verbetes "REI", "PARLAMENTO" e "PRERROGATIVA RÉGIA", porque colocavam, sem meias-palavras, o rei acima de toda e qualquer lei, conferindo ao Parlamento um papel totalmente subalterno na constituição do país – seria, nada mais nada menos, que o produto da bondade do rei.[3] O mais prejudicado pelo livro foi o próprio autor. Embora pregasse diante do Parlamento exatamente as mesmas doutrinas, Jaime I ordenou a censura ao livro e a posterior incineração de vários exemplares pelo carrasco da Torre.

Vinte e dois anos mais tarde, a história se repete com outras personagens. Como vimos no Capítulo I, diante do rei e de vários de seus cortesãos, Roger Maynwaring proferiu o sermão *Religion and Allegiance*, enaltecendo a obediência e a monarquia absoluta com um tom muito próximo do que Cowell havia empregado em *The Interpreter*. A pedido do Parlamento, Carlos I manda que se censure o sermão de Maynwaring, menos em razão dos fundamentos estabelecidos pelo autor para justificar a obediência ao rei, do que por tratar de leis e procedimentos parlamentares cujo funcionamento o capelão ignora.[4] E pouco depois Carlos I recompensa Maynwaring com um cargo vantajoso.

---

[3] PARLAMENTO: "E ... embora seja uma política clemente (*a merciful policy*) e também uma política de clemência (*politic of mercy*) ... instituir leis pelo consentimento do reino porque assim nenhuma parte terá motivo para se queixar de parcialidade, simplesmente vincular o príncipe a essas leis e mediante essas leis seria repulsivo à natureza e constituição de uma monarquia absoluta..." (*Constitutional Documents of the reign of James*, p. 13)
[4] *A proclamation for the calling in, and suppressing of two sermons, preached and printed by Roger Maynwaring* (Chancery Warrants for the Great Seal, Class C 82, Public Record Office).

Ao contrário do que se poderia pensar, os dois episódios não indicam a disposição dos reis a contemporizar com o Parlamento e com isso evitar desgastes inúteis. Antes, são uma mostra da capacidade ou do poder que tem o monarca de ser arbitrário, ou, noutros termos, de exercer um poder extraordinário, independente das leis do reino. É isso o que ocorre no já citado discurso de 21 de março de 1610,[5] quando Jaime enaltece a importância das leis para o bom governo logo depois de ter varrido os limites legais a seu poder. Na primeira parte do discurso, o poder real não está limitado por lei alguma, pelo contrário. Na segunda, o poder real é um dos elementos – o principal – da constituição do país. O exercício do poder extraordinário do rei assume então a forma da prerrogativa régia, embora a mera enunciação dessa capacidade ou poder de agir fora dos limites da lei não explique a chamada teoria do direito divino dos reis expressa por Jaime I. Num certo sentido, Jaime incorpora a antiga distinção entre os poderes ordinários e extraordinários sob uma outra roupagem. De um lado, desenvolve uma teoria própria sobre a natureza transcendente da autoridade real; de outro, apóia-se numa explicação histórica sobre a origem da monarquia. De todos os lados sobressai sempre o direito do rei ao exercício da prerrogativa.

The Trew Law of Monarchies, texto publicado anonimamente em 1598, apresenta a mais consistente teoria de Jaime sobre o papel da monarquia, ao deixar clara a distinção entre a autoridade do monarca e seu papel como rei da Escócia. De saída são separadas as monarquias eletivas das monarquias instituídas por conquista. As primeiras se encontram entre os gentios nos primórdios dos tempos, quando os homens escolhiam um dentre eles, por seu valor e honra, para ocupar o trono. Jaime adianta, porém, que a eleição do

---

[5] Cf. p. 52,56,59.

128 EUNICE OSTRENSKY

monarca jamais teve lugar na Escócia ou na Inglaterra. Na Escócia,
Fergus se tornou, pela conquista, senhor de todas as terras do reino,
razão por que coube a ele e a seus sucessores o direito de dispor
dessas terras como bem entendessem. Além disso, tão logo domi-
nou os bárbaros que habitavam aquela região, Fergus pôde instituir
o Estado e a forma de governo: leis e instituições que deveriam valer
para ele e seus sucessores. A Inglaterra, por sua vez, sofreu diferentes
conquistas, sendo a última empreendida pelo "Bastardo da
Normandia" (p. 74; itálicos no original), de modo que várias foram
as mudanças na dinastia real. Mas isso importa pouco. O último
conquistador imprimiu sua soberania nas leis da Inglaterra, as mesmas leis que sempre a governaram, e prova disso é que até o século
XVII os procedimentos judiciais continuam a ser redigidos na língua de Guilherme – o francês (p. 74).

Servindo-se dos cronistas, Jaime mostra que, tanto na Escócia
como na Inglaterra, o direito do monarca a governar decorre de
um acontecimento histórico incontestável e irreversível. E não sur-
preenderá se o rei, assumindo-se também como cronista, mencionar os anais da Chancelaria escocesa, nos quais seus leitores poderão conferir por si mesmos que o rei *é senhor de todos os bens* e
senhor direto de todos os domínios.[6] Isso equivale a dizer que os súditos são vassalos do grande suserano, o monarca, e para gozarem
as posses das terras precisam prestar-lhe bons serviços. Como esclarece num outro texto fundamental para se compreender sua
doutrina, o discurso de 21 de março de 1610, essa é a lei fundamental da Escócia, o *ius regium* (p. 172), que regula a lei sucessória
e a própria monarquia.

No entanto, o rei admite que na Inglaterra não tem vigência o
ius regium, tampouco a mesma lei fundamental que governa a Escó-

---

[6] Respectivamente: *Dominus omnium honorum* e *Dominus directus totius Dominii*
(p. 73).

cia. Talvez isso sinalizasse que, ao assumir o trono inglês, o monarca tivesse deixado de lado os cronistas, os anais da chancelaria, a história e os argumentos *de facto* que comprovam o direito de mando dos reis, para valer-se exclusivamente de seu direito sagrado. Não: Jaime persiste em dissociar "o poder geral de um rei em divindade" e "estado instituído e estabelecido de sua coroa e reino" (p. 82), ou, em outras pala-vras, a autoridade divina e o governo. Jaime sabe que falar sobre o poder dos reis *in abstracto* nem sempre é a maneira mais persuasiva de exortar os súditos a obedecer às leis. Por isso, depois de discursar co-mo divindade, Jaime conclui como "inglês" (*as an Englishman*), como alguém que vive "num estado instituído de um reino governado por suas próprias leis e ordens fundamentais" (p. 182). O "inglês" Jaime inscreve-se de vez no domínio contingente da história quando admi-te que, num reino estabelecido, o rei se vê duplamente obrigado perante as leis fundamentais do reino: tacitamente, por ser a voz da lei, e expressamente, mediante o juramento de coroação. Por isso, um rei que governe num reino estabelecido "deixa de ser rei e se degenera em tirano tão logo pare de governar de acordo com suas leis" (p. 183).

Já se vêem os impasses criados quando um rei dissocia sua autoridade, de origem divina, e seu governo, de caráter humano. Em primeiro lugar, a ênfase na necessidade de governar conforme as próprias leis expõe a dualidade da condição do monarca: ele é ao mesmo tempo legislador e súdito, imagem e servo da eqüidade; cria as leis, porém não tem motivos para temê-las, pois ama a justiça. Leis constituem, portanto, os preceitos resultantes da descoberta e do dom de Deus; tudo o mais é tão-somente arbítrio e capricho.[7] Mas, se for assim, a dissociação entre o governo temporal e autoridade divina não se completou, tendo sido

---

[7] Essa solução baseia-se num modelo bíblico: Cristo, embora Rei dos Reis, submeteu-se às leis não por necessidade, mas por vontade, uma vez que na lei estava sua vontade (Kantorowicz 1957, p. 156).

necessário recorrer, em última instância, à natureza sagrada do rei para validar as leis do Estado. Ou as leis humanas são também leis divinas, ou simplesmente não são leis. Daí que o relevante seja, não proveniência do governo, mas a origem da autoridade. Tal conclusão não afasta, todavia, novos e perigosos impasses, principalmente para o rei Jaime, preocupado em reivindicar o título hereditário à coroa. Não bastasse jesuítas contestarem seu direito ao trono inglês, sua ascensão contrariava, além da vontade expressa de Henrique VIII, duas leis que excluíam os herdeiros de Maria Stuart da sucessão ao trono inglês.[8] Mas, se o que vale é a autoridade, em detrimento da proveniência do governo, diluem-se as diferenças entre o governo legítimo, por direito hereditário, e o governo usurpado, adquirido por conquista (Sommerville 1999, p. 26). Em que se fiar, então: na autoridade, que justifica a usurpação, ou no legitimismo, incompatível com o direito de conquista? Jaime se furtará à dificuldade defendendo um direito hereditário, de origem divina, ao trono inglês (Ribeiro 1999, p. 142), sem negar, contudo, a hipótese da Conquista.

A teoria do direito divino de Jaime é apresentada ainda de maneira incipiente em *Basilikon Doron,* texto endereçado ao primogênito Henrique, cuja morte abriria caminho para Carlos I. Aconselhando o filho sobre os mistérios da arte de governar, Jaime – que ainda não é rei da Inglaterra – ensina-lhe que Deus converte o homem num pequeno Deus quando o faz sentar-se em Seu trono para governar (p. 12). Logo em seguida, os reis são caracterizados

---

[8] "... A sucessão de Jaime, por todos aprovada, era diretamente contrária à vontade de Henrique VIII, que designou a linhagem de sua irmã mais nova Maria para a sucessão, caso seus filhos morressem sem deixar herdeiros; também se poderia argumentar que era contrária à *common law,* segundo a qual nenhum estrangeiro poderia herdar propriedades na Inglaterra; e era contrária à Lei de Sucessão de 1543 e à lei de 1584 excluindo do trono Maria, a Rainha dos Escoceses, mãe de Jaime" (Wootton, IN: *Divine Right and Democracy,* p. 30).

como meros ocupantes dos domínios pertencentes ao grande proprietário Deus, razão por que não detêm o direito a desapossar os herdeiros legítimos (p. 42); o direito hereditário é, com efeito, irrevogável (Figgis 1994, p. 5). Como já se viu, a primeira proposição – a autoridade e o cargo do rei têm origens divinas – é lugarcomum na Inglaterra, mas até agora nada sabemos sobre a segunda proposição: o rei é herdeiro de um domínio. Esta se formula mais claramente em *The Trew Law of Free Monarchies,* texto no qual Jaime volta a se referir ao reino como uma grande propriedade alodial (*freehold*), cuja posse (*tenure*) cabe ao rei na qualidade de primogênito. O direito do rei ao trono seria herdado do mesmo modo como o filho mais velho herda as terras cuja posse seu pai lhe assegura, com a diferença de que o rei, como representante de Deus, possui direito divino a tais terras. Essa segunda proposição conjuga, pois, direito de nascença e descendência linear, dos quais o monarca é o único detentor. O rei, como suserano supremo do reino, tem em todos os súditos vassalos seus (pp. 74-5).

Se voltarmos um pouco atrás, ao momento em que Jaime expunha sua versão da história nos reinos da Escócia e da Inglaterra, veremos o ponto de interseção entre a origem histórica e a origem divina da monarquia. Não poderia ser diferente. Jaime extrai suas considerações sobre a primogenitura e a suserania do direito escocês, por meio do qual pretende afastar os empecilhos a sua ascensão ao trono inglês. Mas o direito civil e a história nunca se justapõem à idéia abstrata da autoridade. Pelo contrário. Uma vez que não importa como o reino foi adquirido – por conquista, eleição ou sucessão hereditária – a dicotomia que define o direito de Jaime ao trono inglês (*direito inato* e *descendência linear*)[9] deixa de ter importância intrín-

---

[9] É significativo que Jaime empregue esses dois termos no discurso a seu primeiro Parlamento, em 1604 (p. 132).

seca. Servirá ao rei enquanto afastar as objeções a sua ascensão, legitimando-o como monarca; será ociosa para lhe conferir poder.

Passagem para o ambiente absolutista da corte de Carlos I

Os discursos políticos da corte jacobita persistirão durante o reinado de Carlos, mas com uma alteração significativa: o vocabulário desenvolvido para lidar com a teoria da resistência papal e presbiteriana agora também é dirigido às questões internas. O *Patriarcha* de Filmer, influenciado fortemente por *The Trew Law of Monarchies*, evidencia essa mudança de preocupação: depois de combater a teoria da resistência no Livro I, o autor aceita o desafio colocado pelo Parlamento na Petição de Direito e se põe a discutir a história constitucional da Inglaterra (Pocock 1996, p. 102). Richard Tuck explica que essa dupla abordagem se deve à redação do *Patriarcha* em três etapas. A primeira redação é um produto dos anos de 1612-1614, ou seja, da controvérsia em torno da resistência popular defendida pelos escritores católicos e protestantes. A segunda redação é feita na década de 20, enquanto a terceira, que trata diretamente da política parlamentar antes de 1629, teria sido retomada por Filmer no início dos anos 40 (Tuck 1993, pp. 260-262).

É precisamente essa obsessão de combater doutrinas consideradas novas[10] que faz o pensamento político de Filmer ser, não um

---

[10] "Desde o surgimento dessa nova doutrina da limitação e mistura da monarquia, ficou bastante claro que a monarquia foi crucificada (por assim dizer) entre dois ladrões, o papa e o povo" (*The Anarchy,* p. 132); "Estou quase certo de que essa doutrina da monarquia limitada e mista é uma opinião recente, e não antiga, uma mera inovação em política, tão velha quanto a Nova Inglaterra, embora calculada propriamente para aquele meridiano"(*Idem*, p. 134).

AS REVOLUÇÕES DO PODER 133

sistema filosófico dedutivo, mas um comentário crítico. Seu método é de constante atrito com os teóricos de seu tempo (Dunn 1969,
pp. 58- 9). Mesmo a parte positiva desse pensamento, a que desenvolve o patriarcalismo, pode ser interpretada como crítica,[11] porque busca evidenciar a incompatibilidade entre as novas teorias –
as do contrato – e a ordem social estabelecida. Mais ainda, Filmer
pensa que, se os contratualistas negam a existência da estrutura
vigente de autoridade, então suas teorias só podem ser consideradas a defesa da anarquia (Dunn 1969, p. 73). Dentre as teorias do
direito divino dos reis em particular, e realistas em geral, o
patriarcalismo é, sem dúvida, a que mais fala às crenças dos contemporâneos. Muitos no século XVII não apenas viam a desobediência do filho com horror, como consideravam o poder do pai a
emanação direta da vontade de Deus (Schochet 1988, p. 55).[12] Há,
de fsto, uma constatação irrefutável na base dessa teoria: a precedência natural do pai sobre o filho, precedência criada pela vontade enviesada de Deus. Daí a tornar a paternidade o traço central da
monarquia há alguma distância, claro, e é essa distância que tenta-
remos percorrer nas considerações a seguir.

---

[11] Como J. W. Daly aponta com acuidade, as palavras impressas na primeira página e
no subtítulo de *Patriarcha* mostram como "sua inspiração era negativa, dirigida *contra alguém* ou alguma idéia. Sua elaboração sempre conservou essa característica de
opinião, quase de diálogo" (Daly 1979a, p. 12).

[12] Segundo Kenyon, a teoria política no início do século XVII era "simples, patriarcal
e peremptória – porém não autoritária". Desse ponto de vista, a teoria patriarcalista
de Filmer era um lugar-comum (*The Stuart Constitution*, p. 7; Sommerville 1999, p.
29). Wootton discorda da suposição de que a autoridade paterna no interior da comunidade tornava plausível a teoria patriarcal de Filmer. O historiador lembra que
cedo os filhos se casavam e deixavam a casa paterna, constituindo então suas próprias
famílias. Nesse caso os laços de obrigação para com o pai reduziam-se. Tampouco o
irmão mais velho tinha direito à obediência dos outros irmãos se o pai morresse (*Divine
Right and Democracy*, pp. 31-2).

Nos textos do rei Jaime é comum encontrarmos o rei que pode fazer dos súditos peças de xadrez (*Political Writings*, p. 181), o marido extremoso, o pai que castiga e se apieda dos filhos (p. 65), enfim, um rol extenso de analogias um pouco exageradas. Não se sabem quais, exatamente, as reações dos leitores e ouvintes ao verem-se comparados a crianças rebeldes. Talvez riso ou constrangimento (Kenyon 1958, p. 43). Talvez o público de Jaime pensasse, como o historiador Gwatkin, que o problema do rei era jamais estar bêbado e, raras vezes, absolutamente sóbrio (*Apud* Tanner 1983, p. 51). De qualquer modo, para o rei Jaime a relação entre o poder paterno e o monárquico é sempre de analogia e isso está bastante claro em seus textos. O mesmo não se pode dizer a respeito da teoria patriarcal. Esta toma como chave, não a relação analógica entre o poder paterno e o poder monárquico, mas a relação de identidade: o poder real é poder paterno. Trata-se do mesmo poder absoluto e arbitrário, cuja característica central radica no direito de vida e morte e de fazer, da vontade, lei; tampouco são autoridades distintas ou graus distintos da mesma autoridade. Por isso ninguém nasce livre, a não ser o monarca. Toda reivindicação por liberdade que faça o povo deve ser interpretada como rebelião, tentativa de usurpar a forma de governo instituída por Deus, e no limite, como o monarca há de resistir, traição pessoal.

Como então transformar uma relação doméstica, como a existente entre pai e filhos, em relação política? Em 1644, vinte e seis anos antes de se publicar a versão de Filmer, a obra *Sacro-sancta regum majestas: or the sacred and royal prerrogative of christian kings* aponta o caminho mais curto para se alcançar o rei a partir do pai. John Maxwell, seu autor, explica que Deus fixa a autoridade no pai antes mesmo de nascer o filho. A essência do filho reside no pai. Em seguida, Maxwell se volta para as Escrituras e observa a prévia autoridade de Adão sobre a mulher – feita dele e para ele –, sobre os filhos e os servos (p. 132). A natureza nada fez senão seguir o curso estabelecido por Deus na criação do primeiro homem, infere Maxwell. E infere também que não coube aos filhos de Adão escolherem-no como pai: estes já nasceram submetidos a um governo, que preexistia na pessoa do pai. Se um filho já nasce submetido ao governo do pai, então os homens já nascem submetidos a monarquias absolutas, heranças do governo absoluto de Adão sobre todas as coisas (p. 132). Logo, a liberdade do povo não é natural, enquanto a autoridade real é exercida por direito divino e natural.

No *Patriarcha*, Filmer também mostra como os reis derivam seu direito de governar do poder patriarcal absoluto do primeiro homem, de quem descendem ou de quem receberam, por direito de sucessão, as monarquias absolutas. O princípio de continuidade ao qual Filmer tenta se aferrar[13] estabelece então que a origem do governo deva ser essencialmente idêntica à base conhecida do governo: se Deus houvesse criado uma democracia, seria esta, e não a monarquia, a forma lícita de governo. Considera ainda, inversamente, que as origens do governo, os padrões estabelecidos por Deus no início do mundo, constituam a fonte da obrigação inerente a esse governo. Todas as ações e instituições subseqüentes devem ser, portanto, julgadas de acordo com o gesto inaugural da sociedade (Schochet 1988, pp. 7-8). Cuida-se de atribuir ao relato bíblico sobre o Éden, em particular, o papel de marco zero da sociedade polí-

---

[13] Nem sempre ele consegue, como mostra Dunn: quando trata dos Estados livres, Filmer admite a possibilidade de que estes não constituam uma forma específica de governo, o que contraria a tese de que todos os homens nascem súditos (cf. "... afirma-se ser evidente ao senso comum que no passado Roma, e no presente Veneza e os Países Baixos desfrutam de uma forma de governo diferente de monarquia. É possível responder a isso que as pessoas podem viver juntas em sociedade e se ajudar mutuamente e mesmo assim não viverem sob nenhuma forma de governo, como vemos acontecer entre rebanhos de gado – não se pode dizer, contudo, que vivam sob algum governo", *Observations upon Aristotles Politiques*, p. 255-6; ver ainda Dunn 1969, pp. 64-5).

tica, e às Escrituras, em geral, o papel de história natural das comunidades e, por extensão, dos reinos. Estes nada mais seriam que o resultado da procriação e do crescimento populacional.

Assim, o poder absoluto dos monarcas repousa num fato, não numa hipótese: Adão foi o primeiro monarca, por ser o primeiro pai, e por isso todos os outros reis devem seu título a essa eleição divina. Mais ainda, se Adão possuía direito de vida e morte sobre seus descendentes e se seus primogênitos herdaram esse direito, não importa então o tamanho da família (ou sociedade, ou ainda Estado): quem possui direito inato ao governo da família possui todos os direitos que lhe convier invocar, e nada há que lhe seja superior. Como se nota, a identificação entre sociedade e Estado resulta da indistinção primária entre autoridade familiar e autoridade política, que Filmer julga encontrar em Aristóteles (p. 17; 237).

Naturalmente, como o monarca-pai é absoluto, está em seu poder libertar seus súditos-filhos dos laços de sujeição que os prendem. Se por qualquer razão isso vem a ocorrer, o filho se torna emancipado e a partir desse momento poderá desfrutar de suas posses independentemente do pai. Isso significa que Filmer não considera a sujeição do filho em relação ao pai uma espécie de servidão ou escravidão. Ao contrário, julga que as mostras ou pretextos de liberdade "não passam de graus variados de escravidão, e uma liberdade apenas para destruir a liberdade" (p. 4). A verdadeira servidão é a estabelecida pelas leis entre as nações, mediante as quais um homem se apodera de outro para seu serviço. Nesse caso, se for de seu agrado libertar o escravo dessa sujeição, não lhe concederá emancipação, mas manumissão.

Portanto, o filho difere do escravo na medida em que está sujeito naturalmente ao pai. Essa relação de sujeição, embora não seja concebida por Filmer como servil, nem mesmo a maioridade abole. O escravo, por sua vez, mantém uma relação de sujeição artificial, por assim dizer, com seu senhor, já que essa submissão é introduzida por lei. Filmer, porém, rejeita a tese de que haveria um contrato entre o senhor e escravo, basicamente porque, para celebrar um contrato, é preciso pressupor indivíduos detentores de direitos – e nesse ponto o autor não se contradiz: se não concede direitos ao filho-súdito, menos ainda os concede ao escravo. Todo o problema resume-se a investigar se as leis do Estado, que são a vontade do governante, autorizam uma nação a invadir outra e tomar-lhe os habitantes.

Assim, a teoria de Filmer nos coloca diante de dois quadros muito definidos. No primeiro, como a autoridade é produto de um acordo, torna-se possível estabelecer previamente a extensão do exercício do poder; as relações entre governantes e governados são de natureza política, a um passo de se tornarem burocráticas. Os príncipes temem ver-se como tiranos e não raro experimentam as incertezas do poder: a transgressão de uma cláusula contratual pode lhes custar o cargo, quando não a vida. No segundo quadro, o poder do superior (o rei, pai ou senhor) jamais deriva do consentimento dos governados. Pelo contrário: as relações de autoridade são sempre essencialmente pessoais, e por conseqüência os sentimentos envolvidos nelas são de amor, ódio e, em caso de rebelião, culpa. Intocado graças à interdição do parricídio, o rei não encontra limites. Seu poder é necessariamente arbitrário. Filmer não explica como todo rei é pai, mas nem todo pai é rei, ou como poderia o pai ter direito de vida e morte sobre o filho, não obstante os poderes legislativo e judiciário pertencerem ao soberano. Essas questões deixadas no ar apontam para as inúmeras inconsistências do patriarcalismo, em boa parte herdadas das fraturas existentes no interior do Discurso da Ordem. Revelam ainda a dificuldade que tem o patriarcalismo de dar conta dos problemas de uma sociedade de estrutura política complexa, como se estava tornando a Inglaterra do século XVII. De qualquer modo, não se deve esperar que o quadro pintado por Filmer se mostre plausível. Se algo o torna persuasivo, como bem diz Dunn, é seu caráter emocional, não intelectual (Dunn 1969, p. 76).

* * *

Os argumentos de Filmer são parte de uma tendência do pensamento monárquico que, começando em Jaime, é ecoada e repetida nos sermões da corte de Carlos I e, mais adiante, disseminada nos panfletos e jornais realistas. Segundo essa tendência, fortemente apoiada nas Escrituras, a autoridade política é criação de Deus e por essa razão é necessário obedecer a ela. À maioria dos súditos basta saber apenas isto – que o governante é o detentor da autoridade sagrada. Se esse governante é um monarca, o laço de obediência se estreita, pois afinal nenhuma outra forma de governo revela tantas semelhanças com o governo celeste: Deus é monarca, logo o rei tem algo de Deus. O mais das vezes, porém, a literatura realista descreve a monarquia como a única forma de governo aceitável aos olhos de Deus. É o governo que Deus instituiu entre seu povo, os judeus. Todos os reis tementes a Deus e que professem a fé cristã seguem, portanto, o modelo de Moisés ou dos Juízes. Nesse caso, a autoridade e a forma de governo são sagradas: Deus criou a primeira por necessidade e a segunda por conveniência. O povo nenhuma influência teve na escolha de seu monarca.

Há vezes, no entanto, em que o desafio colocado ao poder monárquico exige uma exposição mais elaborada da mesma doutrina. Nesse caso, é preciso mostrar como o poder do rei descende imediatamente de Deus e por que Ele prefere a monarquia a todas as outras formas de governo. Como vimos, para Jaime a prova da eleição divina está na lei de primogenitura, vigente não apenas entre o povo eleito – evidenciando o peso dessa lei o exemplo de Caim e Abel–, como entre todos os outros povos que a adotam. Filmer, por sua vez, considera que Deus institui diretamente a monarquia absoluta na pessoa do pai. Diferenças teóricas à parte, os dois autores formulam uma teoria sobre a origem da monarquia (a lei de primogenitura e o direito natural e divino do pai, respectivamente) e o modo de transmissão da autoridade (direito de sucessão). Na década de 1640, a teoria presbiteriana da distinção entre a pessoa e o cargo do governante, que já vimos detalhada por John Knox, exige dos anglicanos a recuperação da chamada teoria da designação. De acordo com essa teoria, utilizada também por Jaime, Deus ordena o poder e deixa que se designe por algum meio a forma pela qual será exercido: a designação do governante pelo povo ou por meio da conquista, governo adquirido pela força. Nos dois casos, é em nome de Deus que o governante exerce o poder, não importando realmente o modo de governo, pois toda autoridade deve ser obedecida, mesmo a de um usurpador. Isso não traz em seu bojo a defesa da Conquista, como quiseram interpretar os presbiterianos na década de 1640. Defendê-la equivaleria a reconhecer que a rebelião e a revolta são meios aceitáveis de alcançar o governo (argumento dos papistas e puritanos); de resto o usurpador que assim toma o poder teria também seus direitos. Porém não acusemos os presbiterianos: a indiferença dos teóricos do direito divino quanto à maneira de adquirir governo somente poderia levar a ataques dessa espécie.

Daí os anglicanos não negarem que a designação do governante possa se dar por eleição do povo, tampouco excluírem os vários modos de executar o poder nas várias formas de governo. Nenhuma *forma* de governo é *jure divino,* como admite em 1642 o anglicano Henry Ferne, na resposta endereçada a Henry Parker (*The Resolving of Conscience*, p. 195). O presbiteriano Charles Herle, que entra em polêmica com Ferne, se espanta. "Se a monarquia, quer absoluta ou moderada, não é *jure divino*, o que será então? *Jure diabolico* é que não, certamente" (*Fuller Answer to a Treatise by Doctor Ferne*, p. 253). A intervenção de Herle indica como o debate sobre a origem do governo envolve uma terminologia abundante e escrupulosa na qual o menor deslize separa um anglicano de um presbiteriano. Na verdade, o anglicano jamais admitiu, como supõe o presbiteriano, que os homens sejam os autores e a causa da monarquia. O autor de qualquer governo é sempre Deus. Tampouco o anglicano incidira na mesma distinção feita pelos protestantes entre a constituição ou modo de governo por um lado, e a instituição ou ordenação, por outro. Para Ferne, o anglicano, a eleição indica como se adquiriu um poder ou uma "suficiência da autoridade para governar" que é, sempre e integralmente, divina; mas a eleição não explica como um homem ou uma assembléia adquirem essa autoridade. A submissão não é algo que se possa escolher ou rejeitar – esclarece o já citado Maxwell. Pelo contrário, "esse consentimento da comunidade é um *consensus passivus*, um consentimento necessariamente necessário" (*Sacro-Sancta*, p. 144). Deus ordena imediatamente que existam poder ou autoridade e, por conseqüência, sujeição, como explica ainda o anglicano Ferne. E indica ou designa o governante diretamente (como no caso dos judeus) ou por mediação, isto é, por eleição do povo, sucessão ou herança, ou conquista (*The Resolving of Conscience*, p. 195). Maxwell subscreve essas palavras. A "delegação" ou designação se dá "por eleição, sucessão, conquista, ou qualquer outro meio lícito pelo qual Deus, em Sua providência, torna-o manifesto" (*Sacro-Sancta*, p. 35).

Designação, lei de primogenitura, patriarcalismo – muitas vezes essas teorias se sobrepõem, tornando sutil a discussão realista sobre a origem da monarquia. Tome-se o exemplo de John Spelman, parlamentar realista, que defende tanto a designação direta como

As revoluções do poder 141

a indireta do governante. Na origem, diz ele, há três espécies de reinos: natural ou civil, violento ou marcial, e misto (*Certain considerations*, 1642, p. 2). Mas considera que se "o reino for também uma Igreja de Deus, então sua origem e autoridade possui uma natureza muito mais elevada e muito mais remota do alcance e do poder do povo" (p. 4). Filmer identifica o poder real ao poder paterno, sem prejuízo de afirmar que "em todos os reinos e repúblicas do mundo, quer o príncipe seja o pai supremo do povo ou apenas o legítimo herdeiro de tal pai, quer adquira a coroa por usurpação ou por eleição dos nobres ou do povo, ou por qualquer outro meio, a autoridade que reside em um, em muitos ou em todos eles é, não obstante, o único direito e a autoridade natural de um pai supremo" (*Patriarcha*, p. 11). Jaime pode no mesmo discurso empregar a teoria da designação e a que ele mesmo desenvolvera a respeito da origem da monarquia, sem que isso represente, necessariamente, inconsistência teórica. Como resume o bispo Griffith Williams, cuja obra já tivemos ocasião de abrir, "o *potestas*, o poder em si mesmo, não importa quem o detenha, sempre provém de Deus" (*Vindiciae Regum or the Grand Rebellion*, p. 8).

Para todos esses defensores da monarquia, afirmar que o poder é divino equivale a negar a autoridade humana na constituição dos reinos. Mais ainda, como a lei de Deus é absoluta e perfeita (*Vindiciae Regum*, p. 21), nenhuma lei humana põe reparos ou estabelece limites ao exercício dessa autoridade. Logo, o governante, detentor da autoridade, não presta conta de seus atos a ninguém mais, senão ao autor deles, Deus. As teorias do poder absoluto do rei se condensam, assim, na simples afirmação de que o governante, na qualidade de detentor do poder divino, está imune às leis humanas, podendo alterá-las quando julgar necessário.[14] Em face desse

---

[14] Essa descrição do direito divino e absoluto dos reis coincide, aliás, com a definição

142 EUNICE OSTRENSKY

poder soberano, nenhuma resistência ativa é lícita. "Então, quando os reis, em suas pessoas e funções, são de ordenação tão sagrada e tão cercados pela especial proteção de Deus", pergunta Spelman, "onde há espaço para o povo se interpor e interferir em negócios que não lhe pertencem?" (*Certain considerations*, p. 6). Ao povo, de fato, somente resta a submissão. As questões da política não lhe dizem nenhum respeito.

Obediência passiva e cizânia entre os realistas

Se todas as teorias da obediência são uma forma de assinalar o poder a que não se pode resistir (Figgis 1994, p. 24), então Jaime, Filmer, Maynwaring, Fefrne, entre outros, também elaboram, a seu modo, uma teoria da resistência, como de fato acontece: a teoria da obediência passiva.[15] No capítulo precedente já se adiantou que essa teoria é uma das derivações da teologia política de Lutero, mais especificamente da divisão entre mando secular e reino espiritual, designada a combater o poder papal e fortalecer o governo dos príncipes. Em virtude dessa divisão, o cristão de Lutero defrontava-se com duas situações extremadas. Na primeira delas, o go-

---

que Peter Lake dá às teorias absolutistas: "... [são] relatos do poder político que derivam a autoridade do governante de um dom divino direto ou de uma concessão irreversível do povo. Embora estivessem sob a obrigação moral de obedecer às leis da terra, esses governantes estavam teoricamente desvinculados da lei humana e certamente eram livres para suprimir qualquer dos direitos legais de seus súditos em caso de necessidade. Tal concepção do poder tornava ilegítima, portanto, toda e qualquer tentativa de limitar o governante ou oferecer-lhe resistência" (*Apud* Sommerville 1999, p. 234).

[15] Veja-se, a esse respeito, Schochet: "Sem uma teoria da rebelião ou sem se perceber a possibilidade de resistência, não haveria necessidade de uma teoria da obediência... Enquanto os homens não desobedecerem ou não falarem em desobedecer em volume significativo, é pouco provável que outros homens escrevam documentos tentando demonstrar a ilegitimidade dessas ações ou propostas" (Schochet 1988, pp. 37-8).

vernante exigia-lhe um procedimento ímpio; na segunda, exigia-lhe os bens, o corpo e mesmo a vida. Em geral, os teóricos da obediência passiva nem sequer consideram este último caso, julgando que o governante tem direito de vida e morte sobre os súditos. Levam em conta apenas o primeiro dos dois dilemas colocados por Lutero, a saber: quando divergentes as ordens do governante e as de Deus, a quem se deve obedecer?

Os defensores da obediência passiva dirão que é melhor obedecer a Deus, sem contudo resistir à fúria que tal desobediência suscite em quem viu desrespeitadas suas ordens, ou contestada sua vontade. Filmer assim resume a obrigação do súdito para com um rei que ordena a prática do pecado: "lícito é não lhe obedecermos nas coisas contrárias às leis de Deus, fugirmos e nos escondermos dele, mas também preferirmos ser açoitados, sim, mesmo mortos, a tentar algo contra sua vida e sua honra (p. 182).[16] Para um patriarcalista como Filmer, qualquer direito de resistência, mesmo o exíguo direito à vida, se revela algo impensável. Ou bem o súdito ameaçado sofre a morte ou os castigos, rezando, neste caso, para que Deus inspire piedade a seu soberano, ou bem foge para um lugar distante. Filmer pareceu pressentir que, no momento em que se concedesse esse único direito, uma porta se abriria para que todos os outros direitos entrassem. É preciso então obedecer aos ditames da consciência (lei divina) e, ao mesmo tempo, sofrer passivamente a punição perpetrada pelo governante cujas ordens foram contestadas

A fuga, que Filmer tolera e até mesmo recomenda nesses casos, não é uma possibilidade contemplada por Maynwaring, talvez porque seja pouco digna de um cristão. Para o capelão, quando as

---

[16] Para Schochet, a teoria da obediência passiva defendida por Filmer se transforma, em 1652, em teoria da não-resistência (Schochet 1988, p.42; 152-3).

ordens do rei são claramente ilícitas, os súditos devem escolher entre sofrer com paciência e docilidade as punições infligidas ao gosto do soberano, tornando-se com isso "gloriosos *mártires*", ou resistir à sua vontade e suportar para sempre a dor e a mácula de "odiosos traidores e ímpios malfeitores" (*Religion and Allegiance*, p. 64; itálicos no original). Ao que tudo indica, é preciso pesar as dores resultantes de uma ou outra desobediência. Preferível, sem dúvida, é padecer na prisão, nas mãos dos torturadores ou sob o machado do carrasco, a sofrer eternamente no Inferno.

Schochet observou (1988, p. 42, n. 13) que a obediência passiva é, em sentido estrito, desobediência passiva – doutrina mais conhecida do que a da não-resistência, com a qual, todavia, muitas vezes se confunde (talvez porque os próprios autores as usem alternativamente). Os defensores da não-resistência nem ao menos concedem ao súdito o direito de julgar se as ordens do governante são lícitas. O problema da consciência está, de certo modo, resolvido. É verdade que em seus escritos Jaime autoriza o súdito a fugir à fúria de um governante cujas ordens sejam ilícitas (*Political Writings*, p. 72). Mas ao mesmo tempo afirma que os súditos devem reconhecer no rei um juiz (p. 72), e que nenhum pretexto justifica um filho se levantar contra o pai. Apenas Deus, que instituiu o rei como seu Lugar-tenente na Terra e criou a superioridade do pai sobre o filho, pode julgar as ações do soberano. Como o súdito não tem condições de saber se a prática ordenada pelo rei é, em última instância, lícita ou ilícita, mesmo a resistência no foro íntimo da consciência é considerada pecaminosa. Não vá, portanto, o súdito constituir-se juiz das ações do governante.

Adotando um outro viés e chegando à mesma conclusão, o anglicano Ferne argumenta, às vésperas da guerra civil, que os súditos jamais encontrarão nas Escrituras, suposto fundamento da consciência, a legitimação da resistência. É verdade que os rebeldes citam certas passagens para justificar a tomada de armas. Mas a essas passagens Ferne contrapõe outras, sugerindo ao leitor que é bastante duvidoso e arriscado determinar o significado preciso dos mandamentos divinos. A consciência fica então reduzida a duas regras bastante simples: *o que não é fé é pecado* e *em questões duvidosas é preciso escolher o caminho mais seguro*. Ora, o que está fora de dúvida é a proibição de derramar sangue (*The Resolving of Conscience*, p. 221). De resto, nenhuma consciência, por mais informada, poderia persuadir-se verdadeiramente de que Deus autorize a resistência em qualquer nível (p. 185). Na falta da certeza absoluta, o melhor é não resistir.

* * *

Nas últimas décadas do século XVII, a doutrina da obediência passiva virá a se consolidar como ortodoxia da Igreja Anglicana e bandeira dos *Tories*. Todavia, não caiu no gosto de todos os realistas, se considerarmos que Hobbes inaugura uma nova tendência no pensamento absolutista. Já no *Do Cidadão*, a doutrina da obediência passiva é comparada a uma transação comercial ordinária, por meio da qual o desobediente suporia comprar o céu com o sofrimento, ou tornar-se criminoso para não se converter em pecador (II, XIV, 23) – transação baseada em cálculo mal feito, que não liga importância à identidade entre pecar (ir contra a lei da razão) e praticar crime (ir contra a lei da cidade). De qualquer modo, excluída a obediência passiva, resta ao filósofo, como realista, incorporar *em parte* a doutrina da não-resistência: quem julga preferir o crime à danação nada mais faz que se colocar no lugar do executor da lei.

Ao longo das obras de filosofia política, Hobbes manterá essa conclusão e as conseqüências dela resultantes: contestado o direito da soberania de interpretar a lei divina, os homens retornam ao estado de natureza. Sem dúvida a situação se mostra mais grave quando se contesta esse direito coletivamente, pois o gesto de resistência coletiva, instaurando a guerra civil, dissolve todos os laços de obrigação que mantinham o Estado coeso. Por sua vez, quando um ou outro súdito, sem associação visível e finalidade comum, tomam para si o direito de legislar nas coisas espirituais e assumem nas ações uma postura de resistência ao poder soberano, são apenas esses dois ou três indivíduos que saem da sociedade para enfrentar o soberano no estado de natureza. Neste caso, o soberano há de usar toda a sua força e puni-los por terem lesado, ainda que por um instante, o direito de legislar pertencente ao Estado. E os punirá, ainda, para aterrorizar todos os que possam ter-se inspirado no mau exemplo da desobediência.

É nesse ponto que Hobbes começa a se distanciar das vertentes absolutistas até aqui examinadas e a teoria da obediência passiva vai-se tornando, a seus olhos, uma rematada tolice. Da perspectiva do soberano, uma doutrina segundo a qual o súdito deve desobedecer ao rei em nome da consciência lhe soa como insanidade ou, levada a sério, como princípio de subversão: "Se for lícito (...) aos súditos resistir ao rei quando este ordena algo contrário às Escrituras (...) é impossível que a vida de qualquer rei, ou a paz de qualquer reino cristão, estejam seguras por muito tempo. É essa doutrina que divide internamente um reino, quer sejam leais ou rebeldes os homens que a escreverem ou pregarem publicamente" (*Behemoth*, pp. 89-90). A doutrina que se pretendia conformista acaba então por se transformar em subversiva.

Além disso, se ao soberano cabe o direito de punir quem ameaça o Estado, ao súdito pertence o direito inalienável de resistir em nome da vida (*Leviatã*, 21, p. 185). Só um louco sofreria voluntariamente os castigos em nome de uma consciência que, talvez, nem

As REVOLUÇÕES DO PODER 147

esteja certa. Enfatizando o princípio de autoconservação e o conseqüente desejo natural de furtar-se ao sofrimento, Hobbes serve-se do argumento segundo o qual cumprimos a lei menos por consideração a uma suposta lei divina, quase sempre sujeita a interpretações controversas, que por medo de sofrer punições. Nada há de ímpio nisso, pois a lei de natureza assegura a cada um o direito de se defender como possa da violência cometida por terceiros (*Leviatã*, 14, p. 112). Há, é verdade, muitos cuja loucura os faz investir contra o poder soberano, sem refletir sobre a possibilidade da punição e o sentimento de dor física. Mesmo nesse caso, suportam-se os castigos apenas porque deles não se consegue escapar. Não se cumpre a lei por causa do sofrimento, mas por medo do braço armado da justiça. Caso contrário, não seriam necessários soldados para buscar o desobediente passivo, quando descumprisse a lei; ele se apresentaria espontaneamente ao carrasco. "E quem dentre os que dissertam sobre a *obediência passiva* voluntariamente se apresentará aos oficiais de justiça, quando sua vida estiver correndo sério perigo?" (*Behemoth*, p. 90). Talvez Filmer, para quem o direito de resistência preconizado por Hobbes poderia se converter na defesa do tiranicídio.[17]

Aliás, fazendo um diagnóstico preciso da divergência com Hobbes, Filmer diz concordar quanto aos direitos da soberania, mas é incapaz de aceitar os meios de adquiri-los (*Observations upon Aristotles Politiques*, p. 184). De certo modo, esse diagnóstico poderia ser feito pelos anglicanos em geral e aplicado aos teóricos conservadores dos direitos naturais. Do lado dos anglicanos, as

---

[17] "Essas doutrinas ... são destrutivas a todos os governos e mesmo ao próprio *Leviatã*. Por meio dela, qualquer patife ou canalha pode assassinar seu soberano, se o soberano usar de força para açoitá-lo ou amarrá-lo ao tronco, porque se pode dizer que açoitar é ferir e amarrar ao tronco é prisão" (*The Originall of all Government*, p. 195).

148 Eunice Ostrensky

dificuldades em aceitar que originalmente todos os homens sejam livres são insuperáveis. Maxwell afirma já ter flertado com uma teoria semelhante à que defende Hobbes, "pois ela dota a autoridade soberana do rei de um poder completo e suficiente: ela torna a pessoa e o cargo do rei sagrados e invioláveis". Não acredita, porém, que tal doutrina seja justa, "porque nunca consigo ver onde a Sagrada Escritura ou a reverenda e pia antigüidade instalaram essa soberania na multidão" (*Sacro-sancta regum majestas,* p. 30). Como indica a ressalva de Maxwell, a teoria contratualista partilha princípios com as doutrinas subversivas, na medida em que uma e outras pressupõem, como confirma o realista Digges, que "a liberdade é direito de nascença da humanidade e igualmente comum a todos" (*The Unlawfulness,* p. 3).

O problema dos anglicanos, e obviamente o de Filmer, é enxergar pouca diferença entre os teóricos do direito natural e os defensores da soberania do Parlamento. Enquanto acerta ao dizer que os dois grupos consideram impossível ao povo exercer diretamente o poder original, Filmer equivoca-se ao pensar que os representantes sejam meros mandatários (*trustees*), encarregados de administrar o poder para o povo (*Observations upon Aristotles Politiques,* p. 274). Se fosse assim, isto é, se Hobbes considerasse o poder do governante apenas um reflexo dos poderes do povo, daria as mãos aos casuístas, e sua teoria não reforçaria as alianças políticas e intelectuais do absolutismo, conferindo nova definição ao conceito de Estado.[18]

---

[18] "O próprio Hobbes, a exemplo de Grotius antes dele, se compromete com essa tese, bem como com a tese neo-escolástica da soberania popular, e sem dúvida apresenta a tentativa mais sistemática de responder à pergunta que preocupa todos esses teóricos: como justificar uma explicação do governo civil que a um só tempo concede a soberania original do povo e é absolutista nas suas alianças políticas" (Skinner 1989, p. 117).

De seu lado, os teóricos conservadores dos direitos naturais duvidam da eficácia dos argumentos ortodoxos empregados pelos realistas, como bem percebera Filmer. Tanto que Dudley Digges, de quem ainda ouviremos falar muito no Capítulo V, julga prestar um péssimo serviço à causa realista "aquele que, apesar das boas intenções, desejando torná-la [a monarquia] mais firme e forte, a deposita em outros fundamentos que não os naturais" (*The Unlawfulness*, p. 30). Nesses tempos conturbados, atribuir a origem do governo a Deus é tirar do súdito toda a responsabilidade que possa ter ele no futuro do Estado. Os leitores precisam se convencer, pelo contrário, de que o governo de Carlos I é, em alguma medida, produto do consentimento dos súditos e, portanto, não poderá ser destruído, malgrado todas as suas imperfeições (Sanderson 1989, pp. 73-4). Daí que o problema de Hobbes e Digges,[19] se é que se pode dizer isso, reside precisamente na tentativa de colocar o absolutismo monárquico em outra chave, o que traz como conseqüência a desestruturação do discurso da ordem – essencial, já sabemos, para os defensores do direito divino.

Hobbes também acredita que sempre haveria um intermediário entre Deus e os homens e, diante disso, melhor que fosse, não a pessoa natural do monarca ou qualquer outra pessoa natural, mas o soberano, única autoridade com poder de empregar legitimamente a violência e proteger os súditos. Se existe alguma perspectiva de alcançar a paz, os mais plenos poderes da soberania devem se investir, não no povo ou em seus governantes, nem no rei que é divindade, mas sempre na figura de um homem artificial, na for-

---

[19] No Capítulo V, serão examinados mais de perto os nexos entre as teorias de Hobbes e Digges, bem como os fundamentos teóricos que afastam os teóricos do direito divino e os do direito natural.

ma impessoal da soberania (Skinner 1989, p. 121). O soberano não é mero delegado, alguém que tenha recebido seu cargo em confiança, dada a dificuldade que a comunidade ou Deus experimentam de exercer o poder diretamente; os poderes do Estado não são apenas os poderes de Deus, da sociedade ou dos cidadãos, sob outra roupagem. É uma outra forma de se exercer a autoridade coercitiva, muito distinta da que exerce o indivíduo isoladamente, ou mesmo a comunidade. O Estado, de acordo com Hobbes e Digges, deve ser definido de maneira duplamente abstrata. Em primeiro lugar, é uma autoridade 'civil' ou 'política' inteiramente autônoma, capaz de monopolizar o uso legítimo da violência; em segundo lugar, a autoridade do Estado não se identifica à de toda a sociedade ou comunidade sobre a qual seus poderes são exercidos (Skinner 1989, p. 112).[20]

Ao que parece, em meados do século XVII, muitos conservadores não estavam ainda preparados para uma teoria nesse molde. Mas de algum modo os levellers puderam se beneficiar disso, como veremos no Capítulo VI.

---

[20] Digges emprega o termo Estado nesse sentido abstrato, como se pode ver na seguinte passagem: "É isso o que distingue a França e Inglaterra da Espanha, porque elas têm três poderes legalmente diferentes e em relação umas com as outras estão na mesma situação de três particulares que se encontram em alguma condição selvagem, e que não concordaram a respeito de nenhuma das leis da sociedade. Estou totalmente convencido de que nenhum homem sensato possa supor tão falha a política deste Estado que abra um caminho necessário para a própria ruína, isto é, dividir o reino legalmente em si mesmo (*The Unlawfulness*, p. 8).

IV. Os casuístas

"...se qualquer pregador, confessor ou casuísta
disser que é coerente com o verbo de Deus a
doutrina segundo a qual o governante, ou mesmo
qualquer particular, pode ser legitimamente
morto sem a ordem de seu soberano, ou que os
súditos podem legitimamente participar de
qualquer rebelião, conspiração ou pacto
prejudicial à república, não lhe deis crédito
algum; denunciai imediatamente seu nome"
Do Cidadão, *Prefácio ao Leitor, p.14.*

Mal rola do cepo a cabeça de Carlos I, quando John Milton escreve *A tenência de reis e magistrados,* tentativa de persuadir realistas, presbiterianos e levellers a aceitar o novo governo. Pretendendo-se uma justificação do regicídio, o livro resulta por apresentar uma teoria da revolução, claramente tributária de três discursos: o republicano clássico,[1] as teorias protestantes da resistência, desenvolvidas no século XVI e com ênfase no pacto, e o debate constitucional inglês, adaptado às necessidades que a ruptura do poder es-

---

[1] "Os *gregos* e romanos ...consideravam façanha não apenas lícita, como ainda gloriosa e heróica, recompensada publicamente com estátuas e grinaldas, matar o infame tirano a qualquer tempo, sem julgamento" (*A tenência*, p. 17).

152 Eunice Ostrensky

tatal impôs. Em linhas gerais, Milton defende que todo governante, tendo sido instituído pelo povo, pode por esse mesmo povo ser destituído quando convier – a transformação do governante, criatura do povo, em sanguinário tirano não é condição essencial para que o deponham. Pelo contrário, basta o povo desejar um novo governante e o antigo se rebaixa, num átimo, à condição de simples particular.[2]

No uso que faz Milton do aparato teórico do protestantismo não se sente a atmosfera por vezes embaciada das discussões muito comuns em meados de 1642, nas quais os textos dos pais-fundadores do protestantismo radical – John Knox, John Ponet, Christopher Goodman e George Buchanan – adquirem o estatuto de cânones.[3] Servindo-se também da retórica da resistência, Milton radicaliza o discurso presbiteriano e o mira contra seus criadores. Isso porque agora, em 1649, os presbiterianos deram para negar tudo o que disseram antes, assumindo uma postura piedosa em relação ao falecido rei. Como as bruxas de *Macbeth*, haviam empregado palavras dúbias e contraditórias; como Lady Macbeth,

---

[2] "Disso resulta, por fim, que se a autoridade do rei ou magistrado provém originalmente e por natureza do povo – em primeiro lugar para o bem do povo, e não para seu próprio bem –, então o povo poderá, tantas vezes quantas julgar melhor, elegê-lo ou rejeitá-lo, mantê-lo ou o depor mesmo sem ser tirano, unicamente pela liberdade e pelo direito que homens nascidos livres têm de se governar como melhor entenderem. [...] o direito de escolher, sim, de mudar o governo, reside por concessão do próprio Deus no povo"(*A tenência*, p. 13).

[3] Esse é o caso, por exemplo, de *Lex, Rex* (1643), de autoria do presbiteriano escocês Samuel Rutherford. Dedicada a refutar minuciosamente o tratado de John Maxwell, *Sacro-Sancta Regum Majestas*, a obra de Rutherford oscila entre a exegese bíblica, as considerações de caráter histórico e a reprodução, sem retoques, de doutrinas já exploradas por seus antecessores, tais como a distinção entre a pessoa e o cargo do rei, o dever de resistência de magistrados inferiores, recusa da obediência passiva nas coisas ilícitas etc. Também o tratado de Charles Herle, *A Fuller Answer to a Treatise by Doctor Ferne*, reverte aos mesmos temas, mas sua cor é mais local; suas questões, mais urgentes, e além disso o autor revela humor raro nos presbiterianos.

de dia eximem-se de culpa e à noite vagueiam perturbados como sonâmbulos, a simular que lavam as mãos manchadas de sangue.[4] Mas, ao contrário do que agora dizem, os verdadeiros executores de Carlos I não foram os independentes – ainda que pudessem ter praticado esse ato de maneira livre e lícita. Antes, foram eles mesmos, os presbiterianos, que na qualidade de parlamentares conseguiram depor o rei em 1642, travar guerra contra ele nos anos seguintes, prendê-lo, destituí-lo de sua autoridade e transmiti-la a outras pessoas.[5] Como nada mais retivesse de sua antiga honra, menos ainda de seu cargo, o rei levado ao cadafalso em 1649 era assim um "mero vulto inútil" (*A tenência*, p. 7). Para a lei, o monarca já estava morto antes de executado o homem Carlos I: o carrasco a mando do Parlamento tão-somente consumou o assassinato figurado praticado sete anos antes.[6]

Retrocedendo a 1642, ano em que Carlos I foi assassinado perante a lei, vamos encontrar nos panfletos e pequenos tratados as palavras dúbias e contraditórias de que falava Milton. Um desses panfletos, *The Maximes of Mixt Monarchy*, em circulação no início daquele ano, traz arranjados em doze máximas os principais argumentos pelos quais o Parlamento reivindicou a soberania:

---

[4] "...os presbiterianos (...) foram precisamente os homens que depuseram o rei e não podem, apesar de todo o seu ardil e relapsia, lavar a culpa das próprias mãos" (*A tenência*, p. 26).

[5] Hobbes alcança a mesma conclusão partindo de outras vias: os independentes eram cria dos presbiterianos, isto é, adotaram os princípios sediciosos primeiramente desenvolvidos por estes. Mais episodicamente, em 1646 os presbiterianos escoceses entregaram Carlos I ao exército parlamentar em troca de dinheiro, e com isso se recusaram a manter o rei em seu cargo e dignidade (ver *Behemoth*, p. 210: "Há crimes mais graves do que blasfemar e matar o ungido de Deus – crimes esses praticados pelas mãos dos independentes, mas graças à loucura e traição primeira dos presbiterianos, que o enganaram e venderam a seus assassinos?".

[6] "... o assassinato figurado do rei", diz Victoria Kahn, "é anterior a seu assassinato e o impõe como sua conseqüência letal" (Kahn 1998, p. 99).

1.	Todas as pessoas estão sujeitas ao rei.
2.	O rei está sujeito às leis.
3.	As leis estão sujeitas ao poder que as faz.
4.	O poder que faz as leis é político.
5.	Esse poder político reside nos três estados.
6.	Os três estados são coordenados.
7.	Só existe coordenação no Parlamento.
8.	O Parlamento está acima de todas as pessoas.
9.	Todas as pessoas estão obrigadas a obedecer-lhe.
10.	Toda obediência é ativa ou passiva.
11.	Ninguém pode resistir.
12.	Os que resistirem incorrerão em danação.

Pelo encadeamento das máximas, se uma sentença for causa da outra, a máxima 12 será a conclusão fatal da máxima 1. Como já se sabe, as teorias absolutistas de direito divino se estruturam sobre esses dois pilares, "todas as pessoas estão sujeitas ao rei" e "os que resistirem incorrerão em danação". Aliás, as máximas 1, 11 e 12 remontam, antes de tudo, à injunção paulina, que interdita a resistência e a rebelião; 2 e 3 são máximas de conteúdo genérico – as leis mencionadas tanto podem ser as de natureza ou as civis. No primeiro caso, o rei estaria sujeito apenas ao Legislador supremo, conforme sustentam os teóricos do direito divino; mas, de outro ângulo, poderia estar sujeito também à lei fundamental, introduzida pela comunidade como autora do governo – tese jesuíta e puritana. No segundo caso, o rei se sujeitaria às leis promulgadas pelo Parlamento, que, como sugerem as máximas 4, 5, 6 e 7, se define pela coordenação dos três estados (rei, lordes e comuns). Por essa razão, como sustenta a máxima 8, o Parlamento é superior a todas as pessoas, mesmo ao rei. As máximas 9 e 10 confirmam a soberania do Parlamento, mas parecem contradizer a máxima 1, salvo se presumirmos que o Parlamento é o rei. No entanto, isso significaria que, de acordo com a máxima 2, o Parlamento também está sujeito às leis e não pode, portanto, ser soberano.

Essa breve análise revela a inevitável dificuldade, como recorda Richard Tuck, de submeter o volume de argumentos contraditórios a alguma aparência de ordem, de modo que parece arriscado extrair disso uma teoria geral (Tuck 1979, p. 102). Em sua maioria, os parlamentares – e também os realistas – parecem mais preocupados em discutir casos específicos que o pano de fundo teórico do conflito. Problemas semelhantes admitem soluções muito diferentes, sendo os embates um sinal da extrema relutância de cada um dos lados em autorizar uma ação considerada ilegal (*Political Ideas*, p. 15). Todos se dizem conservadores de uma certa ordem e inovação é palavra de carga negativa que um lado atira ao outro.[7] Andrew Sharp exemplifica o casuísmo dos tratados e a conseqüente dificuldade de lhes emprestar coerência com o panfleto *The sovereign power of Parliament* (1643), cujo autor, William Prynne, defende que a soberania reside no rei, no Parlamento, nas duas Câmaras sem o rei, na Câmara dos Comuns, e, afinal, em lugar nenhum (*Political Ideas*, p. 84). John Wallace, por sua vez, resume a inevitável perplexidade de quem lê os tratados da época comparando o conflito pela soberania a uma luta de boxe, em que os adversários sempre ocupam o canto oposto do ringue. Primeiro, o Parlamento defendeu a *common law* e as leis promulgadas, enquanto Carlos afirmava que a lei da necessidade per-

---

[7]   Palavras de Carlos I ao dissolver o Parlamento em 1629: "Nessas inovações (que jamais permitiremos outra vez) eles de fato alegaram nos servir, mas seu impulso era assim romper todos os respeitos e ligamentos do governo, erigindo para si o poder universalmente dominador que pertence apenas a nós e não a eles (*The Stuart Constitution*, p. 72). Em 1641, a *Grand Remonstrance* condena o culto instituído por Laud nos seguintes termos: "E desejamos aliviar as consciências dos homens de cerimônias desnecessárias e supersticiosas, suprimir inovações e demolir os monumentos da idolatria" (*The Stuart Constitution*, p. 215).

156 EUNICE OSTRENSKY

mitia-lhe exercer sua prerrogativa nas emergências. Depois de alguns *rounds,* os lutadores alternam as posições: Carlos aplica a lei inglesa contra a lei de natureza evocada pelo Parlamento para justificar sua soberania. A política adquire o ar de relatividade que apenas o casuísmo projeta sobre os assuntos (Wallace 1968, p. 10).

Diante de tudo isso, talvez se possa falar – se é que assim não se incorre em contradição – numa teoria casuísta, fundamental, apesar de suas inconsistências, para se lançar luz sobre os problemas que desde então vão ocupar a cena política: o equilíbrio entre os procedimentos legais regulares e as medidas de força que se mostram muito mais rápidas e por vezes eficazes.[8] Certo é que, ao se engendrar sobre a base volátil das questões teológicas e constitucionais, a teoria da soberania parlamentar fornece, de acordo com o historiador Michael Mendle, elementos facilmente identificáveis pelos seiscentistas ingleses, tanto pela escolha dos argumentos afirmativos, como pela crítica a possíveis objeções (Mendle 1997, p. 97).

No panfleto *The Maximes of Mixt Monarchy,* aqui considerado como ponto de partida para os tratados políticos publicados pela mesma geração de casuístas, esses elementos se mostram tão claros que permitem ver como é a tomada, pelo Parlamento, do poder que originalmente pertence ao rei. Por um lado, o panfleto aponta como os argumentos da realeza migram para as doutrinas parlamentaristas, e de guardião da lei o Parlamento se converte em soberano. É, aliás, a mesma perspectiva da Ordenação de Milícia, baixada em março de 1642 e cujo teor o panfleto ora examinado adianta.[9] Assume-se, em primeiro lugar, que o poder do Parlamento é arbitrário, isto é, não se limita aos precedentes, aos costumes e às leis escritas do

---

[8] A esse respeito, veja-se McIlwain 1976.

[9] O texto da Ordenação se encontra em *The Stuart Constitution,* pp. 219-20; ver ainda Capítulo I, supra, p. 66.

país, de acordo com os quais as duas Câmaras não podem legislar sem o rei. Em segundo lugar, defende-se a prevalência do poder executivo sobre o legislativo em casos de extrema necessidade, exatamente como os reis Tudors e Stuarts sempre defenderam. Para dissimular o gesto revolucionário condenado pelas Escrituras, porém, sugere-se que não houve resistência, razão por que o poder do Parlamento é legítimo e ninguém poderá resistir-lhe. Por fim, não será de estranhar que, como a Ordenação de Milícia, o Anônimo espere a aprovação do rei às inusitadas medidas, como se elas fizessem parte do procedimento legislativo corriqueiro do reino. Mas nem Carlos I, nem qualquer outro rei, jamais poderiam concordar com essas medidas, sem que se desfizessem dos mais essenciais e tradicionais direitos da monarquia inglesa.

Por outro lado, o panfleto evidencia que uma das fontes do absolutismo parlamentar se encontra, paradoxalmente, na tradição anti-absolutista da Inglaterra: a teoria da soberania do rei no Parlamento e a da *common law,* já analisadas no Capítulo II. Para a primeira, o exercício da prerrogativa régia diz respeito ao poder executivo, porém não ao poder legislativo; para a segunda, o rei não exerce função judiciária. As duas foram em certo sentido anuladas no intervalo entre duas sessões do Parlamento (1629-1640), quando Carlos I parece anexar definitivamente à coroa inglesa o direito de julgar os casos que exigem o uso da prerrogativa. O absolutismo régio teve, entretanto, vida curta. A partir de 1640, o rei já não pôde governar sem o Parlamento, o que pareceu acenar para a vitória da doutrina do rei no Parlamento sobre a prerrogativa, mesmo em situações de emergência. Mas demonstrar que o poder do rei não é absoluto ou supremo não equivale, de fato, a provar que o Parlamento seja soberano. O passo revolucionário do Parlamento em 1642 se dá pela fusão dessas várias vertentes teóricas. O Parlamento pretexta a obrigação de resistir às ordens tirânicas do rei conforme a constituição do reino, e, ao fazer isso, ocupa o vazio de poder deixado pelo rei corrompido. Também reivindica a finalidade da associação política e, por extensão, o direito de resistência confiado originalmente pelo povo a seus representantes. Legitima-se assim o seqüestro da autoridade real: evocando a continuidade, promove-se a ruptura com o passado.

É esse duplo movimento que ampara a doutrina da superioridade legislativa do Parlamento em relação ao monarca, doutrina incomum na Inglaterra do século XVII. Apesar de todo o seu aparente conservadorismo e moderação, a doutrina afirma a soberania absoluta do Parlamento, ao mesmo tempo que presta um tributo à realeza, à lei e à constituição. Toma-se o poder em nome do rei, para manter a estrutura política que supostamente teria vigorado na Inglaterra desde os primórdios da monarquia.

Neste capítulo, examinaremos mais detidamente cada um desses passos enviesados que abrem caminho para o regicídio de 1649 – se é que já não são eles, em seu conjunto, a forma metafórica do regicídio, como pensava Milton. Veremos ainda que outras camadas de argumentos se ocultam sob as questões constitucionais e teológicas, que chamam a atenção de Thomas Hobbes ainda em 1640, tal como o populismo de matriz aristotélica. Começamos nesse ano, 1640, quando o rei voltou a convocar o Parlamento depois de onze anos de poder absoluto. Carlos I certamente encontrará os ânimos exaltados.

A unidade na trindade

Em 1640, o advogado Henry Parker escreve o contundente *The Case of Shipmony Briefly Discoursed* para discutir a natureza da lei, a prerrogativa, os papéis do rei e do Parlamento. Apesar de sua atuação em Lincoln's Inn, Parker pouco investe nas disputas jurídicas da década anterior. Também descarta a possibilidade de tratar a questão que o inspira – a legalidade da cobrança do *ship-money* – à luz da lei de natureza, segundo a qual o rei está obrigado a proteger e portanto deve dispor de meios para fazer isso (essa lei "só prova o que ninguém nega"). Aliás, não se propõe discutir a liberdade do rei – não é ele o foco –, mas o proveito do povo, sua conservação, a *salus populi*. E o princípio de conservação do povo dita "que nenhum escravo ou vilão pode se sujeitar a um vínculo tão miserável como ficar meramente à absoluta discrição de seu senhor" (p. 98).

Ao considerar os vários governos do mundo, Parker observa, primeiro, que as formas de governo não são naturais nem divinas, e, segundo, que existem três formas de governo. Quanto à origem do governo, Parker assegura que "é difícil afirmar que Deus e a natureza tenham alguma vez ordenado o mesmo método de mando" (p. 100), de modo que não existe, como sustentam alguns teólogos, uma forma universal de governo. Deus não interferiria tão extraordinariamente na instituição ou limitação dos governos a ponto de estrangular as causas secundárias e invalidar os atos humanos, acrescenta Parker noutro texto (*A Political Catechism*, 1644, p. 8). Na tentativa de neutralizar a poderosa injunção paulina, Parker e muitos de seus contemporâneos remontam então às teses jesuítas e puritanas defendidas no século XVI, para as quais na origem todos os governos foram democracias. Isso significa recuperar, também, a imagem da dupla natureza da autoridade, que é a um só tempo eterna, porque criada por Deus, e humana, já que o governante é escolhido pelos homens (*The Case of Shipmony*, p. 101). O homem é, então, a causa eficiente e final da sociedade.[10]

---

[10] "... o mesmo povo que é sua causa final é sua causa eficiente, e na verdade seria muito estranho se o povo, ao se sujeitar a ordens, pensasse em algo mais além de seu

Mas, além disso, há que se contar com os costumes, que diferem em cada região e tornam uma forma de governo mais apreciada por um povo do que por outro. A maior parte dos países adota ou a república ou as formas condicionadas de governo. Pouquíssimos países "concedem a seus príncipes uma esfera maior de soberania", e, neste caso, praticamente não existem leis a limitar o poder do rei. Das formas de governo, esta, a monárquica, é mais perigosa. Se quem detém o cetro é um príncipe injusto ou inábil, a monarquia se torna a pior forma de governo, convertendo-se em tirania. E pode ser a melhor, se reinam príncipes que "não sejam seduzíveis", coisa rara, admite Parker (*The Case of Shipmony*, p. 109).

Nesse texto de 1640, Parker não esclarece como tornar compatíveis a hipótese da democracia primitiva e a afirmação de que o costume determina as formas de governo. Apenas em 1642 o autor se demorará em explicar como a democracia primitiva se converteu em monarquia e, esta, no decorrer da história, nas formas conhecidas de governo, que são variações nos graus de liberdade atribuídos ao povo ou aos príncipes. Em 1640, Parker parece mais preocupado em defender a tese da autoridade compartilhada que conjeturar sobre a origem do Parlamento. Daí apenas afirmar que na Inglaterra vigora uma "harmoniosa composição de política" (p. 108) que, conjugando monarquia e república, concede liberdade moderada ao príncipe e ao povo: nem o rei pode suprimir a liberdade do povo, atando-lhe os pés, nem a liberdade do povo consegue amarrar as mãos do rei. O equilíbrio da constituição equivale então a *salus populi* ou bem público, porque constitui uma espécie de defesa contra a anarquia e tirania, embora Parker se dedique mais a esta do que àquela.

---

próprio bem em primeiro e último lugar" (*Observations*, p. 2).

Em que sentido, então, a prerrogativa estaria subordinada à liberdade? Se entendermos a prerrogativa como a honra devida à majestade ou aos privilégios pertencentes à coroa, então a prerrogativa se submete à liberdade. Se entendermos a prerrogativa como a forma de governo específica da Inglaterra, a prerrogativa será superior à liberdade. Os outros sentidos do termo são inadequados – e são esses outros sentidos que os realistas empregam para justificar a cobrança do *ship-money*. O perdão aos malfeitores, a aplicação de leis penais, a prorrogação ou dissolução de Parlamentos não configuram prerrogativas propriamente ditas, mas em certo sentido podem ser chamadas de "imunidades ou indenidades, pertencentes à sagrada pessoa do rei" (p. 103), e Parker observa, com maldade, que "oferecer perdão a alguns malfeitores por alguns crimes pode talvez ser tão hediondo como cometê-los" (p. 103). O rei, sua pessoa sagrada, tem então o papel quase ignóbil (como já mostrava Lutero) de administrar a punição ou executar as leis. Mas nunca de fazê-las. É por isso que o *ship-money* representou, não o uso da prerrogativa como privilégio negativo, por assim dizer, mas a transgressão da lei, ou da forma de governo, ou ainda da *salus populi*.

Ora, os ingleses criaram a prerrogativa, em sentido positivo, para regular e confinar a monarquia, sabendo que "não há nada mais conhecido ou universalmente aceito do que isto: os reis podem ser maus" (p. 109). Não importa, de fato, se o rei age por dolo ou ignorância; o estrago provocado no bem público é o mesmo. Em junho de 1642, Carlos I estranhamente concordará com essas palavras, na resposta que envia às XIX Propostas do Parlamento.

* * *

Ao longo da década de 1630, a intermissão do Parlamento deixa o rei livre para legislar sozinho, em pleno exercício de sua prerrogativa, sob o pretexto de que o Parlamento não lhe assegura os meios legais para proteção do país (o dinheiro proveniente dos impostos). Aos olhos dos parlamentaristas, a falta do Parlamento faz a monarquia se desonrar e se converter em mera tirania. Mas em 1642 esse quadro já se alterou significativamente. Um ano antes, Carlos I comprometeu-se por lei a não dissolver o Parlamento sem o consentimento deste.[11] Logo em seguida o Parlamento baixou a Ordenação de Milícia sem o consentimento do rei.

O crescimento do poder do Parlamento nesses dois anos provoca uma nova inversão no delicado equilíbrio constitucional. Chega a hora, afinal, de Carlos I se beneficiar do vocabulário da constituição mista. Em 1º. de junho de 1642, o Parlamento envia ao rei em Oxford um documento exigindo seu consentimento para as medidas adotadas por essa assembléia durante a sua ausência. Na intenção, os parlamentares se propõem reaproximar Carlos do Parlamento. No gesto, bem o notam os conselheiros de Carlos, o Parlamento afirma sua soberania, assumindo a autoridade que sempre pertenceu ao rei: recrutar exército em situações de emergência. É então que Carlos I, ou melhor, seus secretários, o Visconde Falkland e Sir John Culpeper, recorrem à teoria dos estados mistos para minar os projetos dos parlamentares.

À primeira vista, os conselheiros do rei contemporizam. Remetendo a Políbio e Maquiavel (Pocock 1975, p. 365), a Resposta de Sua Majestade às XIX Propostas apresenta uma nova versão para doutrina segundo a qual o rei, os lordes e os comuns formam, juntos, nas palavras de Parker, a tal "harmoniosa composição de política" (*The Case of Shipmony*, p. 99; 108). Por isso investe na crença amplamente partilhada de que na Inglaterra o arbítrio não exerce

---

[11] Veja-se "The Triennal Act", "lei para a prevenção de inconveniências suscitadas pela longa intermissão dos Parlamentos" (*The Stuart Constitution*, pp. 197-200).

domínio sobre a lei graças à instituição do Parlamento, sem o que mesmo um bom rei arrisca-se a se tornar tirano. Talvez Carlos I não acredite nas palavras que sua pena subscreve e por um momento largue à sorte a teoria do direito divino. Embora amigo de Falkland,[12] o filósofo Thomas Hobbes não conseguia aceitar que também os conselheiros do rei considerassem o governo da Inglaterra, "não uma monarquia absoluta, mas uma monarquia mista" (*Behemoth*, pp.165-6).

No entanto, em face das circunstâncias, a estratégia dos conselheiros do rei parecia sensata: o elogio da legalidade teria como virtude impugnar todos os atos do Parlamento. Se Carlos I concorda com os parlamentares que em seu país "as leis são feitas conjuntamente por um rei, por uma Câmara dos Pares e por uma Câmara dos Comuns escolhida pelo povo" (*His Majesties Answer*, p. 168), não se despoja porém da monarquia, não se faz "de um rei da *Inglaterra* um Doge de *Veneza*" (p. 167). De fato, como observa Pocock, a Resposta ainda deixa visíveis "níveis mais antigos de retórica", nos quais "a linguagem da ordem e do grau ainda era visivelmente dominante"(Pocock 1975, p. 365). Assim como Strafford alguns anos antes, os redatores da Resposta evocam as relações ascendentes e descendentes de obediência e proteção,[13] e não o fazem à maneira de Hobbes, isto é, tomando o contrato entre iguais como base da vida política. Nada disso. Se a desobediência dos súditos impede que o monarca garanta proteção, catástrofes ainda maiores sobrevêm: os inferiores, marcados pela licenciosidade, dão vazão a seus humores selvagens e, querendo igualar-se aos seus legisladores, acabam por perturbar "esse *Arcanum Imperii*" do go-

---

[12] Segundo John Aubrey em *Brief Lives*, p. 447.

[13] "Em verdade, professamos acreditar que a preservação de toda lei nos diz respeito, pois se as leis da obediência não estiverem asseguradas as da proteção serão violadas" (*His Majesties Answer*, p. 171).

164 EUNICE OSTRENSKY

verno – a correta distribuição de poderes. Desse modo, o discurso da ordem é trazido à baila para sublinhar que, caindo a mais alta, caem na seqüência todas as outras posições e se seguem todos os horrores inerentes à destruição dos graus: "é assim que essa esplêndida e excelentíssima forma de governo termina em trevas iguais a um *Caos* de confusão"(*His Majesties Answer*, p. 171).

Essa forma excelente de governo foi, portanto, estabelecida por Deus e é por isso que, caso atentem contra o equilíbrio do universo, "as potências superiores" poderão "colocar em movimento os próprios instrumentos" (*Macbeth*, IV, 3, 238-239; *Apud* Pocock 1975, p. 365) – ameaça terrível que paira sobre os que reivindicam um acréscimo de poder. Pois, segundo a teoria dos três estados, só é possível alcançar a única forma excelsa de governo quando as inconveniências de cada um dos regimes são contrabalançadas pelas conveniências. A monarquia, se tem a virtude de unir a nação sob uma cabeça contra perigos externos e internos, pode incorrer no vício da tirania; a aristocracia permite que governem as mais sábias pessoas do reino, mas também pode provocar facção e divisão; finalmente, na democracia desfruta-se de liberdade e os governantes mostram a coragem que apenas a liberdade confere, embora em excesso tal liberdade redunde também em "tumultos, violência e licenciosidade" (*His Majesties Answer*, pp. 167-8). Na Inglaterra, a sabedoria e a experiência dos ancestrais remediou todas as inconveniências e promoveu todas as conveniências, reunindo num só regime as três formas de governo.

Se a rara felicidade da Inglaterra reside em possuir um governo misto, um estado que tente usurpar os poderes pertencentes a outro provocará desequilíbrio na balança de poderes.[14] Para os secretários

---

[14] "... pois a balança pende entre os três estados e eles correm juntos em seu próprio canal (levando viço e fertilidade às campinas de ambas as margens) e a cheia de cada um

do rei, era exatamente isso que o Parlamento, sobretudo os Comuns, pretendia fazer ao alijar o rei e estender os próprios poderes. Ora, como o Parlamento, que se arroga guardião da lei, presta-se à "total subversão das leis fundamentais" (*His Majesties Answer*, p. 169)? Ao exaltar a teoria dos três estados reunidos no Parlamento, o rei pode rechaçar as acusações de que se havia convertido em tirano, na medida em que o poder "legalmente depositado nas duas Câmaras" excede o necessário para "para evitar e restringir o poder da tirania" (*Idem*). Se não há tirania na Inglaterra, as teorias da resistência perdem legitimidade e a milícia recrutada para supostamente proteger o reino constitui prova suficiente das pretensões do Parlamento. No mesmo golpe em que descobrem o inusitado dessas pretensões e deixam clara a determinação do monarca em preservar a lei, Carlos e seus conselheiros advertem aos súditos ingleses que depende deles transtornar um reino estável e trazer anarquia.

No entanto, se naquele momento a Resposta pretendia colocar um ponto final nas reivindicações do Parlamento, num plano mais geral os resultados foram desastrosos. Pocock não hesita em qualificar a Resposta de movimento fatal, passo inicial no caminho que levou Carlos I ao cadafalso (Pocock 1996, p. 148). Reduzido a um estado de seu próprio reino, Carlos permitiu às duas Câmaras do Parlamento atribuir às leis, no equilíbrio de poderes, o mesmo peso que teria o rei. Em prazo nem tão longo, o Parlamento poderia argumentar que o rei devia obediência à lei como qualquer outro homem. Ao contrário do que asseguram os redatores da Resposta, o rei havia efetivamente se tornado um Doge de Veneza, na melhor das hipóteses. Além disso, se a Resposta buscava evitar "trevas iguais ao *Caos* da confusão", então foi uma reação tardia. Desde que o rei havia tentado inutilmente prender os cinco

---

não provoca dilúvio ou inundação nas margens" (*His Majesties Answer*, pp. 167-8).

membros do Parlamento, perdendo o controle de Londres e retirando-se de Westminster, a dissolução do governo e a divisão da soberania, o rompimento dos elos que mantinham unidos os três estados já eram, não a ameaça no horizonte da guerra, mas fato.[15] Restava aos súditos escolher o melhor meio para evitar a própria destruição.

Dilemas da Constituição Mista

Não tardam a aparecer contestações à Resposta de Sua Majestade, algumas incisivas, outras moderadas. Entre estas últimas, inclui-se *A Treatise of Monarchy* (1643), texto fortemente favorecido pela terminologia empregada pelos conselheiros do rei. A suposta imparcialidade de seu autor, o presbiteriano Philip Hunton, se traduz por não advogar a soberania absoluta: nem o rei, nem o Parlamento, são soberanos. Antes, o detentor da soberania é o rei no Parlamento, os três estados reunidos em Westminster.[16] Para fundamentar sua posição favorável à constituição mista, Hunton remonta às origens do Estado e, como outros presbiterianos, critica os que tratam a monarquia como se Deus a houvesse instituído imediatamente entre todos os povos, privilégio que, entretanto, apenas os judeus podem evocar (p. 177). Ressalvado esse caso, todos os outros governos foram instituídos pela "mão ordinária e mediata de Deus" (p. 177), isto é, são fruto ou de um consentimento tácito ou de um consenti-

---

[15] Para Pocock, a linguagem do governo misto, cuja finalidade era advertir o reino das ações conducentes à guerra civil, se mostrara capaz de predizer e explicar, porém não de resolver a guerra (Pocock 1996, p. 154).

[16] De acordo com Tuck, as posições de Hunton são as mais características dos presbiterianos, já que propõem a limitação do poder real como alternativa ao governo republicano que Parker supostamente favoreceria (Tuck 1993, pp. 232-235).

mento expresso e formal. Certo é que todo governo tem participação divina, na medida em que a sujeição, elo moral entre os homens, é ordenada por Deus para o bem dos homens.

Estabelecida essa primeira premissa de caráter genérico, e depois de examinar os vários "graus de poder absoluto" (p. 178) pelos quais os diferentes povos aceitam se governar, Hunton se volta para a Inglaterra, onde não existiria nenhum grau de governo absoluto, segundo ele, já que o poder legislativo e supremo se distribui entre os três estados (rei, Lordes e Comuns), e um não depende do arbítrio do outro. A finalidade dessa constituição, como concordam os redatores da Resposta de Sua Majestade, é impedir que um estado exorbite seus poderes e pratique excessos que destruiriam o todo. Os redatores também concordam que o mais das vezes os excessos são obra do poder monárquico, e, por isso, afirmam eles, o rei limita o próprio poder em gesto de grandeza (e em vista de sua conveniência). Mas Hunton não pode aceitar esta conclusão (p. 201). Quando os limites ao poder são fixados pelo monarca ou pelos dois outros poderes, o governo não é misto; pelo contrário: o autor da limitação é o poder soberano. Disso se segue uma de duas conseqüências: ou as duas Câmaras do Parlamento destroem o poder monárquico, ou este poder abole, quando quiser, os remédios constitucionais que permitem a reparação de agravos. Parece claro, então, que na fundação das monarquias jamais se encontrará um autor ou legislador conhecido. Deve-se atribuir a estrutura de governo que favorece o equilíbrio de poderes à "sabedoria jamais suficientemente admirada dos arquitetos e inventores ... não importa quem foram" (p. 202).[17]

---

[17] Os redatores da Resposta do Rei às XIX Propostas haviam empregado um vocabulário semelhante: "antiga, equânime, feliz, equilibrada e jamais suficientemente recomendada constituição do governo deste reino" (*His Majesties Answer*, p. 167), deixando claro, no entanto, que algum ancestral de Carlos aceitou limitar o poder monárquico.

Caso um *monarca* invada o poder dos outros dois estados ou aja de tal modo que tenda a destruir a "estrutura constituída" (p. 194), estes dois devem empregar seu poder para impedir que todo o Estado se arruíne: "não apenas é legítimo recusar obediência e submissão a procedimentos ilegais, como ainda é seu dever e, pela fundação do governo, estão obrigados a impedir a dissolução da estrutura estabelecida" (p. 195). Porém isso não significa que o monarca seja, nesse caso, destituído de seus poderes. A transmissão original de poderes é irrevogável e a supremacia conferida ao monarca o torna sagrado, de modo que "ele é *de jure* isento de qualquer conduta penal" (p.195). Quando o monarca assume um poder exacerbado, contrário à constituição mista, aos dois outros estados restará somente a desobediência, não a resistência positiva.

De fato, se a lei é fruto da coordenação entre os três poderes, não pode existir nenhuma lei que obrigue o súdito a obedecer um poder em detrimento dos outros. Se o monarca não legisla sozinho, tampouco a democracia, unindo-se à aristocracia, é capaz de anular o poder de veto do rei. Se dois detêm o poder de fazer e interpretar leis em detrimento do voto do terceiro, "então se destrói o terceiro, fazendo dele apenas um espectador" (p. 194). Segundo as palavras de um panfleto anônimo publicado na mesma época, o rei no Parlamento é um corpo representativo composto por três membros, três estados livres, que "têm poder de impedir as exorbitâncias, no que concerne a seus direitos, e possuem todos poder de veto contra danos, não tendo, porém, poder nenhum contra a justiça, que é sua incumbência comum" (*Maximes Unfolded*, 1643, p. 7).

No entanto, à maneira dos casuístas, Hunton admite que não existe resposta pronta para o problema que ele mesmo se propôs solucionar – a saber, qual a obrigação do súdito quando se rompe o equilíbrio de poderes. Hunton não prescreve ao súdito uma regra clara de ação; ao invés, apela para sua consciência. Quando a estrutura do governo é ameaçada pelo desmando de um poder, o súdito deve buscar, antes de tudo, meios legais para reconstituir a forma original de poder. Mas, se as petições fracassarem e não houver nenhum indício de que a ordem voltará a ser restaurada, será preciso consultar a consciência para então decidir se o ato desmedido deve ser condenado. A consciência dirá se o laço de obrigação continua em vigor, ou se o povo se encontra desobrigado "num estado como se não tivesse nenhum governo" (*A Treatise of Monarchy*, p. 188). Mas é preciso ter cuidado: se o julgamento da consciência for errôneo, o súdito estará resistindo à ordenação de Deus e subvertendo o Estado em que vive, crimes merecedores de severas punições aos olhos de Deus e das leis humanas.

Embora em nenhum momento Hunton considere que os dois estados possam invadir os poderes pertencentes ao rei, ou que o estado democrático possa aspirar a tornar-se absoluto contrariamente à constituição original, essa possibilidade fica no horizonte de sua teoria. Em última instância, seja qual for o poder responsável pela usurpação, caberá ao povo julgar se a resistência é lícita. O apelo para que o povo decida, enfim, qual dos lados em disputa merece seu apoio constituiu um passo importante para a afirmação da soberania popular, ainda que Hunton se apresente como partidário da via moderada.

Talvez por causa dessas perigosas conclusões – nenhuma autoridade fez a lei; resta ao povo julgar quando se rompe o equilíbrio de poderes – Filmer considere que a mistarquia não passa, na melhor das hipóteses, de fantasia e, na pior, de anarquia: "Somente nos iludimos se temos a esperança de jamais sermos governados sem um

---

[18] "E assim colhi as flores dessa doutrina sobre a monarquia limitada e as apresentei com algumas breves anotações. Seria tedioso reunir todas as cultas contradições e as

170 EUNICE OSTRENSKY

poder arbitrário. Não, nós nos enganamos" (*The Anarchy*, p. 132).[18]
Idêntica é a crítica de Hobbes ao afirmar, em 1640, que a distribuição dos direitos de soberania de fato nos livra da sujeição, mas apenas porque não é outra coisa senão a guerra (*Elements of Law*, II, XX, 16). A soberania é indivisível, e a única questão que realmente importa saber é quem detém o poder arbitrário.

* * *

Dois anos depois de sair em defesa da constituição mista então violada por Carlos I, Henry Parker vem a se tornar o mais temível apologista do Parlamento (Pocock 1975, p. 368; Tuck 1993, p. 226). O número de tratados que ou apoiam ou criticam suas *Observations upon some of his Majesties late Answers and Expresses* serve de termômetro a sua influência. Entre seus defensores, encontraremos o presbiteriano Charles Herle, o autor do panfleto anônimo *Touching the Fundamental Lawes* e o leveller John Lilburne; seus críticos incluem, entre outros, o anglicano Henry Ferne, os realistas Dudley Digges, Robert Filmer, Thomas Hobbes, e, possivelmente, o próprio rei Carlos I.[19] No tratado acima, Parker

---

expressões ambíguas que aparecem em cada página dessa monarquia platônica. O livro é tão fantasioso que, como obra de poesia, é melhor do que de política" (*The Anarchy*, p. 157).

[19] É verdade que Hobbes não menciona Parker pelo nome, como de resto nas obras de filosofia política não cita praticamente ninguém de seu tempo, salvo John Selden e Edward Coke (o primeiro em tom elogioso e o segundo com sarcasmo). Quanto a Carlos I, em 22 de abril de 1642 recomenda aos Lordes que encontrem e processem o autor do libelo intitulado "A question answered how laws are to be understood and obedience yielded", cujo destrutivo tema, de acordo com o rei, prega a desobediência do governo civil em nome das leis de consciência (SP 16/490/12I). Vários trechos do libelo levam a atribuir sua autoria a Henry Parker.

aproveita todos os flancos abertos pela Resposta às XIX Propostas para enunciar a soberania do Parlamento em situações de emergência, usando, basicamente, duas linhas argumentativas: a constituição mista e a lei fundamental. Quanto à constituição mista, Parker explora uma tensão nessa doutrina que já havia sido tratada tangencialmente na Resposta e levada ao paroxismo por Hunton: a quem se deve obediência quando há o rompimento das relações entre os três estados? De certo modo, Parker se inclina a admitir uma concepção bodiniana de soberania, segundo a qual, a soberania – do Parlamento, neste caso – deve ser sempre e invariavelmente absoluta. Mas, por hipocrisia, temor ou qualquer outro motivo, Parker não propõe a abolição da monarquia. "Sou tão fervorosamente dedicado à monarquia como é possível a um homem que não tenha demência ser" (*Observations*, p. 41). Em razão do grau dos conflitos, porém, talvez não se possa prestar obediência nem à monarquia, nem ao Parlamento, sendo então necessário retirar-se aos princípios da natureza.

Casuísta – talvez o mais talentoso de todos eles –, Parker não se preocupa em apagar as eventuais inconsistências criadas pela urgência dos problemas políticos. Além disso, seu tratado pressupõe a familiaridade do leitor com estes dois argumentos distintos, que ora se sobrepõem, ora se entrecruzam, e afinal convergem. O primeiro deles, o da constituição mista, visa a mostrar que, ao retirar-se deliberadamente do Parlamento, o rei desertou seus deveres constitucionais. Diante disso, o Parlamento apenas ocupou o vazio de poder, como, aliás, o obriga a constituição mista, ou do contrário o Estado se dissolveria. O segundo argumento leva em conta que o Parlamento, na qualidade de representante do povo, tem o direito de combater um rei tirânico para preservar a finalidade mesma da associação política: a sobrevivência e o bem-estar. Vejamos como Parker e outros parlamentaristas desenvolvem o primeiro desses argumentos.

Constituição mista e soberania do Parlamento

Em 1640 Parker havia defendido com ardor a forma condicionada ou restrita de governo, responsável por equilibrar a relação hostil entre a prerrogativa do rei e a liberdade dos súditos. Naquele momento, o predomínio do elemento monárquico submetia a Inglaterra ao mais odioso dos governos: a tirania. Agora, porém, a preponderância de dois estados à custa do estado monárquico modifica o quadro. Os realistas atribuem as desordens no reino à tentativa de dois estados (os Comuns e Lordes) usurparem os poderes pertencentes a outro (o rei); dessa usurpação somente pode resultar a guerra civil, quebra na estrutura de poder. Ora, como a lei é o produto do consentimento do rei, dos nobres e comuns, sem o concurso do rei o Parlamento não passa, no melhor dos mundos possíveis, de uma convenção inanimada. O rei tem poder de veto (*negative voice*) e, por isso, a constituição não subsiste sem ele. Afinal, era isso o que Strafford sempre quis dizer durante seu julgamento, quando evocou a sabedoria dos ancestrais, as mútuas relações entre rei e súditos e, mais importante, a prerrogativa do rei nas situações extraordinárias.[20]

De certo modo, a teoria da constituição mista subentende um impasse, que não seria superado se um dos lados, o rei ou o Parlamento, não reivindicasse a soberania. Que poder age, de fato, ilegalmente: o que se expande ou o que se omite? Depois da Resposta

---

[20] "Sempre admirei a sabedoria de nossos ancestrais ao fixarem tão bem os pilares desta monarquia: cada um deles guarda a devida proporção com o outro (...). A prerrogativa da coroa e a propriedade do súdito mantêm relações tão recíprocas que esta recebe proteção daquela e aquela, fundação e nutrição desta (...), de tal modo que aqui o excesso de prerrogativa é opressão e o [excesso] de uma pretensa liberdade do súdito, desordem e anarquia" (*The Stuart Constitution*, p. 193).

As revoluções do poder 173

às XIX Propostas, caso Parker se limitasse a enaltecer a mera coordenação dos poderes, teria de concordar com a objeção levantada pelos conselheiros do rei. Mas Parker se agasta, imputando tal doutrina a Maquiavel, cuja regra é *divide et impera*: "Num só golpe essa afirmação confunde todos os parlamentos e nos sujeita ao desmedido regime da mera vontade do rei, regime que jamais uma nação sob os céus suportou" (*Observations*, p. 9). Se o rei tiver mais poderes constitucionais que os outros estados, é ele o soberano. Os parlamentaristas precisam então negar que o poder de veto do rei seja decisivo. Para Parker, a distribuição de poderes no interior do Parlamento é eqüitativa e geometricamente proporcional – cada estado contribui com sua parte e "nenhum pode ter predominância extrema" (*Observations*, p. 23). O autor de *Touching the Fundamental Lawes* simplesmente ignora o poder de veto do rei, já que nenhum documento do reino comprova essa prerrogativa. O rei tem, isso sim, o direito de consentir com as leis que os Lordes e Comuns lhe apresentam (p. 271). O presbiteriano Herle, quase em verve de democrata, defende que as duas Câmaras, unidas, tenham mais poder que o rei isolado. Quando 201 votam "sim" e 200 votam "não", exemplifica ele, não devemos pensar que um único tenha mais poder que os outros 200. Em vez disso, devemos considerar que o número ímpar indica o predomínio do julgamento da maioria (*Fuller Answer*, p. 244). Por isso, ainda que se retire do Parlamento, Carlos I não o dissolve nem o torna ilegal (p. 237).

Além dessa concepção proto-republicana, por assim dizer, há ainda dois outros argumentos por meio dos quais se mostra que a ausência de Carlos não dissolve o Parlamento. O primeiro deles, de caráter jurídico, consiste em tratar a constituição formada pelo rei e o Parlamento como uma corporação que, segundo a lei, nunca morre (*Fuller Answer*, p. 234; 240). Para se chegar a esse efeito, leva-se em conta, de início, que o monarca não pode se presumir de juiz supremo, como se sua mera opinião privada fosse infalível. Aliás, mesmo o rei "freqüentemente reconhece que não é *jurista*" (*Fuller Answer*, p. 243). É por intermédio dos tribunais, dos quais o Parlamento constitui o mais elevado, que o rei emenda sua falibilidade e seu desconhecimento do complexo sistema legal inglês. Mas, como o poder legislativo e judiciário do rei nas cortes e nos tribunais se exerce por meio de juízes e parlamentares, o monarca permanece virtualmente nas cortes e na lei, isto é, no Parlamento, malgrado delas ausente (*Fuller Answer*, pp. 238-9). O Parlamento, então, adquire a natureza de uma corporação, que transcende as pessoas naturais das quais se constitui e alcança imortalidade em virtude de sua natureza jurídica. Por isso, o rei não morre enquanto viver na lei.

A conseqüência mais direta de se tratar o rei no Parlamento como corporação é a alteração do teor da máxima jurídica "o rei não erra" e do princípio romano *Salus Populi*, ambos tão caros aos absolutistas. Antes de 1642 e depois de 1660, enuncia-se a máxima como evidência de que os atos do rei, quaisquer que sejam, jamais podem ser reputados ilegais; agora, a máxima é empregada para indicar a natureza coercitiva das decisões do Parlamento, depositário da Majestade e autoridade política do rei. Quanto ao princípio da *Salus Populi*, que antes legitimava a suspensão de todas as leis – sobretudo as relativas à salvaguarda de direitos individuais – quando o rei julgasse necessário para defender o país, durante a guerra civil assume o mesmo teor da máxima e se converte, além disso, em defesa da monarquia justa e legal, contra a ameaça da tirania. Para o autor de *Touching the Fundamental Lawes*, o princípio de *Salus Populi* manifesta a finalidade mesma da constituição política – o bem público e a conservação do indivíduo – e, por isso, não se pode subvertê-lo sem se instituir "uma tirania injusta e ilegal que governa, se não sem lei, por intermédio de leis violadas" (pp. 268-9).

É assim, portanto, que em 1642 o Parlamento se apropria de certos princípios jurídicos, até então distintivos da monarquia, para responder ao alargamento imoderado da prerrogativa régia e, mais circunstancialmente, às manobras do rei que busca tornar ilegais todas as ordenações baixadas em Westminster quando retira seu consentimento. Nesse sentido, não resta dúvida de que um dos passos revolucionários mais importantes do Parlamento foi reivindicar, ao menos nas situações de emergência, que essa assembléia possui o direito de legislar, a despeito – e talvez por causa – da ausência do assentimento régio.

Mas, além do argumento jurídico, por si só confluência de várias tradições de pensamento, os parlamentaristas se servem de uma outra teoria corrente, segundo a qual a ausência de Carlos gera uma fraqueza na capacidade política do rei, semelhante à provocada pelas deficiências da infância ou da loucura – situação de emergência, por definição, em que o conselho do rei – o Parlamento – opera como seu representante legal (Mendle 1993, p. 113). Resta aos parlamentaristas então provar que o rei está temporariamente incapacitado de exercer seu cargo, o que afinal não será difícil. Iludido quanto a suas verdadeiras capacidades, pôs-se a praticar o mal, poder que todavia, como relembra Paker em paráfrase de Fortescue, é negativo: "Assim, o poder de praticar esse mal ou de não praticar esse bem não é, na verdade, um poder real, nem um poder almejado por fidalguia, mas ventosa arrogância e, do mesmo modo que é inútil aos homens verdadeiramente nobres, aos homens que amam o mal pelo mal é muito perigoso" (*Observations*, p. 40).

A autoridade do rei nunca pode ser empregada na prática da opressão e da injustiça, porque isso significa assumir um governo arbitrário, não menos prejudicial à coroa que à pessoa do rei. A distinção, puritana por excelência, entre a majestade sagrada do rei e as ordens pessoais de Carlos – executadas por intermédio de seus servidores[21] – implica, tacitamente, que o rei não é passível de punição, seja pelo caráter divino de seu poder, seja por seu papel na constituição do país, seja talvez porque se comporte como uma criança irresponsável ou um louco inimputável.[22] Em momento algum fica mais clara a ambigüidade dos direitos e deveres do Parlamento em relação a Carlos do que neste ponto. O Parlamento tem direito de tutela sobre o rei que se comporta como criança ou idiota – tem direito de protegê-lo dos perversos conselheiros. Como escreve Prynne num parecer a um cliente, por falta de julgamento, sabedoria e conhecimento, as crianças são incapazes de entender assuntos áridos como a segurança e a defesa do reino; aliás, no julgamento da lei, elas são incapazes "de administrar ou empregar os próprios bens privados e, portanto, estão sob a guarda de um outro" (SP 9/246).[23] Neste caso específico, em que o rei voltou à infância, o Parlamento deverá guardar seus bens (desde as jóias da coroa ao título), sem retirar nenhum proveito. Por outro lado, o Parlamento tem dever de custódia sobre o rei se, em vez de criança, for louco. Neste caso o Parlamento poderá obter alguma vantagem dos haveres do rei (talvez a soberania).

Enlouquecido ou infantilizado, o rei se havia despido de sua autoridade. A crise se aguça, obrigando o Parlamento a assumir integralmente um *dominium regale,* quando Carlos convoca um exército para atacar os próprios súditos. O círculo agora se fecha: o

---

[21] Veja-se "The Speech or Declaration of John Pym" (p. 133).

[22] "Quanto à sua pessoa, o rei não deve ser repelido pela força em ato de hostilidade, nem ele é responsável por praticar hostilidade. A lei exerce, sobre sua pessoa, uma força diretiva, não coercitiva" (*Observations*, p. 43).

[23] Entre os atributos necessários para eleger-se ao Parlamento, estão, segundo o parecerista, "sabedoria e gravidade profunda e sólida", "inteligência judiciosa", "justiça imparcial", e, sobretudo o que parece faltar a Carlos, "coragem inflexível e impávida, resolução de não se deixar dominar por lisonjas ou ameaças" (*Minors no Senators, or a brief discourse, proving that Infants under the age of 21 yeares are incapable, in point of law, of being members of Parliament",* 1646...)

Parlamento, que já retinha o poder judiciário e legislativo, passa a deter também o poder executivo, caso contrário se frustraria, segundo Herle, "o fim mesmo dessa coordenação" (*Fuller Answer*, p. 237): a sobrevivência. Em nome de Sua Majestade, o Parlamento então combate as ordens do tresmalhado Carlos, sem, no entanto, atingir o próprio rei. Há uma guerra em curso, mas o rei deve permanecer intocável.

As doutrinas subjacentes à Ordenação deixam os realistas indignados. Peter Heylin julga que "essa estranha divisão do rei em relação a si mesmo, ou de sua pessoa em relação a seu poder" tenha a intenção de assassinar Carlos e ainda assim não ferir o rei, destruir o homem para salvar o magistrado. Mais ainda: "o poderio do rei num dos exércitos pode lutar contra sua pessoa no outro exército, sua autoridade pode ser empregada para sua própria destruição e é possível licitamente atacá-lo, golpeá-lo e feri-lo tendo em vista sua preservação" (*The Rebel's Catechisme*, p. 20). Para Dudley Digges, a doutrina sobre a qual se baseia a Ordenação não passa de "crasso disparate" (*The Unlawfulness*, pp. 84-5) e Thomas Hobbes não concebe "como o direito de guerra possa justificar tal falta de vergonha" (*Behemoth*, p. 176).[24]

Embora se justifique a indignação dos realistas, há bastante sentido nas alegações dos parlamentaristas. Vimos que várias são as camadas de argumentos sobrepostas à Ordenação de Milícia: a

---

[24] Em seu livro já clássico, Kantorowicz afirma que a doutrina subjacente à Ordenação de Milícia é, na verdade, a reedição de uma antiga teoria defendida pelos juristas ingleses, a ficção em torno dos dois corpos do rei. Não seria necessário, segundo o historiador, "tornar o século XVI, tão atribulado em matéria de religião, responsável pelas definições dos juristas do período Tudor ou recordar a Lei de Supremacia mediante a qual o rei se tornou um 'papa em seu reino'" (Kantorowicz 1981, p. 19). No entanto, pelo que viemos de demonstrar, parece que as distinções da Reforma devem ser, sim, consideradas quando se trata de descobrir as raízes da doutrina parlamentar, bem como uma série de outros idiomas (termo de Kantorowicz) característicos da realeza e, mais precisamente, da realeza inglesa.

teoria da autoridade compartilhada, a distinção puritana entre pessoa e cargo, o Parlamento identificado a uma corporação, a necessidade de prover um substituto para o rei durante seu período de incapacidade.[25] Todos esses argumentos e suas ramificações resultam na afirmação, à primeira vista bizarra, de que o Parlamento é o rei. Apesar de insólita a conclusão, não será tão simples rechaçar a teoria da soberania parlamentar. Hobbes ridiculariza a teoria da constituição mista, retratando-a como xifopagia no *Leviatã* (cap. 29, p. 280), mas parece utópica sua solução para o problema da incapacidade do rei – que os homens evitem guiar-se por interesses mesquinhos.[26] Além disso, talvez constitua mero paliativo golpear as ramificações dessa teoria sem destruir os princípios sobre os quais se ergue: a lei fundamental ou de natureza, que faz do Parlamento o representante, não apenas do rei, mas do reino inteiro.

Contrato e lei fundamental

A quem o súdito deve obediência quando se rompe o equilíbrio de poderes e desmorona a constituição mista: ao rei, ainda que seduzido, ou ao Parlamento, seu tutor ou guardião? Qual seu papel quando uma guerra desnaturada levou o rei e o Parlamento,

---

[25] Skinner chama a atenção para uma outra linguagem, igualmente importante, de que se valeram os parlamentaristas: o direito romano. É no *Digesto* que se encontra claramente formulada a oposição entre escravidão e liberdade, segundo a qual o escravo é aquele que, contrariamente à natureza, apenas pela instituição da lei das nações, se sujeita ao domínio de outro. Os cidadãos não poderiam aceitar, como escravos, que Carlos I governasse arbitrariamente. Ver Skinner 1998, pp. 38-46.

[26] "Portanto, se forem tomadas suficientes precauções contra qualquer justa querela a respeito do governo de um menor de idade, se surgir qualquer disputa que venha perturbar a paz pública, ela não deve ser atribuída à forma da monarquia, mas à ambição dos súditos e à ignorância de seu dever" (cap. 19, p. 163).

igualmente legítimos, a brandir a espada e a fazer exigências conflituosas em nome da aliança que lhes é devida? Era esse apenas um problema de casuística, ou havia algum princípio moral, legal ou político que, com autoridade última, exigia a fidelidade do súdito (Pocock 1996, p. 152)? Hunton, como já vimos, furtava-se à dificuldade supondo desconhecido o primeiro legislador, fundador da sociedade inglesa. Na situação real de uma guerra fratricida, restava então aos súditos apelar aos céus e esperar que a consciência lhes indicasse o caminho a seguir.

Mas, se no cenário de guerra civil descrito por Hunton o súdito se vira convertido, pelo isolamento e pela solidão, em indivíduo, da perspectiva de Parker jamais desaparece o cidadão, mesmo quando há o colapso da autoridade e o indivíduo se encontra sozinho para reordenar sua vida. É que, à diferença de Hunton, Parker julga conhecer o legislador – a comunidade na qual o poder originalmente radica – e por conseqüência confia numa racionalidade pré-política capaz de impelir o indivíduo de volta para a vida em sociedade.

"Todo o poder natural reside nos que obedecem", afirma Parker, invertendo o sentido das homilias (*Observations*, p. 8). Como muitos de seus contemporâneos, Parker segue as pegadas dos puritanos e jesuítas e estabelece que o homem é, originalmente, o livre e voluntário autor do Estado; a lei, o instrumento pelo qual se cria a sujeição, e Deus, o autor de ambos, da lei e do homem (p. 1). Cabe então explicar, em primeiro lugar, por que a sujeição é necessária e, em seguida, como os ingleses vieram a se organizar sob um governo misto. A chave para se chegar a essa explicação está no conceito de lei de natureza. No entanto, o trajeto que separa o homem livre do cidadão inglês nem sempre é reto como a razão e claro como a luz natural. Os pressupostos hipotéticos, carregados de sentido religioso, não parecem suficientes para justificar a soberania do Parlamento inglês. Dizendo de outro modo, Parker estabelece uma série de premissas abstratas e universais que, uma vez desenvolvidas, conduziriam a uma conclusão bastante distinta da que busca. Para evitar esse resultado danoso, o autor afirmará que a história promoveu a organização do povo em sociedade genuinamente política – argumento sem dúvida de fato ou de experiência. Mas, antes de examinarmos as contorções a que o propagandista é levado, vejamos quais são seus pressupostos teóricos.

O essencial da teoria da soberania de Parker, que resume e refina a de seus contemporâneos, são os vários sentidos convergentes da lei de natureza. Em primeiro lugar, a lei de natureza é lei em sentido estrito: uma norma inviolável criada pelo Legislador supremo, não se sujeitando a nenhum poder humano (*The Maximes of the Mixt Monarchy,* s.n.p.). É vontade de Deus que os homens vivam e as sociedades prosperem, finalidade que não seria atingida – segundo o panfleto anônimo *A few propositions shewing the lawfulness of defense against the injurious attempts of outrageous violence* (1643) – se a cada homem fosse permitido "ter poder absoluto sobre a vida de todos os restantes (ou mesmo de um só) meramente a seu gosto" (*Political Ideas,* p. 70). Daí o conteúdo da lei de natureza: ninguém estará sujeito ao poder arbitrário de outro. Ora, se Deus ordena um fim, também assegura os meios de alcançá-lo: cada pessoa tem direito de se defender do indivíduo que a ataque ou coloque sua vida em risco.

A lei de natureza ou divina é também lei da razão; o conteúdo de uma remete ao da outra. É conforme aos "mais claros raios da razão humana e das mais fortes inclinações da natureza", diz Parker, "que cada homem particular possa se defender com o uso da força, se atacado, ainda que pela força de um magistrado ou de seu próprio pai" (*Observations,* p. 16). Loucura não é, como pensavam Jaime e seu capelão Goodwin, resistir à violência de um superior, mas deixar de opor força a quem quer que nos ameace a vida. Resistir às agressões de um homem – não importa se rei, magistrado inferior, pai ou ladrão – constitui não apenas obrigação imposta por lei, como ainda medida racional, que nenhuma lei humana poderá violar, sem ofender, ao mesmo tempo, a Deus. Por conseguinte, a lei civil deverá ser compatível com os ditames da justiça natural fornecidos pela lei de natureza, operando no interior de uma estrutura moral, determinada *a priori*. É uma norma intrínseca e transcendente que dita o direito ou correto na sociedade política, impedindo que se conteste o direito de defesa garantido pela lei de Deus, a menos que se conteste também a ordem sagrada arquitetada por Deus.

Talvez agora possamos entender por que essa lei suprema e transcendente, "*Primum Mobile* dominante de todas as leis humanas ... que deverá dar lei a toda e qualquer lei humana" (*Observations*, p. 2), intitula-se *Salus Populi*. É que a associação política, criada segundo os ditames da natureza, se mostra como a realização de uma racionalidade e moralidade previamente dadas. Dotados do conhecimento do bem e do mal absolutos (a liberdade de agir segundo a lei, e a escravidão, respectivamente), os homens instituem a república como obediência à vontade de Deus. Por isso é que, finalmente, a lei de natureza se exprime por meio de uma lei fundamental – constituição primária e radical, as leis comuns da eqüidade "reduzidas a um modo particular de política" (*Touching the Fundamental Lawes*, p. 266). Agir racionalmente é, portanto, agir politicamente, e qualquer tentativa de subverter a ordem projetada pela lei de natureza – princípio moral, racional e político – deve ser tratada como traição e declaração de inimizade ao " bem comum e à política" (p. 266). Assim, por natureza os homens dispõem de meios para impedir o exercício do poder arbitrário, e esses meios não são outra coisa senão a lei fundamental, que Parker e os parlamentaristas consideram a *arqué* de toda a política. Na lei o governo encontra sua regra, e na segurança o seu fim (*Fuller Answer*, p. 233).

Esses são os vários sentidos da lei de natureza. Mas como seria possível executá-la no mundo da corrupção? Enquanto a ordem possui uma extração sublime e celestial, a sujeição política, "ou antes sujeição servil", não pode resultar da natureza, "salvo se entendermos uma natureza corrompida" (*Political Catechism*, p. 3). Desde a Queda, o homem se afasta da constituição perfeita, da *pólis* aristotélica, convertendo-se numa criatura depravada, indomável e cúpida. Por clara e incontroversa que seja, a lei de Deus não basta para impedir esse homem de provocar dano ou torná-lo sociável (*Observations*, p. 13). Tudo isso é fruto inequívoco do pecado original: do mesmo modo que a lei "é inútil quando não existe pecado, é também imprópria ou impossível quando não existe nada, a não ser pecado" (*Political Catechism*, p. 3). A lei exprime, então, mais uma capacidade que um fato, um fim a ter sempre em vista, mais que a condição efetiva do homem. Por sua vez, a condição decaída do homem exigiu alguma autoridade com poder de julgar e executar a lei de acordo com a justiça de Deus. Ao arcabouço constitucional moderno da lei de natureza, soma-se agora a tese do contrato, herança do Antigo Testamento (Maddox 1989, p. 56). Entendamos melhor essa inusitada teoria.

Ursos, lobos e mesmo anjos réprobos conseguem chegar a acordos (*Political Catechism*, p. 43); os homens, nem sempre, nem tão depressa. Difícil por si só, a união política parece destinada ao fracasso. Em primeiro lugar, poucos aceitam ser governados: como iguais, os homens mal toleram que outros adquiram poder sobre eles.[27] Para tal inconveniência não existe remédio, se os homens não são capazes de viver sem Estado (*Political Catechism*, p. 3). Em face do inelutável, os homens decidiram se governar de acordo com "leis

---

[27] "Considerava-se antinatural instituir um superior sobre o supremo" (*Observations*, p. 13).

conformes aos ditados da razão", ratificadas por consentimento comum. Em seguida, resolveram que deveriam confiar a execução e interpretação dessas leis a algum magistrado "para prevenir danos comuns entre súdito e súdito" (*Observations*, p. 13). O entrave maior, no entanto, ainda estava por vir. Como impedir que os magistrados se convertessem em tiranos? A tirania representaria um dano "quase tão fatal como viver sem nenhuma magistratura"(*Observations*, p. 13), sujeitando os homens a uma destruição não-natural. E os Estados, vale lembrar, foram criados para impedir que os homens se destruíssem.

As leis de Deus e de natureza cujo propósito é limitar o exercício da autoridade apenas informam aos homens quais seus direitos; assemelham-se a "linhas imaginárias ou.... meras pedras, não a trincheiras ou fortificações reais" (*Political Catechism*, p. 51), e, por isso, são nulas para garantir o exercício desses direitos, como bem evidencia a condição de escravo. "Os escravos vendidos e pagos à pior das servidões", observa Parker, "têm a mesma reivindicação divina e natural à segurança em relação a maus tratos que outros súditos têm; entretanto, a falta de uma solução política os expõe a desgraças muito piores do que a morte e não raro os lança a uma condição inferior à dos animais" (*Idem*). Os escravos possuem tanto direito a não depender da mera vontade ou do poder arbitrário de seus senhores quanto os melhores súditos; mais ainda, "o mais miserável escravo é tão passível disso como o mais livre súdito" (*idem*). Assim, por um lado a humanidade se define pela capacidade ou direito de não se submeter a um poder arbitrário; por outro, os obstáculos ao exercício de tal capacidade ou direito resultam em desnaturação ("condição inferior à dos animais"). Tendo direito a ser livre, o escravo aceitou rebelar-se contra a natureza e opor-se à própria conservação.[28]

---

[28] Falkland, Chillingworth e Digges, autores de *An answer to a printed book intituled*

Ora, no que se refere às nações, a escravidão é simplesmente impensável: "não é nem justo, nem possível que uma nação se escravize, renunciando seu próprio interesse à vontade de um único senhor, que pode destruí-la sem praticar dano, e não tenha nem sequer o direito de se preservar" (*Observations*, p. 8). Isso não significa que não existam nações escravizadas, pelo contrário. Às vezes, um príncipe consegue, de uma maneira ou outra, tirar a liberdade de uma nação inteira. Mas, esse príncipe deve saber que "a mera força é incapaz de alterar o curso da natureza ou frustrar o teor da lei" (*idem*, p. 3). A conquista não cria direitos, nem laços políticos, pelo contrário. Para o presbiteriano Herle, por exemplo, trata-se apenas da lei do mais forte, vigente entre os ladrões, lobos e tigres (*Fuller Answer,* p. 240). Outro presbiteriano, o escocês Samuel Rutherford, sustenta que conquista pela espada, sem o consentimento do povo, não constitui "justo título à coroa". Deus somente vê legitimidade nos títulos derivados de Sua escolha direta ou da eleição do povo (*Rex Lex*, XII, p. 48).

Desse modo, tanto a conquista, por meio da qual um governante faz dos súditos vassalos, como a escravidão a que se sujeita o indivíduo sem virtude, não pertencem ao domínio da política, mas ao domínio despótico (*Political Catechism*, p. 37). Às comunidades, que têm como fim o domínio político, sempre é lícito reconquistar, pela força, o direito que o governante subvertera anteriormente pela força (*Observations*, p. 3). O poder legítimo, então, sempre se exerce por um magistrado a quem os homens confiam (*trust*) a execução e interpretação dessas leis divinas, ou leis da razão, sob a condição de que esse governante os proteja, isto

---

Observations, segundo George Thomason, não deixariam passar essa afirmação em branco. Com dose grande de sarcasmo, notam que um ladrão condenado por uma lei que ele mesmo institui estaria numa situação muito difícil: "Infeliz do ladrão que, por crime, é condenado a enforcamento, e que será culpado de outro crime ao ser enforcado!".

é, não apenas os defenda de todo mal, como ainda os promova "a todos os tipos de felicidade política, de acordo com seu maior dever" (*Observations*, p. 2). Como os que serão súditos fixam, no momento do pacto, as condições de exercício do poder (*Idem*, p. 2), toda autoridade é, por princípio, fiduciária, não importa se quem o recebe é o rei ou o Parlamento: "tudo quanto se concede em confiança não difere em natureza ou intenção, mas apenas em grau e extensão" (*Idem*, p. 21). Porém, enquanto a condição de escravo prova que o governo é absolutamente necessário, a do súdito oprimido prova que o governo absoluto é totalmente desnecessário (*Political Catechism*, p. 37).

Diante do exposto, parece claro que o governante detém um poder legislativo, ou do contrário cada homem continuaria a ser uma lei para si mesmo, como sucede na condição depravada da humanidade.[29] Não menos claro é que o povo conserva algum poder legislativo original, e somente o exerce quando o governante deixa de cumprir o contrato e ameaça a vida da comunidade. Por isso, embora não tenham nenhuma garantia de que o governante cumprirá sua parte do contrato – já que a posse dos direitos não assegura o exercício deles –, os súditos detêm o direito de retomar o poder. Mas essa que seria uma barreira contra o arbítrio se revela, afinal, inócua. No passado, a revolta contra o poder ilimitado tinha como único efeito trocar uma tirania por outra, tão tumultuoso era o movimento do corpo da comunidade (*Observations*, p. 14). Como não encontrassem vazão, os sofrimentos e agravos do

---

[29] Conferir, mais uma vez, o discurso de Pym durante o *impeachment* de Strafford: "A lei é o que estabelece uma diferença entre o bem e o mal, entre o justo e o injusto; removida a lei, todas as coisas cairão em confusão, todo homem se tornará lei para si mesmo, coisa que, na condição depravada da natureza humana, deve necessariamente produzir inúmeras e graves enormidades" ("Pym's speech during Strafford's impeachment", 1640-1; p. 192).

povo "atingiram uma estranha altura" e, injustiçada, a gente clamava por sangue e ferozmente suprimia seus inimigos. Foi assim que aconteceu na Grécia, onde a palavra tirano veio a se tornar odiosa, e foi assim entre os romanos, que abominavam o termo *Rex,* "tão intoleráveis foram, em todas as épocas, as crueldades e excessos de monarquias sem lei" (*Political Catechism*, p. 60). Uma vez expulsos os reis Tarquínios, os direitos da majestade reverteram indistintamente ao povo de Roma, agora dividido entre patrícios e plebeus. Os patrícios almejavam um governo aristocrático e para atingirem seus propósitos precisavam excluir os plebeus de toda participação no governo. Finalmente os plebeus venceram após anos a fio de guerras civis, mas, sem contrapeso, seu poder revelou "as piores inconveniências da democracia corrupta" (*Political Catechism*, p. 60).

Das longas e trágicas guerras civis Parker conclui que no início da história "o mando arbitrário era o mais seguro para o mundo" (*Observations*, p. 15), afirmação esta que permite a Filmer qualificar de frágeis, em *The Anarchy,* as bases sobre as quais se estrutura a teoria contratual do mesmo Parker. Nosso Observador, diz Filmer, "confessa que o governo arbitrário ou absoluto foi o primeiro e mais seguro governo para o mundo". E admite também, continua Filmer, "que a jurisdição é incerta e os privilégios da monarquia limitada não estão claramente declarados" (p. 165). Parker realmente transita de uma consideração abstrata sobre a origem do governo, na qual a lei divina estabelece como finalidade o equilíbrio de poderes e a sujeição do governante às leis da comunidade, para um argumento de fato ou de experiência: não será nas palavras escritas de Deus, nem nas obras da natureza, que se descobrirá algo semelhante à monarquia mista. Pelo contrário, as Escrituras e a natureza somente revelam a majestade paterna.

Entre o pecado original e a constituição dos Estados há um intervalo de tempo durante o qual o homem é um ser social, sem, no entanto, se converter em ser político. Na infância do mundo, a primeira forma de governo é a dos pais de família, regime "antes demasiado suave e vigoroso, do que violento e rigoroso". Enquanto os homens conseguiram identificar laços mútuos de sangue; enquanto estiveram reunidos sob um único pai em quem "todos os pensamentos tirânicos eram contrários às piores sugestões da natureza";[30] enquanto houve espaço suficiente na superfície da Terra para se plantar e colher sem suscitar avareza ou ambição, "ou solo de diferença entre irmão e irmão", enfim, enquanto não apareceram distâncias que não pudessem ser percorridas, as argolas do governo não apertaram o pescoço dos homens (*Political Catechism*, p. 43). Aos poucos, os homens começaram viver em principados, cujo reduzido território tornava mais simples a administração dos negócios e mais leve o cetro. Quanto tempo decorreu até as famílias se juntarem e criarem, primeiro, as cidades; depois, até as cidades se reunirem para criar Estados, e finalmente os Estados instituírem leis e magistrados, nem o Livro de Deus, nem outros autores esclarecem (*Political Catechism*, pp. 43-4).

Mas, se na história Parker comprovou os efeitos danosos do poder tirânico e a aporia da lei de natureza, é também na história que vai encontrar o triunfo da lei de natureza e as efetivas limitações ao mando exorbitante. No exemplo dos "*Ephori, tribuni, curatores*", (*Observations*, p. 14) Parker vê que os magistrados inferiores, como representantes do povo, impedem a um só tempo o colapso do Estado e a tirania. Resta saber, então, como os homens conseguiram ter seus direitos respeitados quando foi necessário de prevenir o exercício do arbítrio, seja o do monarca, seja o do povo.

---

[30] Com isso, Parker rebate os patriarcalistas: o governo do pai jamais foi arbitrário; aliás, jamais foi um governo genuinamente político.

Mais uma vez Parker se cerca dos princípios aristotélicos, relembrando o impulso natural e racional de qualquer grupo de pessoas a se tornar um corpo político (Pocock 1975, p. 369). Ora, em lugar algum se nota com mais agudeza a inclinação de se converter o povo em corpo político do que no Parlamento: "o Parlamento não é, com efeito, outra coisa senão o próprio povo congregado artificialmente ou reduzido por meio de eleição ordenada e representação a esse senado ou corpo proporcional " (*Political Catechism*, pp. 18-9). No correr da história, o acúmulo de conhecimento permitiu aos homens aperfeiçoar a razão, deixar florescer a religião e, assim, divisar uma arte pela qual se reduziu o movimento turbulento do povo, corpo demasiado pesado, a um movimento regular. Essa arte consiste em eleger alguns para representarem muitos, de modo que "a virtude de todos redunde em alguns e a prudência de alguns redunde em todos" (*Observations*, p. 15).

Dessse momento em diante, o povo deixou de ser a populaça desorganizada, sempre agravada e jamais satisfeita. Todas as vezes que o rei rompe o contrato e ultrapassa as fronteiras do poder político, o povo assume "o próprio poder de se fazer justiça sem causar distúrbios a si ou dano aos príncipes" (*Observations*, p. 15). De fato, o povo que agora assume o poder político em momentos de crise não é senão o Parlamento (*Idem*, p. 28). Mais que isso, "o Parlamento não é nem um, nem poucos: é na verdade o próprio Estado" (*Ibidem,* p. 34). Ao contrário do rei, que representa apenas sua própria pessoa e cujo poder é tão-só fiduciário, o Parlamento representa todos os ingleses, inclusive o rei que, por loucura ou capricho, venha a se separar do corpo político ou da constituição fundamental. Isso porque, ao proteger o povo, o Parlamento protege o rei, evitando que o povo procure a justiça no assassínio.

É assim que na Inglaterra a política imita a natureza, segundo o autor de *Touching the Fundamental Lawes* (p. 270). Do mesmo modo que, para impedir o vácuo, as coisas leves sobem e as pesadas caem, quando o rei trai o poder que lhe foi confiado pelo povo e ameaça escravizar a nação, o poder representante toma para si a incumbência de proteger o rei e o povo (p. 271). Entretanto não pertence ao povo, como representado, o direito de dissolver e reconstituir o governo, muito menos o de desobedecer às duas Câmaras. Se é irracional rebelar-se contra a lei de natureza e atentar contra a própria vida, também o é deixar de cumprir o contrato e retomar o poder legislativo original. Ao se fazer representar, o povo não reservou para si nenhum outro direito, salvo o de defesa. Ao mesmo tempo, obrigou-se, por sua escolha e fé, "submeter-se externamente à sua [do Parlamento] determinação" (*Fuller Answer*, p. 247). Se o Parlamento é o Estado, então o detentor da soberania é uma corporação de pessoas naturais e, mais precisamente, o restrito grupo de pessoas que se faz representar no Parlamento – nos termos do autor de *Touching the Fundamental Lawes,* "inúmeros particulares investidos de autoridade *pro tempore,* por consenso comum, para o bem comum" (p. 270). Nas situações normais, que são a um só tempo a expressão da *pólis* aristotélica, do *dominium regale et politicum* e da comunidade dos santos, o rei divide a soberania com o povo reunido em Parlamento. Nas situações extraordinárias, quando o rei contraria a lei fundamental e se converte em tirano, o Parlamento – o povo – retoma o poder e de direito defende o monarca e todos os membros do Estado. Daí que não exista direito coletivo de resistência, e tampouco o Estado se dissolva em caso de subversão das leis, como, aliás, comprova o período de reunião do Longo Parlamento.

* * *

Além de justaporem múltiplas linguagens ou discursos, os textos considerados neste capítulo parecem operar em dois momentos distintos, cronológicos e lógicos: o momento da resistência ou do combate à autoridade, e se bem-sucedida a resistência, o momento do colapso da autoridade. No primeiro, o fundamental é descaracterizar a autoridade, revelar suas fraquezas e desígnios amalucados e então lhe retirar a legitimidade. Colocado a nu o tirano, falta determinar em nome de que se lhe resiste, e inevitavelmente se chegará à conclusão de que é preciso defender a vida, a liberdade e a comunidade (a *salus populi* ou a constituição) contra esse que ameaça com seus caprichos de criança ou louco. Nesse sentido, os parlamentaristas insistem que sua liberdade é restrita não apenas pela interferência e ameaça do monarca em suas atividades, mas também simplesmente por saberem que vivem na dependência da boa-vontade de Carlos I. Argumentam que o poder arbitrário do rei, poder capaz de interferir a qualquer tempo nas suas vidas, sem dar nenhuma explicação, sem atenção a interesses privados, por si só é uma limitação e uma ameaça à liberdade. Estar sujeito ao domínio volúvel de um outro, dizem eles, é contrário à natureza; constitui violação de direitos imemoriais. Por isso se justifica a resistência.

Finalmente, é preciso determinar como se dará a resistência: se é o indivíduo ou a corporação que tem o direito ou o dever de resistir. De modo geral, os tratados de 1642 excluem a resistência ativa do indivíduo, salvo se a sobrevivência estiver em jogo, e privilegiam o dever de resistência de uma corporação ou dos magistrados inferiores. Não passa muito tempo, porém, antes de os levellers tratarem em pé de igualdade o direito de resistência dos indivíduos e o de um grupo de homens, em face do poder tirânico que o Parlamento vem a assumir. Será então o momento de decidir quem, de fato, é livre na Inglaterra, quem deve exercer o poder: os deputados que há muito perderam legitimidade, o povo que se alistou na luta contra a tirania, ou o general que comandou o exército dos eleitos de Deus. O princípio da soberania do povo reunido em Parlamento será levado ao extremo e a democracia surgirá como alternativa aos que vêem na guerra civil e anarquia ou a tirania do Parlamento. O segundo dos momentos lógico e cronológico em que se dividem os textos aqui tratados diz respeito ao colapso da autoridade, conforme já adiantamos. Agora é preciso perguntar: o que entra em colapso após a resistência coletiva? O que o indivíduo deve fazer nessa situação? As respostas às perguntas não são consensuais. Hunton assume uma posição minoritária ao afirmar que a ruína da constituição mista resulta na dissolução do Estado, situação em que o indivíduo fica abandonado e submete seu futuro inteiramente à vontade da Providência. Se Hunton tivesse recorrido à hipótese do estado de natureza, poderíamos dizer que nem Hobbes teria descrito um quadro tão aterrador como esse, no qual o indivíduo não pode contar com nada dentro de si, nem sequer com o medo. Para afastar essa perspectiva, a maioria dos autores aqui mencionados – Parker, Herle, Rutherford – dissocia a falência da constituição mista e a dissolução do Estado. Se há desequilíbrio na distribuição de poderes, um estado ocupa o vazio deixado pelo outro, de modo que o Estado continua a existir. Mas, mesmo que o conflito atinja uma intensidade capaz de pôr em risco a sobrevivência da sociedade organizada, o indivíduo isolado sabe que se agir racionalmente tenderá a reconstituir a vida política. No quadro descrito por Parker, a Providência cede lugar a uma racionalidade política pré-determinada, e o apelo aos céus, ao naturalismo radical a ser explorado em todas as suas dimensões por Hobbes.

Com efeito, para tratar a questão premente da guerra civil, suas causas, efeitos e soluções, os casuístas não empregaram argumentos puramente teóricos, como fará Hobbes nas obras de filosofia política. O legado aristotélico e republicano está presente nas discussões dos panfletistas, é certo, mas nelas se nota também o forte recurso à teologia, aos textos medievais da *commom-law* e à experiência passada – da qual não se pode extrair, segundo Hobbes, "nenhum argumento de direito, mas unicamente exemplos de fato" (*Behemoth*, p. 121). Em meio a tamanho emaranhado de argumentos de diferentes matrizes e distintas combinações de argumentos análogos, era preciso que um realista, não dos mais notórios, porém dos mais atentos à causa, viesse revolucionar o modo de expressar a política e se percebesse, já à época, um fundador da ciência civil (*English Works*, 1, p. ix). Desconfiado dos termos de significação inconstante, justamente os que muniram os adversários de Carlos I, o conservador Hobbes cuidará de neutralizar o discurso subversivo, construindo a ciência política sobre uma linguagem estável. No próximo capítulo, o foco incide sobre esse revolucionário a serviço da monarquia.

V. Uma teoria Conservadora dos direitos naturais

> "A filosofia natural é jovem, portanto. Mas a
> filosofia civil é muito mais jovem (...): não é mais
> velha do que meu livro Do Cidadão"
> T. Hobbes, *Elements of Philosophy*, Epistle Dedicatory.

À maneira dos catecismos convencionais, *The Rebels Catechism* (1644), de Peter Heylin, descreve um rápido diálogo sobre a desobediência. O catequista é homem mais velho, tem ciência de sua posição e seu dever. É dos mais leais súditos. Jovem e tolo, o catecúmeno de início parece seduzido por perigosas doutrinas. Responde com certo desdém às perguntas que o outro lhe faz, repete sem pensar os lemas dos inimigos do rei e não se mostra aflito quando o catequista menciona a palavra 'inferno'. Em algum panfleto leu que Deus abomina a opressão acima de todas as coisas e ordena a resistência ao tirano. Firme, o mestre condena as recentes leituras do jovem. Rebeldes as mãos que escrevem, rebeldes as mãos que divulgam "livros e panfletos falsos e escandalosos", com o propósito de desonrar o rei, seus servidores subordinados, a forma monárquica de governo e alienar "dele os afetos dos súditos, tornando-os mais propensos a se rebelar contra ele". Pela lei da Inglaterra, tudo isso é punido com a morte, recorda o catequista (p. 5).

Agora a confiança do catecúmeno hesita. Embora considere a tirania com horror, aos poucos se converte à causa do rei e o cate-

194 EUNICE OSTRENSKY

cismo retorna ao modelo conhecido, de perguntas e respostas previsíveis. A certa altura do diálogo, o catequista pergunta por que o livro das homilias, "composto por um grupo de estudiosos ignorantes, homens ineptos na lei do país", deve não apenas ser preferido a todos os outros livros, como ainda tratado como o verdadeiro livro de leis. O bom catecúmeno responde que "embora as homilias fossem inicialmente compostas por homens ineptos em leis (...) receberam força e aprovação dos mais peritos juristas daquela época, convocados com a nobreza e a pequena nobreza na Corte do Parlamento, e conseqüentemente possuem a autoridade que o Parlamento lhes conferiu" (pp. 10-1).

Nesse ponto, todas as suas antigas certezas desapareceram. O catecúmeno está convencido de que São Paulo falou simplesmente de poder, sem precisar a função e o ofício do governante (p. 21). No final do diálogo, o jovem será mais realista que o rei. É ele quem recorda ao catequista as punições previstas em lei aos rebeldes: "depois da condenação, o rebelde sentenciado deve ser pendurado e esquartejado; sua barriga é rasgada, as entranhas arrancadas enquanto ainda está vivo, a cabeça e os membros são expostos em lugares altos, para que sirvam de horrível exemplo a outros, o sangue se torna proscrito, os bens são confiscados, as posses também" (p. 28). As lei civis são ainda mais severas, prossegue o moço, porque alcançam os rebeldes mesmo após a morte, desonrando-os "em seus brasões, que devem ser desfigurados e destruídos, seja lá onde forem encontrados" (*Idem*).

O catecismo de Heylin sintetiza boa parte das estratégias persuasivas dos realistas na quadra de 1640. A primeira dessas estratégias consiste em apelar aos panfletos de fácil e rápida divulgação, não mais para serem lidos nas igrejas como sermões, mas nas ruas, pelo cidadão médio, que agora se engaja nas lutas do tempo. "A consciência de cada homem é convidada a aderir ao rei, em sua grande causa, ou a se aliar aos súditos na resistência", resume o anglicano Ferne em 1642 (*The resolving of conscience*, p. 218). A iniciativa partira dos parlamentaristas com a publicação, em 1641, dos debates no Parlamento mediante o *Diurnal occurences or the heads of the proceedings in both Houses of Parliament* – possivelmente o primeiro jornal ou diário inglês. Revelados os mistérios do Estado, as questões de governo passeiam pela boca do povo e termos como soberania, lei de natureza, lei comum, passam a constituir assunto de debate público. É de presumir que os realistas execrassem tais práticas a princípio. Mas, em breve deixam de lado os escrúpulos e, ironicamente, também depositam no povo o poder de decidir o conflito entre o rei e o Parlamento.

Em 1642 surge o primeiro jornal realista, o *Mercurius Aulicus*, editado pelo mesmo Peter Heylin. O jornal relata os passos de Carlos I em Oxford, nomeia os valorosos aristocratas que se puseram ao lado do rei, de Deus e do país, imprime preces, aconselha em linguagem imponente. O *Aulicus,* porém, não terá vida longa – durará apenas cinco semanas. Ao que parece, perde a batalha contra o *Mercurius Britannicus,* um outro jornal do Parlamento, cujo redator, Marchamont Nedham, talvez o primeiro jornalista britânico, é tipo oportunista. Ao contrário do jornal realista, o *Britannicus* recorre mais ao humor que à prédica. O número 11 do *Britannicus,* em circulação de 2 a 9 de novembro de 1643, por exemplo, é todo dedicado a corrigir os equívocos de seu rival, que havia anteriormente se mostrado inclemente com os solecismos e erros gramaticais deste:

> Aulicus, não precisas pedir, tu vês que corrigimos toda semana teus inúmeros erros: ora confundes o Parlamento com pretensas câmaras e ora a nova Assembléia com jovens levitas, e perdas com vitórias; rebeldes irlandeses com bons súditos e o

papismo com a religião protestante. Todos esses são teus erros e, já que pedes correção, espero que com o tempo te mostres um bom penitente (SP 9/246).

No número 19 (28 de dezembro a 4 de janeiro de 1643), o *Britannicus* explica como o papismo entrou na Inglaterra com o matrimônio de Carlos I e a tirania com "o sutil conceito intitulado de prerrogativa", ao mesmo tempo que continua a ironizar o inglês castiço do *Aulicus*:

> E como ele continuará a ser tão pedante, tão gramaticalmente engenhoso quanto ao verbo principal, respondo às sintaxes de sua finura e lhe ensino conjugações e gêneros: este reino está lamentavelmente arruinado por uma conspiração conjugal, por um conluio no matrimônio; quanto aos gêneros, Henrietta é masculino, embora Maria seja feminino; e quanto às declinações, Cavendish-católico declina, [Sir Ralph] Hopton está declinando e [príncipe] Maurício está totalmente declinado.

Ao longo dos números, vemos o Duque de Cumberland receber o título de Duque de Plunderland, a calva de Heylin se cobrir de neve, tal a frieza dos realistas, a monarquia reduzir-se ao rei, à rainha, ao barbeiro e ao capelão. E pouco a pouco vão surgindo outros tantos jornais – realistas, parlamentaristas, independentes, levellers: o *Anti-aulicus*, o *Mercurius Anglicus*, *The Kingdoms weekly inteligence* (publicado pelo leveller Richard Overton), o *Mercurius Pragmaticus*, o *Mercurius Melancholicus*, o *Mercurius Rusticus*, o *Mercurius Acquaticus*, o *Mercurius Terrestris*. Certamente serão o mais poderoso instrumento de formação da opinião pública, porque a voz do povo "costuma dizer o que pensam os líderes" (*The Resolving of Conscience*, p. 212).

Além do apelo ao povo, o catecismo e o jornal redigido por Heylin recorrem às leis, importante alicerce de qualquer governo que se pretenda legítimo. John Spelman, jurista, antiquário e membro do Parlamento de Oxford, consulta as leis positivas para provar a ilegalidade dos procedimentos parlamentares e o caráter criminoso da resistência preconizada pelos parlamentaristas. Lei, lícito e suas variações são os termos mais encontrados em seu discurso *Certain considerations upon the duties both of prince and people* (1642), que se pretende imparcial e moderado. O autor não parece mesmo partidário da soberania ilimitada, que, segundo ele, tornou-se palavra-chave dos parlamentaristas (p. 18).

Finalmente, a principal estratégia persuasiva dos realistas continua a ser o emprego constante do vocabulário bíblico para justificar o poder do monarca. O bispo Williams, preso em algum lugar da Irlanda, dirige-se ao leitor cristão para narrar, não suas desventuras pessoais, que são muitas e aterradoras, mas a verdade saída das Escrituras. Como poderia ele silenciar – pergunta ao leitor em *Vindiciae Regum* –, deixar de publicar a necessidade de obediência e a repulsa à rebelião, "nesta época de necessidade, quando a língua e a pena do teólogo deveriam igualmente fortalecer as fracas mãos de súditos fiéis" (Epístola Dedicatória).[1] Williams trata a resistência como pecado sob todos os aspectos, evidenciando, ao mesmo tempo, que a obediência é virtude ordenada por Deus. Faz emergir inúmeros tiranos que extorquem os súditos (Acab), ordenam a idolatria (Nero, Nabucodonosor), extinguem o cristianismo

---

[1] "Preferia que todos os meus bens fossem saqueados e pilhados, minha mulher e meus filhos ficassem desolados, destituídos de todo o conforto, e eu mesmo me visse privado da liberdade e da vida pelos rebeldes por falar a verdade ..... a receber todo o louvor e a preferência de que o povo, o parlamento ou o papa possam me cumular..." (Epístola Dedicatória).

(Juliano), e sempre conclui que mesmo eles foram obedecidos. Cristo é o exemplo máximo de paciência e submissão, e se o próprio Salvador obedeceu aos tiranos, "governantes ilegítimos", por que não poderiam os simples homens se sujeitar aos "governantes legítimos"? Disso conclui que nenhum pretexto ou causa torna lícito ao súdito "rebelar-se contra o governante soberano" (pp. 38-9). Não haverá então remédio aos súditos oprimidos? A estes, o bispo John Bramhall oferece, em *The Serpent Salve*, apenas três ungüentos: deixar de pecar ("o bom rei é a mão direita de Deus; o mau, a mão esquerda, flagelo de nossos pecados"); preces, lágrimas e súplicas, e a fuga, por fim. "Isso é o máximo que nosso Senhor permite", conclui o bispo, sentencioso. E se objetarem que "não é possível que um reino inteiro fuja", o bispo dirá que jamais os desejos irados de um príncipe legítimo conseguiram arruinar toda uma nação. Mesmo que isso acontecesse, honroso seria sofrer, pois o sangue dos mártires sempre correu no sangue da verdadeira Igreja (*Political Ideas*, p. 55).

Por terríveis que fossem os argumentos dos realistas, a essa altura sua eficácia era duvidosa e os casos de conversão à causa do rei, a exemplo do que ocorre no catecismo de Heylin, terão sido raros. As Escrituras, que deveriam ser fonte de fé e certeza, transformam-se em terreno para a *epoché*, por assim dizer, na medida em que as principais passagens bíblicas citadas por parlamentaristas e realistas recebem interpretações conflitantes, tornando-se indefinidos os termos de conotação moral (o certo, o errado, o justo, o injusto). O número de jornais e panfletos nas ruas parece mostrar que cada homem se converteu em juiz de si mesmo e do conflito. Por isso mesmo, proliferam os pregadores, confessores ou casuístas, e não há a quem denunciá-los. Anarquia, democracia, ou simplesmente tirania: talvez ninguém saiba ao certo que governo possui a Inglaterra, se é que possui algum.

O sábio e o soldado

Os primeiros anos de Thomas Hobbes na França são de empregos raros e privações constantes, malgrado as boas relações na corte inglesa exilada e entre a gente culta que se reúne em torno de Mersenne.[2] O filósofo chega a passar fome. Como ainda não fosse conhecido entre os seus conterrâneos e a guerra civil nem sequer houvesse iniciado, seria o caso de nos perguntarmos se sua fuga repentina havia sido realmente necessária. Os motivos que o levam a Paris em 1640 são esclarecidos ao Visconde Scudamore, em carta datada de 12 de abril de 1641. Nela, Hobbes diz que pretendia avistar-se com o Visconde ainda em Londres, em outubro do ano anterior, mas um acontecimento maior, entremeado por dois desencontros menores, obrigou-o a deixar a Inglaterra. Dias após bater inutilmente à casa do Visconde, Hobbes soube que se criara no Parlamento uma comissão para investigar tratados políticos favoráveis à prerrogativa dos reis, "e eu conhecia alguns que de bom grado me teriam amolado". Mas, mesmo que tal investigação não chegasse aos *Elements of Law* – pequeno tratado que circulou em manuscrito pouco depois da dissolução do Curto Parlamento –, o autor pressentiu a proximidade de uma desordem que "tornaria lá pior do que cá" (Carta 35, pp. 114-15) .

Temendo por sua vida e, na melhor das hipóteses, pelo futuro de suas investigações filosóficas, Hobbes se refugia na França. De fato, como abstrair-se enquanto o país mergulha em guerra civil? Mas é possível que o cenário mais sombrio, o da prisão e da morte,

---

[2] "... com homens que eram, todos eles, bastante conhecidos por seu saber e pelo vigor de raciocínio – porém não com os chamados filósofos, pois, como agora está evidente, muitos dentre eles se revelaram vazios, banais e corruptos"(*The Prose Life*, IN: *The Elements of Law,* p. 247).

não fosse produto de um temperamento medroso. A Epístola Dedicatória de *Elements of Law* deixa claro que, ao dirigir-se ao Conde de Newcastle, Hobbes tem a ambição de "insinuar-se entre aqueles a quem o assunto tratado concerne mais de perto" (p. 20), provavelmente o Conde de Strafford – a quem Hobbes admirava por "conservar a real e justa autoridade de Sua Majestade" (*Behemoth*, p. 109) – e William Laud, amigo íntimo do Visconde Scudamore. Talvez Hobbes houvesse alcançado seu propósito e isso também agora se transformava em motivo de temor. Em novembro de 1640, quando Strafford cai em desgraça, uma comissão parlamentar busca no gabinete do Conde papéis que ajudem a formular a peça de acusação contra ele. A comissão encontra indícios, entre outros, de que o Conde em mais de uma oportunidade havia elogiado cursos de ação "lassos e dispensados de todas as regras de governo" (SP 16/452/31).[3] É possível que entre esses papéis vasculhados pelos Comuns estivesse uma cópia dos *Elements of Law*, oferecida a Strafford por intermédio do Conde de Newcastle (*Apud* Tuck 1993, p. 314).

Não era recente o envolvimento de Hobbes com os realistas. Em 1628, logo após o Parlamento voltar sua fúria contra Maynwaring, o filósofo confidenciaria a amigos que o capelão fora trancafiado na torre por pregar uma doutrina idêntica à sua (*Brief Lives*, p. 429). Supõe-se que a doutrina de Hobbes nessa época eqüivalha, prosaicamente, à defesa do recolhimento de impostos não autorizados pelo Parlamento. Em 1626, suspeitando que os parlamentares exigirão o *impeachment* do Duque de Buckingham em troca da aprovação de impostos para custear a guerra contra a França, Carlos I dissolve o Parlamento sem obter nenhum tostão

---

[3] "Secretary Vane's notes of the opinions delivered at a junto of the Privy Council for Scotch affairs".

sequer. Mas, como a guerra prosseguisse e os cofres públicos permanecessem vazios, Carlos resolve lançar o imposto conhecido como Empréstimo Compulsório (*Forced Loan*). Na qualidade de secretário do Conde de Devonshire, Hobbes teria auxiliado o recolhimento desse imposto, enviando o dinheiro para o Tesouro (Sommerville 1992, p. 9). Alguns nobres foram presos por recusarem o empréstimo, cuja restituição era absolutamente incerta. Nos condados reinava o mais completo descontentamento. Imaginando que poderia convencer essa gente pragmática com discursos grandiosos, Carlos exortou seus cortesãos a pregar em favor do imposto e Maynwaring se desincumbiu da tarefa com ardor mais que aceitável. No discurso que fez perante o rei em 1627, entre enaltecer o caráter divino de seu mando, o doce sentimento da obediência à autoridade superior, o capelão evocara certa lei natural e original, que garantiria aos monarcas a posse das propriedades do reino como "herança própria vinculada às suas coroas imperiais desde o nascimento". E tinha acrescentado, como era praxe naqueles outros tempos, que recusar-se a pagar impostos ou ceder empréstimos ao rei constituía a grave ofensa de "resistir à ordenação de Deus e acolher para si a danação" (*Religion and Allegiance*, p. 68).

Seja pelas imprecações lançadas aos que se recusaram a fazer o empréstimo, seja por sugerir que os parlamentares eram loucos e insensatos (isto é, não eram homens)[4] já que não obedeciam de vontade própria, o certo é que Maynwaring havia exagerado, ofendendo brutalmente alguns parlamentares. Custou-lhe caro esse exagero quase pueril – o insensato afinal era ele: a convocação de um novo

---

[4] "... quem não presta (...) toda a pronta obediência a seu conselho de graça e observa a ordem de seu soberano (...) está tão longe de ser um bom homem, um bom cristão ou um bom súdito que não é digno sequer de ser considerado entre os sensatos. Inclui-se, isso sim, entre aqueles a quem o apóstolo chama de homens absurdos e irracionais" (*Religion and Allegiance*, p. 70).

202 EUNICE OSTRENSKY

Parlamento mostrou-se apenas uma questão de tempo, dada a penúria dos cofres de Carlos I. Em 1628, o rei, de fato, convocou o Parlamento que lhe impôs a Petição de Direito e a prisão de Maynwaring. Mas, como já sabemos, os intentos dos parlamentares não tiveram o êxito esperado. E o horror incutido no rei pelo poder que alcançara o Parlamento no quarto ano de seu reinado foi imenso. Carlos I jurou e determinou "que não mais se esperassem outras assembléias daquela natureza, e todos os homens ficavam proibidos, sob pena de censura, de sequer falar em Parlamento", contará o Conde de Clarendon em *The History of the Rebellion and Civil Wars* (p. 68).

Desejoso de contribuir para o descrédito do Parlamento e intervir no debate político de seu país, Hobbes publica, em 1629, a tradução da *História da Guerra do Peloponeso*, sugerindo que os parlamentares ingleses se espelham nos democratas atenienses. Obras de fôlego são projetadas ao longo da década de 1630, enquanto Hobbes divide a atenção entre as descobertas intelectuais que lhe proporcionam as viagens ao Continente em companhia de seu pupilo e patrão, e as questões sobre o direito de dominação, "verdadeiras precursoras", segundo suas palavras no Prefácio a *Do Cidadão*, "de uma guerra que se aproxima" (p. 20). As considerações de natureza prática que expõe em *Elements of Law* são, de fato, fortemente tributárias do debate político nas décadas de 1620 e 1630. É à discussão jurídica em torno do *ship-money* que Hobbes se refere quando afirma, nessa obra, que a receita do soberano não pode depender da mera vontade dos que a geram. Em caso de guerra, uma receita limitada permite recrutar exércitos igualmente limitados, "mas forças limitadas, contra o poder de um inimigo que não podemos limitar, são insuficientes" (*Elements of Law*, II, XX, 14). Disso se conclui que, esgotados os meios legais de arrecadar dinheiro (isto é, previstos em lei), o soberano pode recorrer, "por necessidade da natureza", a todos os meios que julgar convenientes (*Idem*).

O governo pessoal de Carlos I cria um ambiente propício para a divulgação de doutrinas absolutistas. "A doutrina comum da corte", diz Henry Parker em 1640, "é a de que a autoridade dos reis não encontra limites" (*The Case of Ship-Money Briefly Discoursed*, p. 116). Os papistas, o prelado e os "cortesãos parasitas", ainda segundo Parker, odeiam os Parlamentos porque se sabem odiados pelo Parlamento (p. 114). Hobbes, que raras vezes atribuiu alguma qualidade louvável ao Parlamento, supunha-se odiado, embora não fosse nem cortesão, nem bispo, muito menos papista. Mesmo assim, não aprendera o suficiente sobre a experiência passada do país. Poucos dias após a dissolução do Curto Parlamento, distribuiu cópias manuscritas de *Elements of Law*, talvez acreditando que Carlos jamais voltasse a convocar Parlamentos. Em novembro de 1640, o rei se viu obrigado a contrariar as próprias expectativas e também as de Hobbes. O Parlamento então convocado, o Longo, assim se chama porque só se dissolverá definitivamente em 1660.

* * *

Entre os que tiveram em mãos uma cópia de *Elements of Law* está, muito provavelmente, Dudley Digges (1613-1643). De Digges pouco se sabe, exceto que se graduou matemático em Oxford, foi o terceiro filho do líder do Parlamento e também matemático, Sir Dudley Digges, e que morreu de febre tifóide aos 30 anos, nas fileiras do exército do rei Carlos em Oxford. E o interesse por sua história se extinguiria no trágico antagonismo político com o pai,[5]

---

[5] O caso dos Digges, em que o filho tomou o partido do rei e o pai, o do Parlamento, não é um fenômeno isolado durante as guerras civis. Charles Carlton, no já citado *The Civil Wars*, relata que a espada dividiu muitas outras famílias, não apenas como resultado de separações geográficas (o norte era realista, e o sul, parlamentarista, por exemplo), mas também de lealdades políticas conflitantes. As situações mais dramáticas

204 EUNICE OSTRENSKY

não houvesse uma notável proximidade entre suas posições em *The unlawfulness of subjects taking up armes against their soveraigne in what case soever* (1642) e os argumentos apresentados por Hobbes em *Elements of Law*. Como explicar a relação entre os dois contemporâneos?

Ainda no início do século passado, a obra de Digges chamou a atenção de J. Figgis, que a descreveu como "um resumo popular do *Leviatã*" (Figgis 1994, p. 239). Mais tarde, J. W. Allen e Margaret Judson seguiram Figgis e enfatizaram que Digges teria adotado os conceitos sobre a origem do Estado, o contrato e a soberania desenvolvidos por Hobbes.[6] Nos últimos anos, o interesse por Digges reavivou depois que Richard Tuck se voltou para os escritos dos realistas reunidos em Great Tew, casa de campo do Visconde Falkland. Formado por discípulos de John Selden, o grupo de realistas incluiria Digges, William Chillingworth, Edward Hyde (futuro Conde de Clarendon), e o próprio Hobbes, caracterizandose, todos eles, por tratar a política à luz do direito natural (Tuck 1979, p. 101). Para Tuck, portanto, a proximidade entre os escritos de Hobbes e Digges se explica pela influência de Selden sobre os participantes de Great Tew.

Essa tese, porém, Perez Zagorin não está, de modo algum, disposto a partilhar. Em primeiro lugar, afirma Zagorin, não há nenhuma razão para acreditar que Hobbes fizesse parte desse círculo de intelectuais, embora mantivesse relações amistosas com alguns de seus membros. Profundas diferenças de interesse intelectual se-

---

acontecem quando os membros de uma mesma família, já divididos sob estandartes distintos, matavam-se uns aos outros. Foi assim com os irmãos Hillsdeane, um dos quais, *roundhead*, fora fatalmente ferido a bala pelo outro, realista (ver p. 279-80). Como em *King Lear*, peça de Shakespeare comentada no Capítulo I, o tempo de desordem colocou irmão contra irmão e pai contra filho.

[6] J. W. Allen, *English Political Thought, 1603-1660*, vol. I, Londres, 1938; M. Judson, *The Crisis of the Constitution*, New Brunswick, 1949.

parariam Hobbes dos participantes do Great Tew: enquanto estes debatiam poesia, os temas do humanismo, as controvérsias do catolicismo e do protestantismo, Hobbes dedicava seu tempo livre à filosofia natural, ao estudo do som e da luz, sensação e movimento, geometria e matemáticas. Segundo, não menos profundas eram as diferenças intelectuais e políticas entre Hobbes e Selden, ainda que os dois manifestassem posições anti-clericais e erastianas. Selden era advogado, antiquário, orientalista; filósofo preocupado com o rigor demonstrativo e com a sistematização, Hobbes era crítico da *common law* e do antiquarismo legal; Selden acreditava nos limites legais e contratuais da monarquia de Carlos I, ao passo que Hobbes sempre defendeu que o soberano não possuiria nenhuma obrigação contratual perante os súditos. Por fim, as únicas afinidades entre Selden e os membros do Great Tew diriam respeito ao interesse pela teoria dos direitos naturais, mas isso é muito vago: é possível advogar os direitos naturais de uma perspectiva mais ou menos conservadora (Zagorin 1993, pp. 433-439). Além de ter sérias dúvidas a respeito do papel de Selden e Hobbes nesse círculo intelectual, Zagorin também suspeita da participação ativa de Digges no Great Tew, sendo certo apenas que Digges conhecia alguns dos membros desse círculo, um dos quais lhe teria oferecido a cópia manuscrita de *Elements of Law* (Zagorin 1993, p 434). Assim, em vez de discípulo de Selden, Digges poderia ser qualificado somente como leitor de Hobbes, nem mais nem menos. Pois, diferentemente de Hobbes, observa Figgis, Digges acrescenta sanção religiosa à teoria da obediência e recorre muitas vezes às Escrituras para confirmar suas posições (Figgis 1994, p. 239).

Seja como for, a inegável dívida de Digges para com Hobbes indica que em princípios de 1640 uma minoria de partidários do rei se inclina a adotar idéias semelhantes às defendidas pelo filósofo, enquanto os restantes preferem doutrinas menos inovadoras e mais pautadas nas Escrituras – ou seja, doutrinas que em nada se confundem com as defendidas por jesuítas e puritanos, adversários teóricos do direito divino. Para essa minoria, que também gozava de alguma influência na corte, a grande distância entre as próprias convicções e a contribuição heterodoxa de Hobbes para a teoria política não parece um obstáculo intransponível. Possivelmente Digges, a exemplo de Clarendon, nem sequer vislumbre as implicações mais radicais de tal contribuição (Zagorin 1993, p. 439), talvez porque a teoria de Hobbes conserve intacto o cerne da soberania. Importa, afinal, que o poder conferido ao soberano seja absoluto e, nesse sentido, idêntico ao poder conferido pela unção. Diga-se de passagem, aliás, que a possível simpatia de alguns anglicanos pela teoria de Hobbes na década de 40 corresponde, na década de 50, à hostilidade dos independentes por essa mesma teoria. Se algum aspecto dessa teoria agrada a Maxwell, o anglicano, é o que "torna sagrados e invioláveis a pessoa e o cargo do rei" (*Sacro-sancta*, p. 30) – "deificação do magistrado" que só pode desagradar a John Owen, o independente (Sommerville 1992, p. 26).

Há ainda outras razões pelas quais esse grupo de realistas aceita agora, em 1640, uma teoria que mais tarde rechaçará com veemência. No que diz respeito a certas doutrinas de caráter religioso, *Elements of Law* e *Do Cidadão* são obras alinhadas aos anglicanos – e sabemos, por outro lado, que os aspectos mais polêmicos e criticados de *Leviatã* pelos contemporâneos de Hobbes referem-se a questões de religião. Em primeiro lugar, enquanto mostra concordância com as correntes teológicas da época, ao estabelecer a imortalidade da alma,[7] o filósofo critica "papistas, luteranos, calvinistas, arminianos

---

[7] "Com relação a outros espíritos, que alguns homens chamam de incorpóreos e outros de corpóreos, não é possível, unicamente por meios naturais, alcançar o conhecimento disso, de que existem tais coisas. Nós, que somos cristãos, reconhecemos

etc." (*Elements of Law,* XXV, V) por incentivarem o medo à morte eterna e, conseqüentemente, o desprezo pela morte temporal. Ora, ao deixar de levantar a mesma acusação contra os anglicanos, Hobbes sugere que têm, como membros da Igreja oficial, o direito de exercer tal poder sobre a alma dos súditos. Indo um pouco mais além, defende a hierarquia episcopal, ao afirmar não apenas que os soberanos cristãos estão obrigados a "interpretar as Sagradas Escrituras por intermédio de eclesiásticos que tenham sido ordenados segundo a lei" (*Do Cidadão,* III, XVII, 28), como ainda que a eleição desses eclesiásticos é de "competência da Igreja" (*Idem, Ibidem,* 24).

Mas, os evidentes esforços em promover a causa anglicana não lograram êxito completo, principalmente porque não persuadiram, como dissemos, a corrente mais ortodoxa dos realistas. Aliás, em meados da década de 1640, começam a surgir divergências intransponíveis entre Hobbes e os anglicanos. Em 1646, Hobbes ganha a vida a duras penas como professor de Carlos Stuart, quando alguns bispos vão intrigá-lo com o futuro rei, em virtude de suas críticas à noção de livre-arbítrio expressas no debate com Bramhall. Ao que tudo indica, essas intrigas envenenam o futuro rei, que deixa de pagar os salários de seu tutor.[8] Sem dinheiro, vendo-se caluniado, é possível que Hobbes acalente uma desforra. Esta vem finalmente com o *Leviatã.* Agora, o filósofo demonstra a mortalidade

---

que existem anjos bons e maus, que existem espíritos e que a alma do homem é espírito, e *que esses espíritos são imortais.* Mas, conhecer isso, ou seja, ter evidência natural disso, é impossível" (*Elements of Law,*XI, 5; o itálico é meu). Veja-se ainda *Do Cidadão:* "Pertence (...) ao ofício de Cristo ensinar todos os mandamentos de Deus, a respeito do culto a lhe ser prestado, ou dos pontos de fé que não podem ser conhecidos pela razão natural, mas somente pela revelação. Entre esses pontos, incluem-se que ele era o Cristo; que seu reino não era terreno, mas celestial; que há recompensas e punições depois desta vida; *que a alma é imortal ...*" (III, XVII, 13; o itálico é meu).
[8] Em carta ao Conde de Devonshire que teria sido interceptada, Hobbes diz ter deixado de receber salários "pela sinistra sugestão de alguns clérigos" (*Apud* Sommerville 1992, p. 23).

da alma[9] e seus ataques aos presbiterianos e papistas atingem também algumas doutrinas da ortodoxia anglicana, sendo a principal delas o direito divino dos bispos.[10] Mesmo que por trás dessas mudanças teóricas houvesse razões mais elevadas, o fato é que os bispos, abrigados na corte de Carlos II, acusaram o golpe. Enfurecidos com Hobbes, conseguiram do rei a expulsão desse "pai dos ateus" (Sommerville 1992, p. 24).

Mais tarde, em 1683, *Do Cidadão* e *Leviatã* estarão entre os livros cuja queima a Universidade de Oxford ordenou, por conterem proposições "falsas, sediciosas e ímpias", e serem ainda "heréticos e blasfemos, abomináveis à religião cristã e destrutivos de todo o governo na Igreja e no Estado" (*The Judgement and Decree of the University of Oxford*, p. 126). As duas obras arderam junto com os tratados de Buchanan, Knox, Belarmino, Hunton, Milton. O tratado de Digges, *The unlawfulness of subjects taking up armes against their soveraigne in what case soever*, felizmente escapou das chamas e hoje nos ajuda a compreender o papel de Hobbes entre seus contemporâneos, além de lançar luz, com seu apelo significativamente popular, sobre passagens cruciais daquelas duas outras obras mais refinadas.

Antídoto contra feitiçaria

A capa da edição de 1647 de *The unlawfulness* traz um soldado trajado como centurião, empunhando a espada contra uma mulher descabelada. Adiante, no discurso, Digges nos faz crer que tal

---

[9] Em resumo, todas as operações do pensamento são funções do corpo, não sendo necessária uma substância espiritual para explicá-las: "A origem de todas elas [as representações] é aquilo que denominamos Sensação (pois não há concepção no espírito do homem que primeiro não tenha sido originada, total ou parcialmente, nos órgãos dos sentidos)" (*Leviatã*, 1, p. 15).

[10] "Todos os pastores, com exceção do supremo pastor, desempenham as suas funções pelo direito, isto é, pela autoridade do soberano civil, isto é, *Iure Civili*" (*Leviatã*, 42, p. 374).

mulher é uma feiticeira e que, portanto, a rebelião resulta de um encantamento: "Fico atônito que o povo esteja tão fascinado pela rebelião" (p. 84). Imune à feitiçaria – talvez por ter adquirido o antídoto em *Elements of Law* –, o autor acredita que possa "fazer uma ampla descoberta das artes iníquas que permitiram aos ladinos abrir caminho para o avanço de seus cúpidos e ambiciosos desígnios, ao preço da calamidade pública" (p. 90).

Em 1640, no tratado que circulou em poucas mãos e tanto dissabor causou a Hobbes, uma fábula de Ovídio associa a feitiçaria à rebelião e identifica a feiticeira a Medéia. Esta convence as filhas de Pélias a matar o pai, depois de fazê-las crer que assim o rejuvenesceriam (*Elements of Law*, II, XXVII, 15). Dois anos mais tarde, a mesma fábula retorna no *Do Cidadão* (II, XII 13), concluído em Paris. Nas duas obras, Medéia manipula uma arte com a qual embaralha o sentido do certo e do errado, torna o insensato em razoável; quanto às filhas de Pélias, tão ignorantes são que se deixam enganar por um truque tolo: "a loucura e a ignorância concorrem ambas para subverter o governo" (*Do Cidadão*, II, XII, 13).[11] Todas as personagens da fábula estão enfeitiçadas. Medéia, a oradora, aprendeu a odiar o rei; as filhas, os cidadãos seduzidos, acreditaram nas boas intenções da oradora, embora estivessem insatisfeitas com a velhice do pai, antes mesmo de encontrar Medéia.

Apesar de ser a feiticeira Medéia a personagem mais interessante da fábula, examinemos por um instante essas filhas descontentes, a que os tratados parlamentaristas dão o papel de protagonistas, por assim dizer. À primeira vista, a insatisfação que as faz desejar a morte do pai (o rei, o Estado, a monarquia) não parece de todo insensata: o temor à pobreza. Nada aflige mais o homem, já alertara Parker, relacionando a fábula de Píndaro, na qual Ixião

---

[11] "Assim a *imbecilidade* e a *eloqüência* se unem para subverter a república" (ed. Tuck).

abraça uma nuvem, ao caso dos reis (como os da França) que, em vez de desejarem ser grandes em meio a seu povo, almejam a magnificência à custa desse mesmo povo. Com isso, no entanto, somente conseguem ofuscar-se pela pobreza e causar a revolta dos súditos, que não toleram ser tratados como "os mais desprezíveis dos vassalos" (*Observations*, p. 1). O filósofo Francis Bacon, de quem Hobbes havia sido secretário, também recomendara ao governante, no ensaio *Of Seditions and Troubles*, que procurasse por todos os meios remover a causa material das sedições, isto é, "a carência e a pobreza no Estado" (p. 34). Tal finalidade seria alcançada se o príncipe, entre outras coisas, editasse leis proibindo a ociosidade e moderasse o valor dos impostos e tributos (p. 34).

De início, até mesmo Hobbes parece reconhecer que a falta de algo leva à revolta (*Elements of Law*, XXVII, 1). Ato contínuo, porém, atribui a pobreza e o descontentamento apenas ao ócio, excluindo a possibilidade de que realmente os impostos oprimam os súditos: "as queixas dos que culpam as pessoas públicas pela sua miséria não são mais justas do que se dissessem que caíram na necessidade por terem saldado as suas dívidas" (*Do Cidadão*, II, XIII, 9). Ninguém se empobrece por ter pago ao poder público o preço por sua defesa, sendo a pobreza apenas a outra face da falta de diligência e frugalidade. Quanto ao soberano, em *Elements of Law*, Hobbes defende que se resguarde o fausto da majestade mediante honras, riquezas e outros expedientes, "pelos quais se deleite a mente, já que a riqueza de nenhum homem particular pode alcançar tanto" (II, XXIV, 2). Isso significa que nem todos os recursos obtidos aos súditos se destinariam à proteção da comunidade. Parte deles seria reservada para uso da pessoa do soberano, seja em sua defesa, seja em coisas supérfluas.

Após 1642, uma proposta como essa seria merecedora das mais intensas censuras. No *Leviatã*, talvez convencido de que depois de tudo era impossível reivindicar fausto à monarquia, Hobbes julga por bem prescrever ao soberano uma dieta mais magra (cap. 18, pp. 157-158). Agora, é preciso que o soberano não obrigue os súditos a ceder um dinheiro destinado à própria segurança, pois isso enfraquece o Estado. O caso do *ship-money* e de outros tributos que Carlos I achou razão para cobrar sob o argumento da defesa da Inglaterra contra outras nações estrangeiras evidencia, de um lado, que os sovinas tornam inviável a manutenção da capacidade pública do rei; de outro, que os demais súditos raramente relacionam o dinheiro concedido ao monarca e o dinheiro necessário para salvaguardar a nação. Há uma clara ligação, portanto, entre os recursos públicos provenientes da coleta de impostos e a estabilidade do Estado, mas isso não implica suntuosidade do rei. Por isso, no *Leviatã* e *Behemoth*, Hobbes recomenda ao soberano que seja frugal.[12] Não convém que tenha a seu dispor um vultoso patrimônio, porque, sendo passível de paixões humanas, poderia utilizá-lo, não para manter sua capacidade pública, mas para satisfazer sua capacidade privada. Desde o Conquistador, a história mostra que sempre têm sido insuficientes as reservas destinadas para que o soberano viva de proveitos próprios, razão pela qual muitos lançaram impostos arbitrários após terem alienado ou vendido suas terras (*Leviatã*, 34, p. 213). Assim, se a finalidade é não dar ensejo ao povo para se sentir oprimido e em conseqüência rebelar-se, resta ao soberano cobrar o estritamente necessário para a paz interna e externa.

A revolta provocada pelo *Ship-money*, estopim da guerra civil, evidencia que tal raciocínio era (e é) inexeqüível, por mais articulado que esteja num discurso coeso. Os súditos viam sua proprie-

---

[12] "A frugalidade (ainda que isso vos pareça estranho) também é uma virtude dos reis, pois aumenta o tesouro público, que nunca pode ser grande em excesso para o uso público, nem pode ninguém exagerar na parcimônia com que cuida daquilo que tem em depósito para o bem dos outros" (*Behemoth*, p. 84).

dade como uma extensão de si mesmos e de suas liberdades, e talvez aceitassem se desfazer de uma parte dela desde que pudessem, em alguma medida, decidir quanto a sua aplicação. Mas isso é exatamente o que Hobbes e os realistas lhes negam: o poder legislativo.

* * *

Por trás do pretexto da miséria, Hobbes encontra o desejo de poder, comum a todos os rebeldes, feiticeiros e enfeitiçados. Aos ouvintes revolta "separar-se de seu dinheiro contra a própria vontade" (*Behemoth*, 34), ignorando que devem pagar impostos para viver sem medo. Digges também pensa assim. Para ele, os oradores, homens cujas desmedidas ambições os tornam loucos, dominam uma lógica esquerda, "uma espécie de eloqüência frívola" (*The Unlawfulness*, p. 25), com a qual conseguem mudar as opiniões do povo a respeito do justo e do injusto conforme lhes convenha. Seguem, todos eles, o péssimo exemplo de Tibério Graco, "excelentemente instruído naquelas malditas políticas" (*Idem*, p. 90): propõem leis que os fazem parecer verdadeiros amantes de seu país, embora, na verdade, essas leis satisfaçam apenas a seus desejos pessoais. As fracas premissas dos oradores, sua sabedoria canhestra, são porém adequadas ao raso entendimento dos ouvintes e, por isso, não estranhará se depois de tudo também o povo expulsar o rei, como ocorreu com os Tarquínios na Antigüidade, e fundar uma nova Roma no presente (A expulsão dos tarquínios aconteceu entre 509 a.c. e 505 a.c.; os irmãos Graco, Tibério e Caio serviram como tribunos do povo em 123 a.c. e 133 a.c., repectivamente.).

Uns e outros, ouvintes e oradores, deleitam-se com a possibilidade da mudança de governo, sem pesar as conseqüências de seus maus atos. Imaginam que sob outro governante, que não o rei, possam viver com mais liberdade e prestam-se a destruir um governo legítimo em nome de uma felicidade quimérica. Abraçam uma nuvem: "em geral se apaixonam por um mero som e cortejam o nome de liberdade, que depois de devidamente examinado se descobre que não significa nada" (*The Unlawfulness,* p. 1). Como se vê, Digges retoma a fábula de Píndaro já citada por Parker, dando-lhe um outro sentido: são os súditos, e não os reis, que desejam o impossível. Em 1647, quando escreve a Epístola ao Leitor da obra *Do Cidadão,* Hobbes leva adiante a interpretação de Digges. Juno faz as vezes da justiça que os particulares – Ixião – pretendem prostituir; a nuvem falsa que então enlaçam – a liberdade – engendra os centauros, "uma prole feroz, belicosa e irrequieta" (*Do Cidadão,* p. 14) que representa "aquelas opiniões hermafroditas dos filósofos morais, em parte corretas e belas, em outra parte brutais e selvagens, que são causa de tudo o que é conflito e derramamento de sangue" (pp. 14-15).

Ora, os homens só vêem uma mulher no lugar de uma nuvem porque estão apaixonados e não se pode atribuir senão à eloqüência a habilidade de "tornar seus ouvintes de tolos em loucos;[13] fazer que as coisas pareçam ainda piores a quem já andava maldisposto, e a quem estava bem-disposto pareçam más; ampliar suas esperanças e reduzir os perigos que correm, mais do que permite a razão" (*Do Cidadão,* II; XII, 11). Para alcançar o poder – esse objeto de desejo –, o orador precisa então confundir o sentido das palavras, convertendo o bom em mau, o ilícito em lícito. Cria-se assim um mundo de completa arbitrariedade moral, no qual a impossibilidade de consenso quanto aos termos valorativos produz uma condição de mútua hostilidade (Skinner 1996, p. 174):[14] a guerra civil.

---

[13] "Tornar insanos os ouvintes (que antes eram meramente imbecis)" (ed. Tuck).

[14] Em *Reason and Rhetoric in the Philosophy of Hobbes,* Skinner argumenta que as idéias políticas de Hobbes dizem respeito menos à refutação do ceticismo epistemológico, como pretende Tuck em *Philosophy and Government,* que ao enfrentamento de um outro tipo de ceticismo surgido no campo da retórica e centrado na figura retórica da paradiástole.

Mas Digges esclarece que os rebeldes não pretendem reduzir a Inglaterra a uma condição inteiramente anárquica, que seria prejudicial também a eles. A cizânia é apenas o primeiro passo na direção de seus projetos, pois esperam "rapidamente reunir as multidões mais uma vez num povo e forçá-lo a restaurar algum governo; e podem ter a expectativa de conquistar num novo pacto uma participação maior no mando do que sua ambição foi capaz de forçar no reino assentado" (*The Unlawfulness*, p. 3). O modelo de orador que Digges tem em mente é o descrito por Cícero em *De Inventione*: um homem que consegue prender a atenção de uma multidão dispersa e transformá-la numa comunidade graças ao poder da eloqüência (*Apud* Tuck 1979, p. 33).

A referência velada a Cícero indica que o orador inglês somente persuade (ou seduz) porque ele mesmo já está persuadido (ou seduzido). Deseja ver por todos aceita como verdade sua crença na superioridade dos antigos Estados populares sobre a monarquia e na importância de se deliberar coletivamente sobre os assuntos relativos ao Estado. Por meio de discursos proferidos a uma assembléia ou a um grupo de eleitores, enaltece as vantagens do Parlamento e os convence de que homens livres devem governar-se a si mesmos, e não se sujeitar ao mando de um rei, que consideram tirânico. Cuida-se de um rebelde letrado, ainda que, segundo Hobbes, seu conhecimento esteja inteiramente baseado em erro. Toda a incerteza dos tempos, a iminência da guerra civil e o conflito insolúvel com o soberano parecem derivar inteiramente desse conhecimento equivocado e pernicioso.[15]

---

[15] "...aqueles a quem chamamos de *mathematici* são absolvidos do crime de alimentar controvérsia, e os que não pretendem ao saber não podem ser acusados; a falta recai inteiramente sobre os dogmáticos, isto é, os que possuem um saber imperfeito e passionalmente exercem pressão para que em todos os lugares suas opiniões sejam tomadas por verdade, sem nenhuma demonstração evidente retirada da experiência

Os infindáveis debates sobre política e a conseqüente dissolução do Estado se devem à dificuldade de chegar a um consenso unânime a respeito do certo e do errado, mas a raiz dessa dificuldade deve ser buscada, por sua vez, nos interesses conflitantes dos homens. Ao contrário do conhecimento matemático, "em que todos concordam quais linhas são retas e quais são curvas", os juízos relativos ao certo e errado, ao *meum* e *tuum*, variam conforme os interesses (*The Unlawfulness*, p. 24). Não há como esperar, portanto, um consenso unânime a respeito das questões em disputa, a menos que se possa transformar em ciência o estudo da moral e da teoria política.[16]

Não sem razão, Hobbes se empenha em elaborar um discurso que a um só tempo desfaça o encanto e cure a doença. Mas sabe que é de pouco préstimo entrar na disputa dos oradores, porque desse modo se rebaixa ao nível de argumentos que pretende combater. Talvez nesse caso seus tratados até mesmo venham a se misturar aos milhares de panfletos lidos e amassados que se encontram por toda a Inglaterra. Para extinguir a dúvida e a controvérsia, não basta, com efeito, obter o consentimento do leitor; é preciso ensinar-lhe a verdade: "há portanto uma enorme diferença entre ensinar e persuadir: o signo desta é a controvérsia; o signo daquela, a ausência de controvérsia" (*Elements of Law*, I, XIII, 4).

Embora polêmicas do tempo provem suficientemente a incapacidade de se compreenderem os assuntos debatidos – a natureza humana, o corpo político e a lei –, não parece existir, porém, um método infalível de conhecimento na ciência civil. Estamos falando de homens e de interesses contraditórios, não de linhas conver-

---

ou das passagens das Escrituras de interpretação incontroversa (*Elements of Law*, II, XIII, 4).

[16] É essa, segundo Skinner, a principal aspiração da filosofia civil de Hobbes. Veja-se Skinner 1996, p. 1.

gentes, já lembrava Digges. Quando se empresta o método da geometria, diminui-se, é certo, a possibilidade de erro. Mas o essencial é recordar aos homens o que de algum modo eles já conhecem, ou podem conhecer pela experiência (*Elements of Law*, I, I, 2). A fonte do erro se encontra, assim, não tanto nas inferências apressadas dos que raciocinam, mas na visão superficial que todos, desde os antigos, fazem da natureza humana (*Do Cidadão*, I, I, 2). Daí Hobbes primeiro pedir a seu leitor que leia os próprios pensamentos e ações; mas, uma vez que as letras do coração humano se borraram graças à "dissimulação, à mentira, ao fingimento e às doutrinas errôneas" (*Leviatã*, Introdução, p. 13), Hobbes se oferece como guia, não para retóricos como em 1628, mas para todos os leitores.[17] Se o conhecimento assim adquirido não for isento de erros, absolutamente verdadeiro, ainda será menos prejudicial que o suposto conhecimento transmitido pela eloqüência.[18]

Crítica à ação política

Bem cedo se formou em Hobbes a idéia de que os parlamentares ingleses se haviam apaixonado pelo discurso retórico e pelas formas de governo defendidas por Aristóteles, Cícero e Sêneca – verdadeiros responsáveis pelas perturbações em seu país. Ainda em 1629, traduz a *História da Guerra do Peloponeso,* ou melhor, faz Tucídides falar inglês, com a esperança de tornar o autor "um guia

---

[17] Cf. Ribeiro 1999, especialmente páginas 40-42.

[18] "Não sou capaz de causar nenhum prejuízo, embora não erre menos do que eles. Na verdade, deixarei os homens como já estão, em dúvida e controvérsia. No entanto, como não pretendo tomar nenhum princípio baseado em confiança, mas apenas lembrar aos homens o que eles já sabem ou podem saber por experiência própria, espero errar minimamente, e quando errar será por causa de conclusão demasiado apressada, o que me empenharei o máximo possível em evitar" (*Elements of Law*, I, I, 2).

As revoluções do poder 217

para os retóricos" (*The Verse Life*, IN: *Elements of Law*, p. 256), ensinando-lhes a pacífica – e por isso boa – retórica. Como humanista que era, o gosto particular de Hobbes pela história da queda de Atenas estava relacionado, diz o autor na autobiografia em prosa, às lições políticas que a obra permitia extrair. Nela, "as fraquezas e os conseqüentes fracassos dos democratas atenienses, juntamente com os de sua cidade-estado, tornaram-se claros" (*The Prose Life*, IN: *Elements of Law*, p. 246). Opinião parecida é expressa na autobiografia em versos. Mas agora, em tom jocoso, Hobbes ressalta que para Tucídides (e também para ele) "é uma tolice a democracia/ Mais sábia do que uma república é uma monarquia" (*idem*, p. 256).

Quase quarenta anos depois de traduzir a obra de Tucídides Hobbes continuará a acreditar que os Comuns adoravam a democracia "por terem lido as gloriosas histórias e as sentenciosas políticas dos antigos governos populares dos gregos e romanos, entre os quais os reis eram odiados e estigmatizados com o nome de tiranos, e o governo popular (...) aprovado pelo nome de liberdade" (*Behemoth*, p. 57). Culpará diretamente Aristóteles e Cícero pela criação desse absurdo político, em que a idéia de liberdade do Estado é perigosamente confundida com a liberdade do indivíduo (*Leviatã*, 21, p. 184). E mais ainda: acreditará que também os presbiterianos se achavam encantados por alguma idéia de liberdade, muito parecida com a idéia de liberdade política cultivada pelos parlamentares. Ora, o que permite a Hobbes enxergar nos vilões de seu tempo os heróis de Aristóteles e Cícero, os cidadãos virtuosos das repúblicas antigas, inimigos inveterados dos tiranos?

Antes de avançarmos na relação entre democracia, governo por turnos e o papel do parlamentar inglês, examinemos brevemente os princípios políticos que definiriam o cidadão antigo. Para começar, lembremos que no pensamento aristotélico cada coisa tem o propósito de desempenhar um certo trabalho: o propósito do tocador de flauta é tocar seu instrumento, o escultor tem a função de modelar sua matéria-prima, o trabalho do artista é dedicar-se à sua arte. Esse também é o caso do homem em geral: é próprio da humanidade agir de acordo com a razão; seu propósito especial é o exercício ativo das faculdades humanas de acordo com o princípio racional (*Ética a Nicômaco*, I, 7, 1098ª7). Acontece que, sozinho, o homem não consegue exercer esse princípio racional ativo. É essencialmente um ser que não se basta a si mesmo, precisando sempre da companhia de outros para se tornar completo. Do contrário, no isolamento, transforma-se em besta-fera, torna-se presa de suas carências e necessidades. Ora, como possui na razão (*logos*) o senso inequívoco do certo e do errado e como só há liberdade no interior da *polis,* é naturalmente levado a viver na comunidade política. A *polis* é a medida do homem. Mais ainda, por ser livre e racional, não se submete ao arbítrio de outro ou dos que são iguais a eles. Entre estes, os iguais, viceja o sentimento de amizade, não o de animosidade. É por isso que racionalmente se governa pela lei – regra de justiça válida para todos os lugares e todas as pessoas (*nomos*). Cícero também forneceu a noção revolucionária segundo a qual, quando as leis dos Estados não se conformarem à verdadeira lei – a razão eterna e imutável – , essas leis particulares serão inválidas, pois nada nos pode liberar de nossa obrigação de obedecer à lei mais elevada (Maddox 1989, p. 55).

Assim, o cidadão virtuoso dos antigos não nasceu para a sujeição (*Política*, I, 1254ª 20), porque dotado do poder de distinguir o útil do nocivo, o justo do injusto; deve, por isso, tomar parte nas decisões relativas à *polis.* Deve, por outro lado, também obedecer às leis, não porque estas constituam garantias para sua defesa – como se seus concidadãos fossem seus inimigos e pudessem agredi-lo – mas porque, do contrário, segundo Cícero, ele obstruiria a regra de amizade prescrita pela natureza e que serve de cimento

As revoluções do poder 219

para a comunidade política (*De Officiis,* I, 158). Um homem que deseje gozar liberdade e não obedecer a seus iguais nunca é benéfico à comunidade política. Assim é o rei, que procura ardentemente riquezas para não precisar dos outros homens. Como não há maneira de avantajar-se tão rapidamente sem expropriar os cidadãos, não é possível tornar-se rei sem contrariar ao mesmo tempo a lei de natureza e a lei civil (*Idem,* III, 21).

A atuação do cidadão no espaço público e por extensão, sua virtude ainda dependem de responsabilizar-se ele por todas as suas ações, jamais podendo violar as relações de igualdade entre os homens (justiça retificatória), ou as relações de proporção entre homens e coisas (justiça distributiva – *Ética a Nicômaco,* V, 1129ª – 1134ª). Essas condições devem ser observadas, a fim de que não queira o cidadão tornar-se tirano, tratando seus iguais como servos, ou atribuindo a si todo o poder de legislar e, aos outros, toda a obrigação de obedecer (*Ética a Nicômaco,* V, 1134ª 35).

* * *

O que tem isso a dizer dos revolucionários ingleses? Em primeiro lugar, a participação dos cidadãos na vida pública talvez sirva de modelo para o parlamentar inglês do século XVII. De acordo com a definição nominal fornecida por Digges, a democracia é o regime no qual um grande número de homens é eleito pelo povo e governa por turnos (*The Unlawfulness,* p. 63). Ora, a idéia de um governo por turnos remete ao "princípio de compensação" defendido por Aristóteles: se unicamente os homens livres e iguais (os que têm a faculdade do *logos*) podem exercer o mando político, e é impossível que todos governem ao mesmo tempo, então é necessário que se alternem como governantes (*Ética a Nicômaco,* V, 1132ᵇ 32, *Política,* II, 1261ª 30). Assim, todos alguma vez governarão e serão governados. Essa é a forma mais justa de governo se considerarmos que, por sábio e excelente que seja um homem, suas decisões nunca serão melhores que as leis estabelecidas pela comunidade política: se o todo é naturalmente superior às partes, uma multidão julga melhor e é menos corruptível que um indivíduo (*Política*, III, 1286ª 30). Por isso, tirar a liberdade dos iguais, tornálos desiguais, é instaurar o domínio da injustiça (*Ética a Nicômaco*, V, 1130ᵇ 35).

Na Inglaterra dessa época, os membros da Câmara dos Comuns são eleitos nos condados para uma sessão específica do Parlamento (podendo ser reeleitos em outras oportunidades); representam todos os homens livres da Inglaterra, ou seja, os homens que, por seu número, não podem se apresentar pessoalmente no Parlamento. O governo dos homens livres se dá então por turnos: o que hoje se elege no Parlamento ajuda a votar leis para si e para os que o elegeram. A um só tempo, o deputado manda e obedece, faz leis e se submete a elas. Mais ainda, participa das decisões políticas de sua comunidade não apenas como legislador, mas como conselheiro. Daí que o Parlamento seja o grande conselho do rei e seu tribunal de justiça.

Na base disso, porém, está uma segunda implicação, talvez mais importante. No capítulo anterior, vimos os parlamentaristas dotarem originalmente os homens de uma lei contrária ao exercício do poder arbitrário: a lei fundamental ou de natureza, que institui e organiza a vida política. Parker, é bem verdade, também supõe que a expulsão do Paraíso tenha tornado necessária alguma autoridade com poder de julgar e executar a lei de acordo com a justiça de Deus, e por isso os homens consentiram em confiar a execução e interpretação dessas leis divinas, ou leis da razão, a um magistrado. No entanto, Parker jamais diz que os homens se destroem na ausência de leis civis por não possuírem o conhecimento de verdades morais

(Sommerville 1992, p. 39). Pelo contrário, a lei de Deus está acima de qualquer lei humana e, portanto, os homens estão moralmente obrigados a agir de conformidade com esse princípio supremo, embora isso nem sempre seja possível.

A antiga idéia de lei é, então, assimilada pelos rebeldes modernos à lei de natureza ou lei divina, vínculo criado *a priori* para regular a vida de uma comunidade eleita. Essa lei garante ao cidadão, primeiro, o exercício do direito individual de defesa, e, em segundo lugar, a participação nos negócios públicos e, por conseguinte, o direito coletivo de defesa quando a comunidade é ameaçada. Violar tal lei equivale, segundo Parker, à desnaturação, a um aviltamento intolerável para seres que se pretendam racionais. Nesse sentido, liberdade é agir segundo a lei. Apenas os que observam as obrigações sociais – a imposição de limites ao arbítrio e o cuidado constante com a finalidade da associação política (a segurança) – são capazes de assegurar sua liberdade, desdobrada agora em dois sentidos interligados: não depender da vontade de outro e ter a capacidade de realizar os fins da comunidade política.[19] Como a escravização da comunidade representa a inevitável perda da liberdade individual (as posses e o sentido da vida numa sociedade organizada politicamente), esta, portanto, só pode ser assegurada numa democracia ou república, regimes de liberdade: "Os venezianos vivem mais felizes sob seu doge condicionado do que os turcos sob seus imperadores muitíssimo absolutos" (*Observations*, p. 25). Os turcos são duplamente infelizes: desnaturaram-se e com isso deixaram de cumprir a fina-lidade da associação política. Os venezianos, porém que cultivam a lei de natureza,

---

[19] "Em todas as monarquias bem formadas, onde a prerrogativa régia possui limites estabelecidos, será esta a condição necessária: o súdito viverá seguro e livre. A *carta* da natureza dá a todos os súditos de todos os países, quaisquer que sejam, o direito à segurança em virtude de sua lei suprema" (*Observations*, p. 4).

jamais suportariam a condição dos turcos e, em face da opressão, cuidariam de defender coletivamente a comunidade.[20] Aqui estaria, para Hobbes e Digges, o coração das rebeliões. Se em *Do Cidadão* Hobbes condensa a teoria subversiva na máxima segundo a qual o conhecimento do bem e do mal pertence a cada indivíduo (II, XII, I), Digges, por sua vez, a fraciona em duas doutrinas "ardilosamente instiladas na cabeça do povo", ambas fundadas numa idéia equivocada de liberdade. A primeira doutrina estabelece que "a lei de natureza justifica toda tentativa de sacudir os jugos impostos (...), se forem inconvenientes e destrutivos da liberdade nativa" (*The Unlawfulness*, p. 2); a segunda, que "a lei de natureza nos defenderá, seja quem for que matemos (mesmo o rei) em nossa própria defesa" (*Idem*, p. 5). Essa formulação mais analítica da teoria revolucionária nos dá a certeza de que Hobbes e Digges precisarão retirar da palavra liberdade seu sentido positivo e, por isso mesmo, encantador, se quiserem atacar as premissas supostamente errôneas sobre as quais se estrutura o discurso subversivo. No mesmo golpe, deverão enfraquecer a lei de natureza, esvaziando a lei da consciência. É o que veremos na seqüência.

Lei e liberdade

Nos conselhos que oferece a seu estouvado pupilo, o jovem Charles Cavendish, Hobbes observa que não convém à verdadeira nobreza "apaixonar-se por si mesmo ao ver as fraquezas dos outros homens, como fazem os que zombam e riem deles". Tampouco revela espírito quem escolhe perder um amigo "pelo aplauso a uma pilhéria"; ao contrário,

---

[20] "A fundação do constitucionalismo moderno, portanto, foi a soberania popular, enraizada no *nomos* dos gregos, e consagrada na jurisprudência dos romanos como regra da reta razão derivada da lei universal de natureza" (Maddox 1989, p. 55).

atitude assim só mostra a falsa estimativa das próprias qualidades. Quando um homem não se avalia moderadamente, "ao preço corrente que outros lhe dão", e espera, como uma criança que chora quando algo lhe é negado, mais do que merece, seu temperamento sempre será ofensivo (Carta 28, pp. 52-3). Esta agressividade natural, exemplificada na boa – e vã – opinião que cada uma dessas crianças velhas faz de si mesma, impede Hobbes de jamais acreditar numa sociabilidade inata entre os homens, mesmo entre os que não afetam honra. Os quadros quase cínicos que o autor expõe no Capítulo I de *Do Cidadão* ilustram como se estende a todos os homens o mesmo juízo sobre os frívolos. Vemos os homens procurarem a companhia pela utilidade, honra e prestígio que isso lhes possa proporcionar; os comerciantes ignorarem completamente a generosidade, os amigos rirem dos defeitos uns dos outros e contarem histórias fantasiosas a seu respeito, os viajantes se armarem, o pai trancar no baú os seus tesouros, os filósofos se envaidecerem com o tratamento de mestres ou enfurecerem-se ante a indiferença de seus colegas. De saída, a experiência comprova que, se existir algo que responda pela união dos homens em sociedade, certamente não será a amizade. Essa simples constatação, ainda que repugnante ao senso comum, constitui o primeiro passo para desarmar a doutrina segundo a qual o indivíduo é juiz do certo e do errado. Pois, se existissem padrões morais comuns pelos quais os homens governassem suas vidas, eles jamais agiriam por amor-próprio, como de fato agem.

A natureza competitiva dos homens, sobretudo os de honra, por si só nos leva a investigar como os homens vieram a se agregar sob os Estados e, em certo sentido, a amadurecer e civilizar-se. Mas, seria excessivo atribuir à ofensiva vaidade tanto a sociedade como a insociabilidade. A vaidade sempre pressupõe algum relacionamento, mesmo tumultuoso, entre dois ou mais homens, mas nada nos informa sobre a condição do homem como sujeito abstrato de direitos. Para descobrirmos a verdadeira raiz do homem como ser político, devemos desculpar a natureza. Ela apenas fez os homens desejarem o que é bom e evitarem o que é mau para si mesmos, e logo nomearem o bom e o mau, não segundo os objetos a que se referem os termos, mas segundo aversões e gostos subjetivos, que o mais das vezes divergem. Como aos homens falta o conhecimento incontestável do bem e do mal, no nível dos fatos morais reina o dissenso e a arbitrariedade, contrariamente ao que afirmam os sedutores do passado e do presente. O acordo entre os homens, portanto, deverá se produzir exclusivamente pela via política.

Nem tudo, porém é relativismo no campo da moral. Embora não exista um bem supremo, como queriam os filósofos antigos, existe o grande mal, que todos são levados a evitar – a morte –, e por conseqüência o único princípio universalmente válido – a autoconservação. Daí o juízo comum que justifica a vida em socie-dade: ninguém acredita que a guerra seja um bem (*Do Cidadão*, I, I, 13). Ora, o que aconteceria então, se, apenas dotados desse princípio, os homens fossem naturalmente iguais e livres, como supõem os parlamentaristas? A condição de hostilidade, que se atribui ao pecado original, atingiria o paroxismo:

> "Essa liberdade era um poder ilimitado de empregar nossas habilidades conforme a vontade incitasse. Restringi-la teria sido, inquestionavelmente, muito doloroso, mas a natureza demonstrou que, se fazer o que sempre quisessem era delicioso, sofrer tudo quanto outros gostassem de infligir era deplorável. Qualquer um que fosse mais forte que seu semelhante tinha o poder de impedi-lo de gozar os benefícios da liberdade. Nem mesmo o mais poderoso dentre os homens sentiria um extraordinário conforto nesse estado ainda hostil, porque sua mente era perturbada por temores contínuos: não havia ninguém tão miseravelmente fraco, se desprezasse a própria vida ou desejasse desfrutá-la com prazeres mais incontroláveis, que não pudesse se tornar senhor de outros homens, embora não pela força, mas pela sutileza, espreitando

vantagens; ou pelo menos uns poucos poderiam, por combinação, destruir o mais forte e estariam tentados a fazer isso, para sua completa segurança" (*The Unlawfulness*, pp. 2-3).

Na ausência de Estado, todos os homens teriam igual direito a tudo, o que na prática equivaleria a não ter direito a coisa alguma. Toda posse seria precária: ou se arriscaria a vida na tentativa de obter algum alimento, ou se morreria à míngua em meio à fartura. Tudo seria inimizade, desconfiança e guerra. Isso a reta razão abomina, na medida em que a natureza estabelece como ditame a conservação de nós mesmos (*The Unlawfulness*, p. 4), e, como afirma Hobbes, "o que não é contrário à razão os homens designam por DIREITO, ou *jus*" (*Elements of Law*, I, XIV, 6; *Do Cidadão*, I, I, 7). A sobrevivência não é, como já se vê, uma obrigação moral imposta pela lei de natureza; antes, é um direito. Mais ainda: é um direito igualado à liberdade de fazermos tudo ao nosso alcance para evitarmos o mal maior. Isso significa que no estado de natureza, e apenas nesse estado, cada um é juiz dos meios necessários para se manter vivo, juiz de si e de outros homens. Tudo depende tão-só da vontade individual: a cada um cabe o direito de decidir que resoluções tomar para se proteger.

Por isso, a despeito de um acordo unânime sobre o direito geral e inalienável à autoconservação, haverá na prática uma instabilidade radical criada pela liberdade de fazer o que queremos (Tuck 1992, p. 173). O mesmo direito é reivindicado por todos: "um homem tem direito de invadir, e outro tem direito de resistir" (*Elements of Law*, I, XV, 11). A conclusão inevitável dessa condição de plena liberdade é o estado de guerra, no qual se destrói a própria natureza e se contradiz a razão. E, assim, como é absurdo supor que se queremos nos preservar devemos viver em liberdade – incongruência lógica em que incorrem os parlamentaristas –, é arriscado contar com a lei de natureza ou da razão para nos tirar da guerra: "Por reta razão no estado da natureza humana, não entendo (como querem muitos) uma faculdade infalível, porém o ato de raciocinar". Quando não há meios de comparar os raciocínios a uma norma comumente aceita, prossegue Hobbes, "nenhum homem poderá distinguir a razão reta da falsa" (*Do Cidadão*, I, II, 1). No *Leviatã*, Hobbes esclarece que os ditames da razão "são apenas conclusões ou teoremas relativos ao que contribui para a conservação e defesa de cada um" (cap. 15, p. 137). Embora idêntica à lei divina e da razão, a lei de natureza não possui força compulsória.[21] Seguimo-la não por sabermos que, de outro modo, contrariaríamos a lei de Deus, mas porque, como princípio geral, informa-nos o que devemos fazer para nos conservarmos.

Entretanto, não parece fácil mudar o significado de uma lei como a de natureza. A teoria geral é a de que devemos defender a nós mesmos, e para isso precisamos seguir certas regras. E tão forte é a associação do princípio de autoconservação a um dever que mesmo Filmer é levado a confundir, em *The Original of all Government*, lei e direito. Diz o autor:

> Se o direito de natureza for a liberdade que um homem tem de fazer tudo que julgue adequado para preservar sua vida, então, em primeiro lugar, a natureza deve ensiná-lo que a vida é para ser preservada, e conseqüentemente está proibido de fazer o que possa destruir ou suprimir os meios de vida, ou omitir aquilo que permite preservá-la – e assim o direito de natureza e a lei de natureza serão a mesma coisa (p. 189).

---

[21] "A força da lei de natureza, portanto, não é *in foro externo*, até que exista segurança para os homens de obedecer" (*Elements of Law*, I, XVII, 10).

Filmer incorre num duplo equívoco. Primeiro, julga que, conforme a teoria de Hobbes, estaríamos obrigados a sobreviver, obrigação que nos levaria a matar, se necessário, quem se interpusesse em nosso caminho. Mas julga ainda, por outro lado, que se temos o direito de fazer tudo para sobreviver, temos também o direito de nos destruir. Nem uma coisa, nem outra. É verdade que a condição de mera natureza parece medonha, porém não pelas mesmas razões que levam Filmer a caracterizá-la como tal.[22] Hobbes jamais afirma, nem poderia, que temos o direito de nos destruir. Pelo contrário, seria irracional nos destruírmos se o correto é viver. Todavia, lei e direito se assemelham tanto como a obrigação se assemelha à liberdade (*The Unlawfulness*, p. 14; *Do Cidadão*, I, II, 1). Direito é o poder ou a liberdade de praticar ou não certa ação – não é uma obrigação que nos seja imposta; lei é o que nos obriga a praticar a ação ou nos abstermos de praticá-la.[23] Todavia, disso não se segue que a lei de natureza seja, primeiro, um comando propriamente dito; segundo, que implique alguma espécie de autoridade externa ou física; terceiro, que se sobreponha ao direito – inalienável – à vida ou mesmo às leis civis.[24] Hobbes não atribui, em momento

---

[22] "Não se deve pensar que Deus criaria o homem numa condição muito pior do que a de qualquer animal, como se por natureza Ele não tivesse criado os homens para outro fim senão para destruírem-se uns aos outros. O direito para o pai destruir os filhos ou comê-los e para os filhos fazerem o mesmo aos pais é pior do que os canibais" (*The Originall Government*, p. 188).

[23] Cf. Ribeiro 1999, p. 87.

[24] Tampouco conseguem compreender a diferença entre lei e direito de natureza os censores designados pela Universidade de Oxford em 1683 para julgar as doutrinas heréticas e sediciosas. Entre as proposições condenadas por eles, duas se contradizem: a sétima, segundo a qual "a auto-preservação é a lei fundamental de natureza e suplanta a obrigatoriedade de todas as outras que concorram com ela"(*The Judgement and Decree of the University of Oxford*, p. 122), e a décima terceira, de acordo com a qual "todo homem, depois de ingressar na sociedade, conserva o direito de se defender contra a força, não podendo transferir esse direito à república quando consente com a união por meio da qual esta é criada"(*idem*, p. 123).

algum, à lei de natureza o peso da lei em sentido estrito ("as leis de natureza .... não são propriamente leis, mas qualidades que predispõem os homens para a paz e a obediên-cia" – *Leviatã*, 26, p. 227). Não sendo lei, não remete a uma autoridade externa com poder coercitivo, menos ainda possui preeminência sobre o direito à vida. É Digges quem nos explica, com clareza didática, a relação entre lei e direito: direito de natureza é a liberdade, "não a que nos seja dada por qualquer lei, mas a que nenhuma lei suprime, sendo as leis variadas restrições e limitações da liberdade nativa" (*The Unlawfulness*, p. 14). Exatamente por isso Hobbes propõe o exercício desse direito com base na lei de natureza, sabendo de antemão, porém, que toda análise otimista da racionalidade humana cede à impossibilidade de apreendermos e nos guiarmos pelos ditames da razão.

A consideração da lei de natureza não é, ainda, o golpe definitivo que Hobbes vibra nas teorias subversivas. Parte da articulação dessas teorias já se perdeu, vale lembrar, pela constatação da insociabilidade natural e pela demonstração do princípio de autoconservação como um direito inalienável e incondicionado, não como uma lei. No entanto, a Hobbes não basta desprover a liberdade de sentido moral e transcendente, e deixar de vê-la à luz do Justo ou da Justiça. Além de tratá-la como um direito (isto é, apenas como algo correto ou certo em vista da sobrevivência), relativizar e esvaziar o significado dessa idéia tão cara aos antigos, é preciso finalmente conferir-lhe conotação puramente mecânica ou corpórea: liberdade é não ter os movimentos impedidos ("A liberdade, podemos assim defini-la, nada mais é que a ausência dos impedimentos e obstáculos ao movimento" – *Do Cidadão*, II, VIII, 9).[25] Nesse sentido, um homem é livre se nada ou ninguém o impede de praticar o que deseja ou necessita.

---

[25] " LIBERDADE (para defini-la) é simplesmente *a ausência de obstáculos ao movimento*" (ed. Tuck).

As REVOLUÇÕES DO PODER 229

Assim, reduzida a liberdade à possibilidade ou ao poder de fazer, ou omitir-se; fixados os limites à lei de natureza, que não cria nem abole o direito de natureza, mas apenas o restringe ou normatiza, parece afinal absurdo reivindicar, quer a lei, quer a liberdade, contra as ordens de uma constituição civil. Mais ainda: se a liberdade se define negativamente como a ausência de empecilhos para o exercício de um poder, torna-se possível, então, renunciar ao direito original, absoluto e impraticável, em nome de direitos menores, como o direito ao conforto, retendo, sempre, o direito à vida. E é isso o que decidem afinal fazer os homens, fartos das conseqüências da guerra e tentados pela expectativa de uma vida mais cômoda.[26] Quando seu entendimento alcança todo o horizonte da miséria, compreendem que o mal procede da divisão e a cura provém da unidade civil.

***

A unidade civil se define pela submissão de todos à vontade de um, por meio da transferência de poder. Essa transferência, enfatiza Digges, deve ser compreendida em sentido político, não literal: "pela transferência do poder de todo homem às mãos de um homem não se entende uma verdadeira renúncia e translação natural de sua força (porque seus nervos e tendões não são alienáveis como seu dinheiro e seus bens), mas um consenso e uma obrigação natural" (*The Unlawfulness*, p. 4). Hobbes acrescenta que a transferência de direito consiste unicamente na não-resistência, porque "já antes de ocorrer a transferência, seu beneficiário deti-

---

[26] "... assim como os homens são naturalmente incitados pela esperança do bem, também são naturalmente desencorajados por uma certa expectativa de males maiores" (*The Unlawfulness*, p. 4).

nha, também ele, direito a tudo" (*Do Cidadão*, I, II, 4). Aliás, daí se extrai uma curiosa definição de direito de resistência, que leva em conta não o suposto sujeito do direito original, mas os que deixam de exercê-lo em virtude de aquele primeiro opor-lhes resistência. Abolir o direito de resistência é, portanto, deixar de ser um impedimento ao desfrute do direito alheio e o contrato adquire então um conteúdo negativo: é um compromisso de não impedir outro de gozar plenamente seus próprios direitos, de não resistir àquele "corpo no qual o poder supremo é depositado" (*The Unlawfulness*, p. 4).[27]

Digges tem especial cuidado com as palavras que definem o pacto fundador da vida política. O governo, diz ele, não é fruto dos poderes isolados do povo, mas da união de todos esses poderes, convertidos num só "mediante constituição civil". O poder resultante é simplesmente único, porque civil ou legal – ou supremo, em vocabulário impreciso[28] – e pode residir numa democracia, aristocracia ou monarquia. Não importa, efetivamente, a pessoa natural dos detentores desse poder, pois também ela, como a multidão, é incorporada ao poder político e se torna pessoa pública. Por sua vez, Hobbes frisa, que para pactuar, não basta concordar quanto aos fins, ou seja, consentir a respeito da finalidade da associação política, como argumentam os parlamentaristas; é preciso sujeitar

---

[27] É indubitável que o contrato se caracteriza pela renúncia ao direito de resistência, como mostram as seguintes passagens: "Isso [matar quem nos ameaça] deixa de ser lícito depois que nos tornamos partes sociáveis num corpo, porque voluntariamente, e com base em acordo, nos refreamos de fazer uso desse direito nativo e renunciamos a esse poder mediante pacto mútuo" (*The Unlawfulness*, p. 4); "Sob a condição de nos obrigarmos a não resistir à autoridade pública, em retribuição por essa submissão de nossa força privada, estamos seguros pelo poder unificado de todos, e o reino inteiro se torna nosso guarda" (*Idem*, p. 6).

[28] "assim, quando o designamos de poder supremo, impomos um nome impróprio e criamos a oportunidade para equívocos, porque de fato esse poder é simplesmente único" (*The Unlawfulness*, p. 7).

AS REVOLUÇÕES DO PODER   231

a vontade de todos à vontade de um homem ou de uma assembléia, obrigando-se cada homem a não resistir a essa vontade única. Esta, portanto, não é a vontade de uma pessoa natural, mas a de uma pessoa civil (*Do Cidadão*, II, V, 6-7). E com isso Hobbes nega a máxima bastante citada pelos parlamentaristas, segundo a qual o poder do governante é *singulis major, universis minor:* como portador da soberania, o governante detém um poder maior que o de todos. Sua vontade é a de todos.[29]

Há um ponto, porém, em que parece se frustrar todo o esforço de combater a teoria parlamentar, de acordo com a qual o governante está sujeito ao povo: o momento do pacto. Para instituir o Estado, os homens precisam se reunir e decidir quem será o soberano, ou seja, quem continuará a gozar de todos os direitos naturais. Digges ignora o momento democrático do pacto, assumindo simplesmente que a multidão transfira o direito para um soberano. Hobbes, mais sistemático, vê a necessidade de explicar como se dão as decisões da assembléia, e nesse momento sua teoria resvala na de seus adversários.

Tanto ao distinguir as formas de governo, como ao detalhar as doutrinas sediciosas, Hobbes se apressa em esclarecer o verdadeiro sentido da palavra povo (*Elements of Law*, II, XXI, 11; II, XXVII, 9; *Do Cidadão*, II, VI, 1; II, XII, 8). A seu ver, o termo se aplica corretamente quando designa os habitantes de certo país e a pessoa civil constituída pelas vontades unificadas de todos os homens. Nesse segundo sentido, por exemplo, os Comuns são o povo, mas apenas

---

[29] No *Leviatã*, Hobbes cita a máxima e a ridiculariza, como muitas vezes acontece nesse livro, quando pretende desmoralizar o adversário. Diz o filósofo que, se *por universis minor* se entende o poder de todos juntos, unidos numa pessoa, então afirmam que o poder soberano é menor que o poder soberano, o que caracteriza um discurso absurdo, "absurdo esse que vêem com clareza sempre que a soberania reside numa assembléia do povo, mas que num monarca não vêem" (*Leviatã*, 18, p. 157).

enquanto se reúnem em virtude da autoridade do soberano. Dissolvida sua reunião, convertem-se em mera multidão, conjunto de particulares que talvez venham até a se reunir novamente, mas sem autoridade. Assim, o povo se define como vontade única, ao passo que a multidão é um conjunto de vontades dispersas. E, enquanto os parlamentares dizem, equivocadamente, que o povo se rebelou contra o soberano, Hobbes pode afirmar que o povo é o soberano e, portanto, não pode rebelar-se contra si mesmo (*Do Cidadão*, II, XII, 8) – aliás, não deveria causar indignação a Hobbes que o Parlamento se dissesse, ao mesmo tempo, o rei e o povo, querendo com isso indicar sua soberania.

Mas esse não é o ponto que aproxima Hobbes dos parlamentares, nem talvez seja de grande valor a conclusão algo excêntrica, em *Elements of Law,* de que há dois povos no Estado quando o soberano autoriza a reunião dos Comuns, ambigüidade que Hobbes se apressa em retificar em *Do Cidadão*: "embora toda cidade seja uma pessoa civil, nem toda pessoa civil é uma cidade" (II, V, 10). O importante é reter o significado da palavra povo, como vontade única, e nos reportarmos aos requisitos para constituir um Estado ou república (*commonwealth*). Ao se reunirem para decidir quem será o soberano, ou seja, a quem transferirão o direito de natureza, os homens já formaram uma unidade. Como explica Hobbes, não é possível atribuir à multidão "nenhuma ação praticada numa multidão de pessoas reunidas" (*Elements of Law*, II, XX, 2). Se não há como considerar a transferência de poder como o ato da multidão desunida, então antes de se celebrar o pacto já existia uma democracia, e é exatamente isso o que Hobbes afirma em *Do Cidadão:* "Aqueles que se reuniram com a intenção de fundar uma cidade formavam, quase no próprio ato de se reunirem, uma democracia" (II, VII, 5). Ora, ao supor a democracia primitiva, Hobbes concorda com os parlamentaristas que o povo, não a multidão, é o

As REVOLUÇÕES DO PODER 233

autor dos governos. É também necessariamente levado a concordar que, "quando um homem recebe qualquer coisa da autoridade do povo, ele a recebe não do povo como seus súditos, mas do povo como seu soberano" (*Elements of Law*, II, XXI, 9). Na qualidade de detentor da autoridade, o povo teria a faculdade de condicionar o exercício do poder do soberano (em sentido frouxo), como de resto sustenta Parker. Nesse caso, o monarca ou a assembléia poderiam sofrer a resistência do povo e até mesmo ser chamados a prestar contas quando ultrapassassem os limites estabelecidos para seu poder. Os realistas certamente não se identificariam a essa perigosa conseqüência e Hobbes tampouco. Se admite a democracia primitiva, o filósofo não aceita, porém, que o soberano seja responsável perante o povo, simplesmente porque não podem existir dois soberanos – ou povos – no Estado. Ou o soberano é a assembléia, ou aquele a quem esta designar. O Estado se define como "uma pessoa cuja vontade, pelo pacto de muitos homens, há de ser recebida como sendo a vontade de todos eles, de modo que ela possa utilizar todo o poder e as faculdades de cada pessoa particular, para a preservação da paz e da defesa comum" (*Do Cidadão*, II, V, 9). É a vontade una e indivisa do soberano que deve ser levada em conta, não a dos governados. No *Leviatã*, Hobbes introduzirá a representação na soberania. Poderá, então, descartar a hipótese da democracia primitiva e afirmar que "é a *unidade* do representante, e não a *unidade* do representado, que faz a pessoa ser *una*" (cap. 16, p. 141). No próximo capítulo, veremos mais detidamente em que consiste essa significativa alteração e quais seus resultados para a teoria política de Hobbes.

Mas, além da dificuldade relativa à transformação da multidão em soberano, há outra importante passagem na teoria absolutista dos direitos naturais: o que fará os indivíduos manterem a palavra empenhada após o pacto, principalmente se ficarem descontentes? Digges leva em conta, sobretudo, a expectativa de um enorme mal resultante da violação da palavra: a punição infligida direta ou indiretamente por Deus. No primeiro caso, Deus é o agente imediato da punição quando condena o violador do contrato ao inferno; no segundo, o agente da punição é o soberano, que, depois do contrato, recebe "de Deus um mandato mais amplo" (*The Unlawfulness*, p. 77). Instituído o Estado, o poder do soberano se torna duplamente superior ao do povo em conjunto: em primeiro lugar, a união civil não se limita a uma multidão reunida sob um líder, gerando-se apenas como resultado da sujeição; em seguida, de posse dessa autoridade extraordinária, o soberano recebe, agora de Deus, um poder ainda maior, que nenhum outro homem possui – o poder de vida e morte.

Aqui residem, paradoxalmente, a força e a fraqueza da teoria de Digges em sua tentativa de contestar os defensores do Parlamento. Por um lado, o poder majestático do soberano reforça a idéia de que toda resistência é, a um só tempo, crime e pecado – desobediência aos homens e a Deus. O rei não é, com efeito, "somente servidor do povo (....) somente sua criatura, e, portanto, por dever está obrigado a se submeter a seu criador" (*The Unlawfulness*, p. 33). A comissão humana e divina o coloca fora do alcance das punições, enquanto obriga os súditos a uma obediência incondicional. Por outro, mesmo que o soberano decida, como "fonte de toda a jurisdição", confiscar os bens e as terras dos súditos, destruir suas pessoas, nada há que se possa fazer, senão sofrer (p. 79), porque, mediante o pacto, os homens renunciam a todo o direito de resistência, inclusive ao exíguo direito à sobrevivência. Para Digges, a mínima possibilidade de retomar a liberdade natural equivaleria a introduzir no edifício do Estado um mecanismo de autodestruição (Sanderson 1989, p. 76). Esta, sem dúvida, é uma inconveniência da vida em sociedade: não existe nenhuma garantia legal contra atos tirânicos. E, no entanto, todas as formas de governo necessariamente devem incorrer nesse risco, o de tornarem-se tiranias, porque a tarefa do Estado se resume a restringir drasticamente o uso da liberdade. De resto, "o pior governo é menos miserável do que a anarquia" (*The Unlawulness*, p. 90).

Digges supõe que o fim da anarquia seja a contrapartida do súdito no contrato, e, nesse caso, a monarquia é o regime mais estável e, portanto, o mais adequado a evitar a completa dissolução do Estado. O autor, contudo, não se demora em descrever as vantagens e desvantagens das várias formas de governo, por pensar que as disputas a respeito do melhor regime "*de facto* abrem uma brecha para a sedição, porque os homens naturalmente desejam viver na mais completa felicidade e é fácil incitá-los a contribuir com seus esforços para qualquer mudança, que eles fantasiam seja para melhor, embora não deva ser propriamente assim" (*Idem*, pp. 16-17). Em 1643, quando a soberania do Parlamento mal se estabelece e já é contestada pelos radicais, a ameaça da anarquia é sem dúvida verossímil, sobretudo aos olhos do leitor mais conservador, que certamente se incomodara com vários aspectos do governo de Carlos I, mas que, em sã consciência, não poderia tolerar a democracia. A esses leitores Digges recorda que "a palavra já empenhada ao atual governo não pode ser cancelada; essa união civil está tão firmemente atada como o laço do casamento – estamos obrigados a aceitá-la de qualquer maneira" (*Ibidem*, p. 17).

Quanto a Hobbes, ainda que não mostre menos veemência em descrever as terríveis conseqüências da guerra civil, oferece uma consideração mais fria do verdadeiro interesse humano – a sobrevivência –, mesmo, no limite, em detrimento da soberania. Enquanto Digges precisa reconduzir o soberano à esfera sagrada de onde as premissas de sua teoria o haviam retirado, Hobbes permanece insensível aos argumentos do direito divino. O soberano é deus, mas mortal e impessoal. O filósofo aposta que os homens cumprirão o pacto, não porque do contrário ficarão eternamente no inferno, mas porque o Estado terá autoridade suficiente para lhes cobrar obediência: "devemos (...) providenciar nossa segurança, não mediante pactos, mas através de castigos" (*Do Cidadão*, II, VI, 4). Não é necessário ao soberano receber um mandato divino para ter direito de vida e morte sobre os súditos, porque mal ou bem cada um, na ausência de leis, é juiz da própria vida e da vida do outro. Além disso, o mesmo interesse que justifica a renúncia ao direito de julgar justifica o interesse em permanecer sob o Estado, e não provocar mudanças de governo que resultem em desastrosa guerra civil. Resta saber se os súditos, tão imbecis, não terão enlouquecido ao ponto de ignorar seu verdadeiro interesse, como suspeita Hobbes no *Behemoth*.[30]

Seja como for, a consideração desse interesse impede o filósofo de suprimir todo espaço de resistência, mesmo que o poder coercitivo da república pareça incompatível com o direito de resistência, ou antes, com o direito de resistir ao soberano: "Esse poder de coerção (...) consiste na transferência do direito que cada homem possui de resistir àquele a quem ele transferiu o poder de coerção. Segue-se, portanto, que homem algum em qualquer república tem o direito de resistir a ele, ou a eles, a quem conferiu essa justiça" (*Elements of Law*, II, XX, 7).

Como resultado da renúncia ao uso do direito natural, o soberano permanece o único a deter o poder absoluto que originalmente todo homem possuía; seu julgamento permanece o do indivíduo no estado de natureza, com a diferença de que tem direito a tudo, e os outros, a nada, ou pelo menos a nada que seja contrá-

---

[30] "... sem adentrarmos em minúcias, tolos são todos os homens que destroem algo que lhes faz bem, antes de erigir algo melhor em seu lugar" (p. 210).

rio aos direitos da soberania.[31] Mas, se não existe nenhuma garantia de que se poderá exercer o direito de sobrevivência, que vantagem traria a vida nos Estados? É verdade que a vida sem senhor logo reduz o homem a um estado de inteira miséria e medo, quando não à condição de escravo, da qual até se poderia safar e tornar-se ele o senhor, mas apenas a tempo de cair novamente sob o arbítrio de outro.

Embora enfatize que o poder do soberano é tão absoluto como era o dos indivíduos antes do contrato, Hobbes sustenta que, não havendo segurança, "não há razão para que um homem se prive de suas próprias vantagens e se torne presa de outros" (*Elements of Law*, II, XX, V). Também no *Do Cidadão* o contrato resulta de cada um ter renunciado a seu direito natural de resistência (II, V, 11), ou seja, ao direito que impedia outro de gozar plenamente seus próprios direitos (I, II, 4). Assim, desde seu ingresso na cidade, já não cabe a cada indivíduo o direito de se prover de todos meios necessários à conservação de sua vida, devendo esperar sua proteção do homem ou assembléia que reteve integralmente o direito natural. No entanto, ainda que a vontade de todos seja submetida à vontade de um homem ou assembléia, mesmo após o pacto cada indivíduo conserva "um direito a defender-se contra a violência" (*Do Cidadão*, II, V, VII). Seria contraditório que, para sobreviver, os homens aceitassem se desfazer do direito original à própria conservação. Portanto, em nome dos súditos, o soberano tem direito a tudo, inclusive a matar ou torturar, se necessário, quem descumpriu

---

[31] Outra passagem, ainda em *Elements of Law*, parece confirmar que a soberania absoluta se define, precisamente, por abolir todas as formas de resistência, mesmo quando esteja em jogo o direito de sobrevivência do súdito: "...não se pode punir aquele a quem de direito não se pode resistir; e aquele a quem de direito não se pode resistir possui poder coercitivo sobre todos os demais e, portanto, pode modelar e governar suas ações a seu bel-grado. É isso a soberania absoluta" (II, XX, 19).

sua vontade; mas o súdito, por sua vez, retém uma parte por princípio inalienável do direito de resistência (Ribeiro 1999, p. 93). Isso significa que com o pacto se transfere o direito de punir ou de se associar aos que são punidos (que constitui a outra parte dos direitos originais de resistência), nunca o direito de resistir a quem ameaça a integridade física (*Do Cidadão*, II,VI, 5) – direito este fundador da sociedade.

O contrato também estabelece a renúncia ao direito de interpretar a lei de natureza, mas apenas quando se trata de questões controversas e a autoconservação, vale lembrar, constitui o único princípio universalmente válido.[32] O que dizer então da resistência ao tirano, quando ordenada pela lei da consciência? Se não bastasse o medo de dores físicas que o tirano inflige, há o temor mais grave, porque invisível e infinito, da morte eterna resultante de se obedecer a uma ordem ímpia. Enquanto Digges se mostra inclemente com o súdito após o pacto, sugerindo o sofrimento resignado, Hobbes insiste no direito de autoconservação, negando, de um só golpe, a desobediência civil em nome da lei divina e a obediência passiva.

* * *

---

[32] Tuck lembra que não sofremos diminuição de nossa segurança ao seguir o julgamento do soberano: "nos casos em que nossa segurança está diretamente ameaçada, o julgamento do soberano e o nosso devem coincidir – ninguém poderia negar que nos expomos ao perigo pelo ataque direto a nossas pessoas, mesmo se esse ataque vier da guarda do soberano" (Tuck 1993, p. 309). Aliás, Tuck faz *mea culpa*: ao contrário do que havia sugerido em *Natural Rights Theories* (pp. 120-2), Hobbes não incorreu em contradição, ou seja, não sustentou que os homens criam o Estado em vista da sobrevivência e, ao mesmo tempo, que depois do pacto não subsiste nenhum direito de resistência.

A grande dificuldade dos realistas sempre foi tratar a figura mais odiosa da política, o tirano. Digges reconhece que "é difícil persuadir os homens a obedecer ou padecer sob maus príncipes" (*The Unlawfulness*, p. 102). De seu lado, Hobbes também terá de fazer algumas concessões a seus adversários, ou talvez agir como advogado do diabo: em virtude da preeminência da lei divina sobre a lei humana, o pacto de obediência irrestrita deveria ser considerado ilegítimo (*Elements of Law*, II, XXV, 1). Por essa razão, nos assuntos em que estivesse em jogo a salvação da alma, os súditos teriam direito à desobediência pura e simples. Mas, depois de estender a dificuldade levantada pelos reformadores ao paroxismo, formulando um curioso esboço de teoria da resistência *ativa*, Hobbes retrocede. Tudo o que é necessário à salvação está contido na crença de que Jesus é o Messias (*Do Cidadão*, III, XVIII, 6). Como nenhum soberano cristão negaria tal máxima ou obrigaria alguém a negá-la, segue-se que na prática o súdito deve obediência absoluta ao soberano.

O próprio Hobbes parece desconfiar dessa solução, tão simples e irrisória. Tanto assim que se empenha em conferir à lei o caráter de consciência pública e, por conseguinte, de consciência de cada um dos que se submetem à autoridade. Ao transferir o direito natural, o indivíduo não transfere senão sua vontade, seu direito de julgar. Por isso, o que depois lhe vier a ser ordenado de algum modo será sua vontade; a obediência será conforme à consciência. Somente há, pois, obediência ativa. Mas, mesmo se o súdito considerar que a lei civil diverge brutalmente da lei de consciência, não há razão para deixar de cumprir a obrigação política, porque só haverá então um único pecador: o soberano, responsável, *in foro interno*, perante Deus tanto por introduzir tal lei, como pela ação em si mesma. Ora, como o súdito poderia reivindicar a lei de consciência, ou de natureza, contra as ordens do governante, se a lei de natureza "tornou-se agora ... a mais obscura de todas as leis" (*Leviatã*, 26, pp. 234-5). Como haver obrigação se os homens não sabem exatamente a que estão obrigados?

Segundo Hobbes, o verdadeiro conhecimento da vontade de Deus, de suas leis, apenas pode ser obtido de duas maneiras: ou imediatamente, por revelação sobrenatural a profetas, ou pela mediação de outros homens, isto é, pelo que Ele falou a alguém nas Sagradas Escrituras.[33] No primeiro caso, a palavra de Deus se transmitiria em sonhos, visões, vozes e inspiração. Aqueles a quem Deus fala compreendem o sinal. Mas, como os outros, ausentes da conversação, poderiam dela ter conhecimento? Apenas se um dos envolvidos na conversação divulgá-la. As intervenções de Deus são extraordinárias e por isso nada há que obrigue um terceiro a acreditar num relato como esse: "embora Deus possa falar a alguém através de sonhos, visões, voz e inspiração, Ele não obriga ninguém a acreditar que efetivamente assim fez a qualquer um que tenha essa pretensão, porque, sendo um homem, pode estar enganado e, o que é mais, pode estar mentindo" (*Leviatã*, 32, p. 315-16). Se, apesar disso, o terceiro der assentimento à narrativa, o objeto de sua fé não será Deus, mas o orador (*Idem*, cap. 7, pp. 60-1), que se sujeita a erro, por ignorância ou ambição, como todo homem. Seja como for, é impossível provar que um certo testemunho da consciência é sincero, mentiroso ou produto da loucura.

A dúvida, porém, subsiste: como saber quando obedecer à palavra dos que se dizem profetas? Alegando basear-se nas Escrituras, Hobbes afirma que dois sinais permitem identificar o verdadeiro profeta, sinais estes que não podem ser tomados separadamente: o verdadeiro profeta realiza milagres e não ensina "nenhu-

---

[33] Veja-se, a esse respeito, Pocock 1989, pp. 159-60.

ma outra religião que não a já oficial" (*Leviatã*, 32, p. 316). Como os milagres devem ser imediatamente reconhecidos como tais e no século XVII não há mais milagres, é forçoso concluir que não só as Escrituras são o melhor meio de conhecer a vontade de Deus, como ainda o conteúdo da lei de natureza, ou lei da consciência, deve ser idêntico ao das Escrituras.

Restam então as Escrituras. O problema aqui não é diferente, porque "a maior parte dos homens verte as Escrituras para o seu próprio sentido, em vez de seguir o verdadeiro sentido delas" (*Behemoth*, p. 91). A perícia nas línguas latina, grega ou hebraica não passa de erudição, de uma experiência passível de erro, e por isso não assegura ao ministro o privilégio de impor aos outros homens a maneira particular como "compreende, ou como simula compreender, todas as passagens obscuras das Escrituras". Além disso, é impossível a esse ministro ter certeza de que a interpretação foi fruto de inspiração sobrenatural, "nem pode estar certo de que sua interpretação, por mais sutil que seja, não seja falsa" (*Idem*, p. 93). Nesse caso, há o grande risco de tomar uma sentença falsa pela palavra de Deus (*Do Cidadão*, III, XVII, 18). A consciência, em suma, se não for errada, é vazia.

No caos de opiniões e interpretações a respeito do verdadeiro conhecimento do que seja a lei de natureza, lei divina, uma coisa é certa: se é impossível obedecer a leis de autor ignorado, então uma autoridade humana deve determinar, enfim, qual o sentido das leis.

* * *

Um grande estudioso de Hobbes e da teoria política moderna em geral observou que uma das mais notáveis mas menos notadas das realizações de Hobbes consistiu em transformar, em base da autoridade absoluta, uma teoria com a qual pretendeu rivalizar – e sobretudo que almejou derrotar. Para J.G.A Pocock, esse estudioso, Hobbes não apenas apontou a fraqueza das doutrinas dos direitos e da liberdade, e argumentou, como alguns de seus contemporâneos, que elas geraram a anarquia, mas sobretudo conservou o vocabulário legal ou jurídico dos direitos e liberdades para se movimentar mais na direção do absolutismo do que na da insistência convencional das limitações constitucionais sobre o poder político. Em suma, Hobbes conseguiu converter um discurso da resistência num discurso da autoridade (Pocock 1996, pp. 161-2).

Esse engenhoso expediente, que permite ao filósofo voltar contra os adversários políticos e teóricos, mas com sinal trocado – isto é, com outro sentido – os termos e conceitos por eles empregados, será mais uma vez utilizado em *Behemoth*, em que Hobbes lança mão do termo "sedutores" para qualificar os revoltosos. É que na década de 1640, como vimos nos Capítulos I e IV, uma das maneiras de interromper o absolutismo de Carlos I fora alegar que papistas e conselheiros corruptos haviam seduzido o rei, tornando-o daí por diante incapaz de governar com sensatez. Hobbes inverte a acusação: seduzido estava, não Carlos I, mas o povo, e sedutores foram todos os que de algum modo contribuíram para o processo de desintegração do Estado – principalmente papistas e presbiterianos.

Este capítulo que se encerra teve como principal finalidade desenrolar o fio tão bem arrematado por Pocock e apontar o que, nestes dois aspectos do pensamento de Hobbes, o da crítica aos oradores e o da sua teoria da obediência, é resposta a um desafio colocado por seus contemporâneos, mais especificamente pelos panfletistas devotados à causa do Parlamento. Perder de vista as controvérsias em torno da cisão da soberania seria negligenciar os argumentos que Hobbes buscou refutar e as causas que tentou defender (Ver Wootton, *Divine Right and Democracy,* Prefácio, p.

10); considerá-lo como figura isolada, em embate apenas com os filósofos, seus pares, seria ignorar o modo como fez do presente seu objeto e sua finalidade. Por isso, este capítulo deve ser lido à contraluz do capítulo anterior, como se houvesse um diálogo, ainda que acidentado, hostil e desigual, entre as personagens.

Na época, a derrota dos realistas no campo de batalha e a apropriação silenciosa, por parte do filósofo John Locke, de parte dos argumentos avançados pelos parlamentaristas concedeu aos adversários teóricos e políticos de Hobbes um êxito incontestável.[34] Mas, com os séculos, foi o pensamento de Hobbes que se tornou conhecido, enquanto o de seus adversários passou a se ocultar nos panfletos hoje de difícil acesso, ou nos livros dos estudiosos. Essa vitória conquistada com o tempo (ou fora do tempo) muitas vezes nos dá a equivocada impressão de nunca ter ocorrido o embate.

---

[34] Sobre os argumentos parlamentaristas que teriam sido incorporados por Locke à sua teoria política, ver L. Schwoerer (1993).

VI. Direito, liberdade e revolta

Os líderes presbiterianos e parlamentares provavelmente não imaginaram todas as conseqüências de seus atos quando, no início da década de 1640, convocaram a multidão a tomar parte na luta contra os malignos conselheiros de Carlos I. É possível que, até aquele momento, ignorassem como a resistência ao rei acabaria por desencadear a mais completa rebelião, abrindo uma senda no governo por onde ainda passariam homens que jamais antes haviam exercido o poder. Depois de retirar do anonimato a populaça, alimentá-la de entusiasmo, promovê-la a protagonista da história e dar-lhe o exemplo da revolta, não seria mesmo fácil dissuadi-la de tomar as rédeas do poder. Talvez, então, os parlamentares e seus partidários se arrependessem de ter instigado um povo acostumado a obedecer. Mas, antes tarde do que nunca, aprenderiam que só o terror devolve a multidão à passividade.

Nem bem haviam começado os distúrbios no ano trágico de 1642 e os escritores realistas já viam o futuro com descrença, sabendo que não se brinca com o monstro de muitas cabeças. Para o bispo Williams, por exemplo, uma vez erradicada a Igreja Anglicana, principal alicerce da monarquia, ninguém mais respeitaria o superior, ninguém mais veria no outro o pai ou o senhor (*Political Ideas,* pp. 30-1). Na mesma época, o anglicano Ferne dissera não ser necessário possuir o dom da profecia para enxergar, no bojo do direito de resistência, a guerra civil que silencia as leis e promove a invasão das propriedades (*The Resolving of Conscience,* pp. 203-4). O mesmo ra-

246 EUNICE OSTRENSKY

ciocínio levara o parlamentar Spelman a assegurar que a doutrina segundo a qual o povo tem o poder de julgar nocivas as ordens do soberano, e, conseqüentemente, pegar em armas para se defender "não será mais perniciosa ao governo real fora do Parlamento do que aos próprios Parlamentos" (*Certain considerations,* pp. 111-12). É verdade: depois de afirmar que o poder do príncipe deriva do povo e que pertence ao povo o direito de retomá-lo quando necessário, como argumentar que essa multidão insurgente não é o povo? Logo, não foi por falta de aviso que se praticou tamanha imprudência.

Alguns parlamentaristas ensaiaram afastar a desagradável perspectiva desenhada pelos realistas. Mesmo admitindo, a contragosto, que o direito de defesa pudesse ser reivindicado por qualquer um, duvidaram que algum dia o Parlamento chegasse a trair a confiança nele depositada pelo povo e se tornasse, como o rei, uma ameaça aos súditos.[1] Também lembraram, como o presbiteriano Herle em 1642, que o povo não tem o poder de reassumir o poder confiado ao rei e ao Parlamento, porque o consentimento é irrevogável (*Fuller Answer,* p. 255). Além disso, como já haviam seqüestrado a autoridade do monarca, seqüestraram também os termos que os realistas empregaram para afirmar a soberania do rei e repelir as teorias da resistência. Prynne enfatizara, em 1643, que o maior privilégio do Parlamento consistia em estar acima da lei, "tendo poder, amparado em

---

[1]   Veja-se Bridge, *Wounded Conscience,* 1642:
"– Objeção. (...) Se o povo concede o poder, então, quando houver mau uso dele, o povo poderá também retomá-lo.
– Resposta: Não necessariamente, já que nunca se concedeu o poder de auto-conservação".
Ou seja: Como o Parlamento jamais ameaçará a sobrevivência – porque não foi alienada – não é necessário preocupar-se em retomar o poder (IN: *Political Ideas,* pp. 73-4). Veja-se ainda, no mesmo sentido, Burroughes, *A brief answer to Doctor Ferne's book,* 1643: "É difícil conceber que seja possível a um Parlamento conseguir ser tão degenerado que torne nossa condição mais aflitiva por atos injustos do que seria se o poder do reino retornasse à lei de natureza da qual se originou." (IN: *Political Ideas,* p. 76)

bases justas, de alterar a própria *common law* da Inglaterra, revogar e anular leis antigas e instituir novas leis de todas as espécies, lançar tributos sobre o povo" (*Political Ideas*, p. 84). Era natural então que os parlamentaristas buscassem débil guarida na injunção paulina – que impede o súdito de resistir à autoridade divina do magistrado –, ou retomassem o anti-populismo de Knox, afirmando que o direito de rebelião não pertence aos indivíduos privados.

As sensatas predições dos realistas superaram as tolas certezas dos parlamentaristas e já em 1645 a soberania do Parlamento passa a ser contestada por todo aquele que se considere "o povo". Naquele ano, pressentindo que só mesmo o rei, ou melhor, a forte tradição monárquica, conseguiria deter as reivindicações de liberdade (partindo principalmente do Exército), os parlamentares presbiterianos tentam um acordo com Carlos I, mediante o qual o rei teria restauradas algumas de suas prerrogativas e, em troca, instituiria na Inglaterra um regime eclesiástico semelhante ao vigente na Escócia. Como era de esperar, muitos dos que lutaram na guerra ao lado do Parlamento temem um acordo nesse molde. A dedicação e o sacrifício à causa da liberdade terão sido inúteis se o rei for restituído ao trono com os poderes que o Parlamento venha a lhe conferir e, pior, se permitir aos presbiterianos erguerem a Igreja Estatal de seus sonhos. Diante disso, é preciso resistir.

Povo e Multidão

Duas são as formas de resistência ao Parlamento e, por isso, duas são as maneiras de reivindicar a soberania popular: primeira, a ênfase no direito inalienável da comunidade de se autogovernar, e, segunda, a afirmação de que o povo forma uma multidão de indivíduos racionais. Embora em grande medida beneficiárias do vocabulário político empregado para combater o rei, de um modo ou de outro, essas duas correntes se emancipam do discurso parlamentarista, introduzindo termos de outras linhagens políticas, ou mesmo explorando implicações latentes a esse discurso.

A primeira forma acima mencionada é característica do grupo político conhecido como "independentes", e se exprime claramente no tratado *Constitutio Liberi Populi*, de William Ball, publicado em maio de 1646, no mês em que Carlos I se rendeu ao exército escocês. Nesse tratado, Ball busca responder à questão suscitada pela necessidade de redefinir o regime de governo e, para isso, começa retomando a idéia de uma comunidade formada pela lei da razão ou de Deus – arcabouço moral em cujo interior se dá a ação política. Em seguida, constata que a razão, enodoada pelo pecado original, não assegura por si só a coexistência pacífica dos membros dessa comunidade. Os sinais indeléveis do pecado exigem, portanto, a submissão, se bem que não a um governo paterno, meramente baseado na precedência natural do pai sobre o filho (pp. 284-5). É necessário instituir a sujeição civil ou política, isto é, criar a figura do magistrado, a quem o povo confiará a execução da lei de natureza, em seu esforço de retificar a falibilidade humana. Do contrário, isto é, sem os legisladores constituídos pelo povo, não seria possível conservar a ordem que Deus designou aos homens – embora, por outro lado, o povo deva reter algum poder legislativo original, senão a liberdade igualmente projetada por Deus seria destruída. Como se vê, até esse ponto Ball não se distanciou em nada da teoria parlamentar esboçada, entre outros, por Parker – que, aliás, passa para o lado dos independentes em 1645.

As distâncias começam a aparecer quando Ball recupera a noção de *birthright* defendida por Edward Coke e trata a liberdade, não apenas como exercício da lei de natureza, mas também como herança inalienável de todos os ingleses que não nasceram sujeitos a

AS REVOLUÇÕES DO PODER 249

um senhor. Os dois sentidos de liberdade agora se sobrepõem, designando a um só tempo a aceitação racional de uma ordem moral transcendente e o direito individual ou a capacidade de se apropriar dessa lei natural: "Maranata! Malditos sejam os que de algum modo desejarem privar um povo nascido livre de sua justa liberdade ou propriedade" (p. 288). Disso resulta que os homens livres, em vez de renunciarem a essa propriedade no momento do pacto, apenas concedem direito de uso dela, por tempo determinado, aos que têm o encargo de executar a lei de natureza e, por extensão, de proteger a propriedade. O pacto inaugural da sociedade adquire então o conteúdo de um contrato de arrendamento que, por longo que seja, jamais ocasiona a perda definitiva da propriedade, também concebida por Ball como alodial, transmissível e inalienável (*freehold*).[2] De fato, as cláusulas mediante as quais os arrendadores, ou homens livres, cedem direito de uso da lei de natureza (*property*) aos magistrados, doravante arrendatários, determinam que os arrendadores têm direito a reaver sua propriedade e, posteriormente, firmar novo contrato com outros arrendatários, caso os arrendatários violem o contrato. Essas cláusulas impedem, pois, que os arrendatários destruam a liberdade e usurpem a propriedade, e garantem aos arrendadores, em caso de rompimento do contrato, o direito de retomar a liberdade original. Embora Ball saliente que os indivíduos livres só reassumem a liberdade original nessa situação extrema – a falta de justo motivo constitui, a bem da verdade, usurpação dos arrendado-

---

[2] "E do mesmo modo que os arrendadores não deixam de ser arrendadores, por longo que seja o arrendamento, porque há uma reserva de contínuo reconhecimento devido a eles, mais o poder de retomar a posse em caso de rompimento de contratos e outros parecidos; igualmente uma nação livre, ou povo, não deixa em nenhum momento de ser livre, *por longo que seja o arrendamento da confiança*, porque há uma reserva de contínuo reconhecimento que lhe cabe (...), e ela tem igualmente o poder de empregar *seu poder primitivo e intensivo, ou poder sempre pretendido e reservado*, nos casos supracitados" (p. 296; grifos no original).

res –,[3] sua maior preocupação é demonstrar que o povo jamais deixou de ser soberano, isto é, proprietário absoluto e incontestável de sua liberdade.

Ball pressupõe que detentores de direitos, como à propriedade derivada da lei natural e por ela limitada, podem e devem invocar a liberdade para resistir ao governante que se torne tirano. Levando-se em conta que o poder reside, em última instância, nos homens livres (concebidos como arrendadores), não em seu governo, o povo não é o Parlamento, como pensava Parker, mas o conjunto de arrendadores que, por sua condição, têm direito de voto. A associação política visa, portanto, a uma única finalidade, desdobrada em dois sentidos convergentes: promover a ordem e a liberdade da comunidade entendida como um todo, e salvaguardar direitos individuais inalienáveis. No tratado de Ball, os dois sentidos são indissociáveis.

Mas, nos debates de Putney em 1647, como veremos na seqüência deste capítulo, o general Henry Ireton estabelecerá a primazia dos direitos políticos sobre os direitos naturais e abstratos. A mudança de ênfase é significativa. Indica a necessidade de neutralizar o discurso dos direitos naturais, que a essa altura está a serviço dos radicais, e indica também as divergências entre os dois grupos (independentes e levellers) a partir de 1647, quando os levellers questionarão a noção mesma de propriedade, que está na raiz da idéia 'independente' de soberania popular. Então, ameaçados por estes que durante alguns anos foram seus aliados, ameaçados por gente de posição hierárquica inferior, os independentes procurarão, de início, um acordo com Carlos I, assim como os

---

[3] "... os arrendadores nunca podem retomar a posse, salvo apenas no caso de rompimento de contrato supracitado; se, do contrário, fizerem isso, serão meros usurpadores e opressores" (p. 296).

AS REVOLUÇÕES DO PODER 251

presbiterianos o haviam buscado para suprimir os independentes e levellers.[4] "Nenhum homem poderia gozar tranqüilamente de suas vidas e propriedades sem que o rei desfrutasse de seus direitos", diz Cromwell em 1647 (Hill 1990, p. 85). Entretanto, quando Carlos mostrar mais uma vez a intransigência de sempre, não haverá outra alternativa senão julgar, condenar e executar esse tirano que terá violado todas as regras sagradas da comunidade. Em 1649, à objeção de Algernon Sidney de que o tribunal criado para julgar o rei seria ilegal, o general responderá: "Eu vos digo que cortaremos a cabeça dele com coroa e tudo" (*Idem*, p. 94).

Seja como for, a decomposição gradual do vocabulário parlamentarista ilustra o movimento pelo qual a dissolução do amplo arco inicial de alianças traz à tona grupos atomizados em crescente conflito. Antes de oscilarem em suas posições com relação ao rei e aos levellers, os independentes haviam-se aliado aos parlamentaristas, aliança que se reproduz no vocabulário compartilhado da lei de natureza. A mesma coalizão fizeram os levellers e por isso não estranha encontrarmos, nos primeiros discursos do chamado triunvirato leveller (John Lilburne, Richard Overton e William Walwyn), o vocabulário parlamentarista acrescido da ênfase dos independentes no direito inato e na tolerância religiosa – mesma tendência seguida por Ball no tratado acima examinado. Mas, à medida que os interesses entre os dois grupos se chocam e os presbiterianos procuram eliminar os independentes, forma-se uma nova coalizão. O poder vai aos poucos se deslocando dos parlamentares para os generais do Exército e daí para os líderes escolhidos pelos soldados de patente inferior, entusiasmados pelos ideais

---

[4] "... assim como a oposição 'presbiteriana' aos realistas, também a oposição 'independente' aos 'presbiterianos' havia sido uma coalizão; e também ela se desintegrou após a vitória" (Hill 1980, p. 109)

levellers. O vocabulário dos levellers agora assume autonomia e no mesmo passo se torna ameaçador aos "legisladores naturais" – homens que têm direito de nascença às propriedades do reino.

* * *

A devoção de John Lilburne à causa dos parlamentaristas se exprime em carta enviada da prisão, em 1643, "a vários de seus amigos, cidadãos e outros de boa estima em Londres", em que relata as sevícias sofridas nas mãos dos *cavaliers* e solicita ao Parlamento tomar providências para sua libertação. Até 1649, Lilburne voltará mais três vezes à prisão, onde já estivera em 1639 por ordem da Câmara Estrelada, e escreverá tantas outras cartas denunciando seus carrascos e pedindo socorro a possíveis amigos. Essa carta de 1643, em particular, revela que naquela época Lilburne subscrevia a doutrina da mistarquia, também atribuindo aos conselheiros do rei os descaminhos de Carlos I: "em meu dever a Sua Majestade (...), eu disse na cara dos *cavaliers* que eu era um súdito tão leal como o melhor deles" (p. 1). Mas, além da defesa (provisória) da mistarquia, a carta já traz um dos principais temas dos levellers, também central nos discursos parlamentaristas: a afirmação de que seres racionais não se sujeitam ao arbítrio. Os *cavaliers* que o torturaram, diz Lilburne, "não respeitaram nem as leis divinas nem as leis humanas; pelo contrário: fizeram tudo conforme seus desejos iníquos os orientaram a fazer ..." (p. 5). Dois antagonistas, então, se encontram na cela da prisão: de um lado, os "monstros do cristianismo", escravos de sua irracionalidade, de outro, Lilburne, o homem livre, apesar de preso, que se guia pelas leis.

A mesma oposição entre liberdade e servidão reaparece em *Broadsheet of August 1645*, também escrito na prisão, aonde Lilburne foi mandado pela autoridade do Parlamento. O motivo da prisão é o testemunho que Lilburne prestaria contra John Lenthall, diretor do presídio de Marshalsea, que teria se correspondido com realistas.

Ocorre que John é irmão de Sir William Lenthal, presidente da Câmara dos Comuns e, como se pode imaginar, não há nenhum interesse em puni-lo, apesar do Protesto de 3 de maio de 1641, que obriga todo homem a se opor a todos quantos conspirem contra o Parlamento.[5] O cerne do boletim, por sua vez, é um panfleto anônimo[6] que cuida de evidenciar as estranhas semelhanças entre a prerrogativa régia e os privilégios parlamentares ("privilégios desconhecidos são tão perigosos como prerrogativas ilimitadas" – p. 5), ou entre a soberania do monarca e a do Parlamento. Nos dois casos, não há como pensar que algum dia o povo tenha sido "tão embrutecido a ponto de conceder o poder a quem escolhe como seus servidores" (p. 6). O povo somente confia poder ao rei e ao Parlamento sob a condição que daí por diante será protegido, não de que será atacado. Essa restrição ao exercício do poder supremo é, aliás, tácita. Quando se confia a milícia ao general, é desnecessário lembrar-lhe que não deve apontar os canhões contra os próprios soldados (p. 4). Mas, se o general ordenar algo contrário à confiança que nele se depositou e à natureza do cargo que recebeu, é justificável que os soldados reassumam a autoridade por meio de desobediência armada: "isso *ipso facto* investe o exército do poder de desobediência – salvo se pensarmos que a obediência obriga os homens a cortar as próprias gargantas, ou pelo menos as de seus companheiros" (p. 4).

Ora, os ingleses não retiraram a obediência ao rei para se converterem em escravos e vassalos da tirania de seus concidadãos.

---

[5] Vejam-se as notas de Andrew Sharp, nas páginas 5 e 6, em *The English Levellers*, edição de que foi retirada a maior parte das citações deste capítulo, salvo quando houver indicação em contrário.

[6] Andrew Sharp supõe que o autor desse panfleto seja Henry Parker (cf. *The English Levellers*, p. 3).

254 EUNICE OSTRENSKY

Ou terão os parlamentaristas se esquecido de sua própria afirmação, em 1642, de que todo poder é fiduciário por princípio? Quem faz a pergunta é o autor de *England's Miserie and Remedie*, panfleto escrito em 1645 para exortar à libertação de Lilburne, e que é, segundo David Wootton, o primeiro texto a conferir um sentido positivo ao termo multidão, tornando-o sinônimo de "povo" (*England's Miserie and Remedie*, p. 273). Para o panfletista, o poder soberano ou legislativo que se empresta ao rei ou ao parlamento não visa à destruição das leis e das liberdades, pelo contrário: somente os loucos poderiam "prestar obediência a quem negligencia suas leis e liberdades" (p. 280). Mas, enquanto os parlamentaristas se esqueceram de suas próprias lições, a multidão, racional, jamais deixou de ter "uma vívida sensação de suas liberdades perdidas" – enfatiza o autor – e tratará de reconquistá-la "mediante alguma súbita investida", pois "não é possível que esteja numa condição muito pior do que esta em que agora se encontra" (p. 281).

Em sua defesa, os parlamentaristas poderiam sustentar que unicamente o povo delega poder, não a multidão, que jamais deteve poder algum e não passa de uma plebe desorganizada e revoltosa. É exatamente isso que grande parte dos escritos levellers busca rebater, dotando a multidão de racionalidade e ação. De acordo com o que se poderia considerar o princípio mais básico da política leveller, Deus não deixou nenhum homem desassistido de lei e de disciplina, seja qual for sua posição social, e tampouco deixou as repúblicas. É porque cada homem dispõe de uma regra racional cujo exercício lhe garante a liberdade que as repúblicas podem ser livres, ou seja, regular-se pelas leis.[7] A liberdade do homem é então condição da liberdade das repúblicas, devendo estas ser capazes tanto de se go-

---

[7] "... Deus deixou algum homem sem lei? Ou algum dia terá a república, quando se escolhe o Parlamento, lhe concedido um poder ilimitado, sem lei e a seu bel-prazer

vernar eticamente, como de exercer alguma forma de jurisdição (converter a lei de natureza em lei civil). Inversamente, ao tolerar a tirania e o arbítrio, sejam os do rei, sejam os do Parlamento, a Inglaterra se escraviza e, no mesmo golpe, procura escravizar o povo. Lilburne serviu no exército, conforme lhe ordenava a lei de natureza; Lilburne obedeceu às ordenações do Parlamento. Todavia, ao prestar depoimento contra Lenthall no Comitê de Inquérito, Lilburne é mandado sentar-se no banco dos réus e a todo momento o interrompem as risadas, intimidações e provocações dos Comuns, enquanto Lenthal, suposto acusado, sem jamais tirar o chapéu, senta-se ao lado dos membros do comitê, "como se fosse um deles" (*Broadsheet of August 1645*, p. 8). Depois, Lenthal retorna a suas funções, enquanto Lilburne vai preso justamente por obedecer à lei.

Os detalhes do depoimento de Lilburne ao Comitê de Inquérito deixam a impressão de que o leveller era ingênuo em demasia, imaginando-se igual aos Comuns, tão livre e racional como eles. De fato, talvez Lilburne se tenha deixado seduzir pelo nome encantador de Liberdade, que, no entanto, não se aplicaria a todos os ingleses. Na boca dos parlamentares, a palavra "povo" sempre designa eles mesmos (Hill 1990, p. 58). Mas, se Lilburne acreditou na retórica parlamentar, supondo que liberdade seja "não estar sujeito ao arbítrio de ninguém", também acabou por forjar uma nova interpretação da mesma idéia, igualmente persuasiva: livres são todos os que lutam contra o absolutismo, contra o poder arbitrário de quem quer que seja. Há dois sentidos nessa formulação que colocam em xeque o poder absoluto do Parlamento e garantem o direito de resistência, tanto individual como coletivo: o homem livre não está sujeito ao arbítrio de outro e, além disso, participa das decisões políticas da co-

---

para caminhar na contramão de suas próprias leis e ordenações antes de as terem revogado" (*Broadsheet of August 1645*, p. 7).

256 EUNICE OSTRENSKY

munidade. O segundo sentido indica, desde já, a importância do direito de revolta e de voto para os levellers, como se verá mais adiante.

Por ora, talvez já possamos compreender por que, em 1649, os levellers se opõem ao julgamento de Carlos I e ao Conselho de Estado que passa a governar após o regicídio. O julgamento teria sido realizado por um tribunal constituído após a prática dos supostos crimes, e não antes. O que pode haver de mais arbitrário senão a completa incerteza quanto a procedimentos judiciais?[8] O Conselho de Estado, por sua vez, jamais representou os ingleses livres, mesmo os Comuns declarando, pela Resolução de 4 de janeiro de 1649, que "o povo é, abaixo de Deus, a origem de todo justo poder" (*The Stuart Constitution*, p. 292). Sem eleições para a escolha dos membros do Conselho, sem o consentimento dos que seriam governados daí em diante, o povo não se fazia representar. E, se a origem desse poder não é o povo, o poder é necessariamente injusto. Vazia e contraditória, a Resolução buscava iludir os ingleses, cuja condição era, naquele momento, "a mais próxima da servidão", como afirma Lilburne em *England's new chains discovered* (p. 140). Por isso, engano não é seduzir-se pela idéia de liberdade, mas acreditar em quem deseja nos tornar cativos.

---

[8] Veja-se Lilburne, *England's new chains discovered*: "Toda a liberdade de exceção contra os julgadores é invalidada por uma corte composta de pessoas escolhidas e selecidadas de maneira incomum. Essa é uma prática que não podemos admitir, mesmo contra inimigos francos e notórios, tanto porque sabemos constituir uma política usual de introduzir, por esses meios, todas as usurpações, primeiro contra adversários, na esperança de mais fácil aceitação, como também porque, se isso for admitido, poderá ser exercido a bel-prazer contra toda e qualquer pessoa" (pp. 146-7). Idêntica crítica ao tribunal revolucionário se encontra em *The Young men's and the apprentices' outcry*, de 1649: "todas as seguranças e as garantias do povo (...) estão agora subvertidas, destruídas e assoladas, depois que o poder militar foi atirado no próprio cargo e assento da autoridade civil: não só o rei foi condenado à morte de maneira absolutamente ilegal por um tribunal estranho, monstruoso, ilegal e arbitrário como a Inglaterra jamais viu" (p. 180).

As revoluções do poder   257

Retomemos os passos dados até aqui. Vimos inicialmente que as posições levellers são tributárias do vocabulário empregado (e do exemplo oferecido) por dois grupos políticos distintos: os parlamentares que se engajaram na guerra contra Carlos I em 1642, e os independentes que em 1643 passam a contestar os projetos dos presbiterianos. A apropriação desse vocabulário está longe de ser passiva, na medida em que os levellers conferem nova interpretação a velhos termos, extraindo deles conseqüências indesejadas. A mais relevante delas, até este ponto, é a de que liberdade significa tomar partido, sempre, contra o arbítrio, o que leva à afirmação de um direito individual e coletivo de resistência. Entre 1645 e 1649, essa proposição admite outras tantas formulações, além de se conjugar a termos, também sujeitos a variações semânticas, dos vocabulários dos parlamentares e independentes. De posse dessa linguagem revolucionária, os levellers aos poucos se dissociam de seus antigos aliados. Se até 1645 a autoridade dos magistrados era consequência do direito legal ao cargo, a partir de então as ações particulares de cada magistrado serão examinadas para ver se concordam com o propósito pelo qual essa autoridade existe. Agora, apenas se justifica a obediência à autoridade se esta realmente tiver autoridade (Sharp 1988, p. 36).

Tolerância religiosa

Para atinarmos melhor com o processo por cujo intermédio a multidão deixa de indicar os homens nascidos para a sujeição e passa a designar um conjunto de indivíduos detentores de direitos iguais, é preciso considerar o primeiro direito que os levellers buscaram defender: a liberdade de culto e de tolerância religiosa (ver Wootton, *Divine Right and Democracy*, p. 13). Surpreendendo os principais teóricos levellers em 1643, quando ainda não se haviam reunido a muitos outros sob a

258 EUNICE OSTRENSKY

mesma bandeira, vamos encontrá-los entretidos com problemas muito específicos, e talvez por isso a necessidade da tolerância religiosa não seja justificada pelas mesmas razões. Mas a conclusão a que chegam é idêntica: cada homem tem direito a seguir sua opinião, desde que esta não seja incompatível com a segurança da república. A primeira posição a considerar sobre tolerância religiosa é a de Richard Overton, expressa no panfleto intitulado *Man's mortality*, de 1643. Nesse texto, Overton se encarrega de provar uma tese idêntica à que demonstra Hobbes na Terceira e Quarta Partes do *Leviatã*: o homem é um composto inteiramente mortal, ao contrário do que sustenta a distinção usual entre corpo e alma. Disso se segue que a ida da alma para o Céu ou para o Inferno "é mera ficção"; a ressurreição é o princípio de nossa imortalidade, "e então a verdadeira condenação e salvação, não antes" (p. 1). O principal argumento teológico de Overton, como possivelmente também o de Hobbes, consiste em considerar como efeito da inocência a imortalidade de Adão e da transgressão, a mortalidade. É o pecado que torna o homem como um todo, e cada parte dele, passível da morte (p. 2). Como depois do Pecado Original jamais o homem voltaria a recuperar o estado de inocência inicial, a mortalidade foi a herança que Adão transmitiu a seus descendentes (pp. 2-3).[9]

Nem nas Escrituras, tão claras quanto a esse ponto, tampouco no livro da natureza, onde se lê apenas a mortalidade do seres, se encontrará algo semelhante à alma. Essa "invenção ridícula", toma-

---

[9] É exatamente esse o teor da seguinte passagem: "... assim como os eleitos depois da ressureição serão restituídos ao estado em que se encontrava Adão antes de ter pecado, do mesmo modo os réprobos se encontrarão no estado em que ficaram Adão e a sua posteridade depois de ter cometido o pecado, ressalvando que Deus prometeu um redendor a Adão e àqueles de sua descendência que Nele confiassem e se arrependessem, mas não aos que morressem em pecado, como morrem os réprobos" (*Leviatã*, 44, p. 523).

da talvez dos pagãos, acha-se nas fantasiosas opiniões dos filósofos, e ao que tudo indica Platão seria o primeiro a convertê-la em doutrina, não se sabe exatamente com que finalidade. É essa, aliás, a pergunta que todos devem se fazer: a quem beneficia a crença geral na imortalidade da alma? Mas, em vez de responder a essa pergunta, os filósofos da cristandade se dedicam "a esses miseráveis ardis", isto é, a definir o que é a alma, "mas não tiraram nenhuma conclusão certa nem deram nenhuma satisfação disso" (p. 11). Para além dessa nebulosa doutrina, Overton enxerga então a grande farsa eclesiástica, que um breve exame das faculdades humanas basta para desmascarar: se a alma, sinônimo de razão, não pode ser imutável nem eterna, por que seria imortal? A razão e a ciência aperfeiçoam-se pelo conhecimento e pela educação, diminuem pela negligência e indolência, anulam-se pela loucura ou pela epilepsia, e mesmo assim os loucos e os doentes continuam a ser homens (p. 12).

Um leitor de metafísicas poderia objetar que os argumentos de Overton são simplórios, em vez de simples. Talvez esse leitor, afeito às retorcidas questões de filosofia, dissesse ainda que Overton consegue espalhar a dúvida, porém não prova a mortalidade da alma, como pretendia. O que esse leitor fictício não compreende é a importância de falar com simplicidade ao público nada erudito a quem se dirige o panfleto e sugerir que cada um investigue, por si mesmo, assuntos interditados nos quais se guarda, supostamente, a chave da salvação e do poder do clero – gente certamente muito poderosa, capaz de subjugar os fiéis com a terrível imagem da danação eterna. Para retirar tal autoridade do clero e dos que mandam desde o início dos tempos, já é o bastante propor o debate, gerar o confronto de opiniões.

Quando pergunta ao leitor se ele realmente acredita, depois de tudo, na imortalidade da alma, Overton deixa o caminho livre para a tolerância religiosa e para o enfraquecimento do poder político

260 EUNICE OSTRENSKY

do clero. Essa posição subversiva lhe custará bastante caro em 1646. Em maio daquele ano, quando o rei se rende ao exército escocês, o Parlamento prepara medidas para introduzir a disciplina eclesiástica presbiteriana na Inglaterra. Com essa finalidade, um comitê da Câmara dos Comuns elabora uma ordenação que em 1648 será aprovada com o nome de Ordenação da Blasfêmia, prescrevendo a pena de morte para todos os heréticos acusados de felonia, sendo o testemunho de duas pessoas suficiente para a incriminação, e pena de prisão para todos os que não professem a ortodoxia presbiteriana. Mais ainda, de acordo com a ordenação todo blasfemo seria marcado no rosto com a letra B, de Belzebu. Overton considera que essa medida em nada difere dos decretos da Inquisição Romana e julga que jamais o povo inglês tenha conhecido lei, decreto ou ordenação tão sanguinário.

Por essas e outras, Overton é preso, mas mesmo assim lança de Newgate uma seta nas prerrogativas intestinas de todos os tiranos e todas as tiranias. Com pena agônica, o leveller desmascara os presbiterianos e parlamentares, ou melhor, indica como eles mesmos desmascaram suas intenções desumanas e sedentas de sangue. Ora, foi para remover a crueldade e a tirania do clero papista e episcopal que os ingleses livres se engajaram numa guerra desnaturada (*An arrow against all tyrants and tyranny, shot from the prison of Newgate into the prerogative bowels of the House of Lords and all other usurpers and tyrants whatsoever*, p. 67), e não é de esperar que aceitem, das mãos dos presbiterianos, crueldade ainda maior. Mostrando que não pretende abjurar a tese mortalista, mesmo em face do perigo iminente, Overton acrescenta ainda que não teme a morte: "Sei que o máximo que pode me custar é a dissolução desta mortalidade esvaecente, que afinal se terá dissolvido; mas depois – bendito seja Deus! – vem o probo julgamento" (p. 68).

As revoluções do poder   261

* * *

William Walwyn oferece o segundo caminho para se alcançar a tolerância religiosa: o ceticismo. Admirador de Montaigne,[10] já em *The Power of Love* (1643) Walwyn convida seu leitor à dúvida e o convoca a usar a razão no livre exame de toda opinião religiosa: "Vem, nada temas, o apóstolo te adverte a experimentar todas as coisas ... é mais seguro que tu mesmo faças isso, não deves confiar na autoridade de ninguém ... depois de tentares, verás que quase nenhuma opinião te foi repetida com verdade" (Dedicatória). Seus adversários, esses impostores, foram nutridos nas Universidades; tornaram-se eruditos, deturparam as palavras das Escrituras, criaram obstáculos à razão. Esquecidas a natureza e a simplicidade dos primeiros tempos, o mundo se tornou o palco ideal para o engano.

A imagem e o sentido de um "estado de natureza" estão postos, ainda que não o enunciado ou mesmo o conceito. Nada há que lembre a pavorosa descrição que Hobbes fará da condição natural da humanidade no *Leviatã*. O homem natural de Walwyn mais se parece ao selvagem de *Dos Canibais*, de Montaigne: deseja apenas o necessário, passa os dias em abundância, satisfeito e feliz, caçando quando tem fome, dormindo quando sente sono (p. 2). Essa criatura, porém, foi dotada de razão, que se define por um senso de justiça e uma capacidade de produzir inúmeras invenções. Logo este uso da razão fez cessar o idílio inicial e o homem começou a inventar coisas supérfluas e superficiais, "que se multiplicaram conforme as épocas do mundo, sendo que toda época produz ainda mais ..." (p. 3). A vaidade então se comprazia em adereços, roupas, móveis, baixelas, palácios, erudição, "desatinos ridículos" que culminanam na insti-

---

[10] "Não me envergonho de dizer que há muito tempo me acostumei a ler os 'Ensaios' de Montaigne" (Haller 1934, p. 40).

tuição das Universidades, onde se aprende a arte de lograr o entendimento dos homens e levá-los à ruína. [11] No entanto, a progressão do tempo e das artes não apagaram todas as marcas que Deus imprimiu nos homens. E, se a erudição corrompe e afasta o homem de seu igual, o amor e a justiça de Deus não apenas o redimem, como o livram do engano. O amor é a luz do entendimento e ensinará as pessoas a desprezarem o fausto, a igualarem-se a gente de posição inferior, e a avaliarem o homem e a mulher segundo sua virtude, não de acordo com "sua riqueza ou aparência externa" (p. 38).

O amor ao próximo é única liberdade universal em *The Compassionate Samaritane* (p. 238). Aqui, a reflexão se desenvolve em torno do mandamento divino "faze aos outros o que gostarias que te fizessem a ti". Para Walwyn, se um homem fizer o bem a outro, isto é, se não exercer um poder arbitrário sobre outro, cada um poderá viver em paz. Ao contrário, se predominar o amor-próprio, todo homem desejará tudo para si e a servidão para os demais, o que, sem dúvida, trará prejuízo comum. Em suma, a sociedade e o indivíduo serão livres, justos e virtuosos se não houver abuso de poder. Como se vê, o mandamento adquire, nesse contexto, o estatuto de direito individual, que permite a cada homem exercer racionalmente suas potencialidades, limitando-se a um poder moderado.

---

[11] Segundo Walwyn, desde que o clero aprendeu nas Universidades os argumentos especiosos favoráveis aos tiranos e as línguas com que confinam as Escrituras, pretende-se o único grupo de homens com condições de interpretar corretamente as Escrituras. "Realmente: o que há aqui senão política?" (p. 45). Antes de se verterem as Escrituras para o inglês, era necessário pagar um monge que as interpretasse; depois de traduzidas, dizem aos homens para contratarem um universitário se quiserem compreendê-las, pois que agora a falta de mister quase se tornou pecado. "Cuidem dos seus bolsos! ... Livrem-se desse cativeiro!" (pp. 46-7). Em *The Compassionate Samaritane* , Walwyn refina esse quadro, atribuindo-o menos à fatalidade inerente ao desenvolvimento da razão, do que a interesses absolutamente mesquinhos. As Escrituras foram traduzidas, é certo, mas apenas para que os leitores se acreditassem incapazes de compreendê-las.

AS REVOLUÇÕES DO PODER 263

Examinemos melhor essa transformação da lei divina em direito, comparando a redação positiva e a negativa desse mandamento ("não faças aos outros o que não gostarias que te fizessem a ti"). Neste último caso, o indivíduo deixa de fazer algo apenas para não sofrer a interferência em sua liberdade; ter direito é ser beneficiário do dever de outro (Tuck 1979, p. 14). Talvez, ao empregar a redação positiva, Walwyn revele que não traduz os direitos individuais em deveres de terceiros, sejam outros homens, seja o governante. A rigor, seus escritos defendem que tudo o que é racional desejar pode ser interpretado como direito inalienável, uma vez que nenhum homem racional abriria mão de sua liberdade se esta lhe pudesse proporcionar satisfações razoáveis. Não renunciaria, por exemplo, ao direito de seguir sua opinião para render-se às vontades de outro, porque isso equivaleria a deixar de ser senhor de si. O espaço de ação do indivíduo é limitado, não pelas leis civis, nem pelas ações de seus iguais, mas apenas pela segurança pública, isto é, pela necessidade de manter livre e senhora de si a república. É também digno de nota que Walwyn enfatize essa única restrição, ao mesmo tempo que critica com veemência as leis inglesas.[12] Seu propósito é mostrar que essas leis, incidindo sobre uma liberdade natural (não-política), são um indício de servidão do indivíduo e da república. Oprimem menos por restringirem o âmbito de ação individual, do que por usurparem um domínio que não pertence propriamente à comunidade.

Não que Walwyn defenda, como acontecerá bem mais tarde com John Stuart Mill, a variedade de opiniões por si mesma e a

---

[12] " [que] nenhum homem seja punido ou desacreditado pela autoridade de sua opinião, a menos que seja perigosa ao Estado" (*The Compassionate Samaritane*, p. 248); "não se deve tomar propriamente conhecimento dos donos da opinião, a não ser que façam irromper algum distúrbio ou inquietação no Estado" (*Toleration Justified*, p. 20).

liberdade de buscar o próprio bem à própria maneira. Tudo isso é estranho ao tom entusiástico de Walwyn e à sua tentativa radical de engatar liberdade individual e liberdade social. No caso de Stuart Mill, a tolerância religiosa se impõe em face da possibilidade de que outro intervenha – ou se movimente – na minha esfera de liberdade; no caso de Walwyn, o poder agigantado de um grupo (os presbiterianos) e sua pretensão de legislar sobre o corpo e a alma violam brutalmente o direito inalienável de não se submeter ao arbítrio de outro e o direito da república a manter-se senhora de si, não permitindo a desigualdade de poder em seu interior. Nesse sentido, o direito individual não tem preeminência sobre o direito coletivo, porque a liberdade do indivíduo está intimamente ligada à da comunidade. Mas, se entendermos o direito coletivo como idêntico ao consuetudinário, então o direito individual adquire primazia. Para atinarmos com essa diferença, talvez seja mais acertado considerá-la à luz de uma exposição mais minuciosa da teoria leveller dos direitos naturais, como se espera mostrar na próxima seção deste capítulo.

Isso posto, vejamos que, para minar o poder sobre-humano (ou sobrenatural) do clero, fundado na crença de que existe uma verdade única sobre a palavra de Deus, Walwyn oferece a suspensão de juízo: não há conhecimento certo, porque ninguém pode se presumir infalível.[13] O homem é a medida de Deus e sua opinião será tudo o que a razão concluir como verdadeiro ou falso, conforme ou contrário à vontade de Deus. Por causa desse relativismo e para superar o caos das inúmeras opiniões contraditórias, os presbiterianos e bispos poderiam objetar que o melhor seria impor a unidade e a uniformidade. Mas Walwyn não vê apenas o ân-

---

[13] "Nenhum homem, nenhum tipo de homem, pode presumir-se espírito infalível" (*The Compassionate Samaritane*, p. 250).

As revoluções do poder 265

gulo brutal da anarquia, como de resto não considera que as mudanças e a guerra civil sejam necessariamente males a evitar tanto quanto possível. Primeiro, não se atinge o consenso pela coerção. Como julgamentos involuntários a respeito de valores morais, as opiniões jamais seriam corrigidas por punições ou ordens, que somente se aplicam sobre o corpo e sobre as ações voluntárias (*The Compassionate Samaritane*, p. 249). Há, portanto, uma esfera irredutível de liberdade, que nenhuma lei civil modifica e torna inútil toda uniformidade de pensamento. Inútil e perigosa. Pois, segundo, na medida em que gera ódio – a pior forma de tirania – a coerção é o meio mais improvável de alcançar a unidade de espírito e a uniformidade da prática. A razão se sujeita à persuasão, não ao porrete. Se as opiniões parecerem erradas, e isso sempre acontece porque somos imperfeitos, deverão ser retificadas pela persuasão e pelo debate.[14]

Entretanto, essa arena do debate não é a dos sofistas, nem a dos atores. Os bispos, talvez por demais arrogantes, não se incomodaram em produzir ódio. Os presbiterianos, que destruíram o episcopado, anteviram no desfecho dos bispos o seu próprio. Temendo o poder do ódio, porque sabem que são ainda mais violentos que os bispos, "como normamente acontece aos escravos quando se tornam senhores" (p. 252), inventaram mil estratagemas para enganar e se fazer passar pelo que não são: "podemos ser enganados pelas palavras – como são infinitos seus fraseados e sua trama, podem ser forjados para fazer o pior parecer bom" (p. 252). Hobbes

---

[14] "Se usares a lei do porrete, em vez de convencer e unir, armarás os homens com preconceitos contra ti para concluírem que não tens em ti nenhuma garantia da verdade, pois do contrário farias uso disso" (p. 251). No mesmo sentido, veja-se a seguinte passagem, extraída de *Toleration Justified*, 1646: "... Tenho observado que os homens mais fracos e passionais, os mais incapazes de defender a verdade ou as próprias opiniões, são os mais violentos em favor da perseguição" (p. 20).

266 EUNICE OSTRENSKY

subscreveria inteiramente as críticas de Walwyn. Em *Behemoth*, escrito por volta de 1668, dirá que os presbiterianos "de tal modo compuseram sua gesticulação à entrada do púlpito, e a sua pronúncia, tanto na prece como no sermão, e utilizaram o fraseado da Escritura ... que nenhum ator no mundo poderia ter representado melhor que eles o papel de um homem reto e devoto" (p. 57). "Eles eram os mais ímpios hipócritas" (p. 61). Sim, hipócritas, concordaria Walwyn em *Toleration Justified*, tanto mais por desejarem que todos os outros fiéis sejam tão hipócritas como eles, fazendo a boca falar aquilo de que o espírito não se convenceria (p. 11).[15]

Não são essas as únicas críticas partilhadas entre o filósofo e o panfletista. Para mostrar que os presbiterianos devem ser julgados por suas ações, não por suas palavras ou pretextos, em *The Compassionate Samaritane*, Walwyn se propõe verificar quais os interesses do clero em geral e então percebe que, de fato, são aspirações bastante prosaicas – poder político e dinheiro. Entre os artifícios para dissimular essas aspirações, o primeiro consiste em preservar a distinção entre governo eclesiástico e civil, embora o clero almeje não o poder de doutrinar, mas o de punir. Não bastasse ser ilusória, essa distinção é também por si só danosa, porque a existência de dois governos temporais numa república sempre se mostrou incompatível com a segurança pública (p. 253).[16] Além disso, o clero

---

[15] Em *Behemoth*, Hobbes dirige igual censura à maneira como os presbiterianos trataram a católica Henriqueta Maria: "... parece que, sendo eles mesmos hipócritas, pretendiam forçá-la à hipocrisia. Como alguém pode considerar crime uma devota dama de uma seita qualquer buscar o favor e a benção da Igreja a que pertence?" (p. 103).

[16] Confira-se ainda *Behemoth*, p. 37. A esse respeito, ver também: "Pois, como o poder *espiritual* reclama o direito de declarar o que é pecado, reclama por conseqüência o direito de declarar o que é lei (nada mais sendo o pecado do que a transgressão da lei) e dado que, por outro lado, o poder civil reclama o direito de declarar o que é lei, todo súdito tem de obedecer a dois senhores, ambos os quais querem ver as suas ordens cumpridas como leis, o que é impossível" (*Leviatã*, 29, p. 278).

pretende se distinguir dos laicos, pois, não fosse assim, ninguém acreditaria numa só palavra do que se diz nas igrejas. Aliás, se os homens comuns percebessem que os presbiterianos não são os ministros de Deus, que Deus não fala através deles, logo os tratariam com uma familiaridade demolidora, "sacudindo o receio e o temor que têm dos religiosos, com os quais são criados na ignorância" (p. 254). No entanto, as pessoas parecem não confiar o suficiente na própria razão. Imaginam que a erudição seja essencial para conhecer a verdade. A ignorância e o medo trazem tristeza e, não raro, desespero, sentimentos que convêm aos presbiterianos: melancólicos, os homens vão buscar conforto nos doutores espirituais, mas a suposta terapia só faz aguçar a doença. Outra técnica de curandeirismo – observa Hobbes também em *Behemoth* – é a censura aos desejos carnais. Os presbiterianos condenam como pecaminoso o prazer que todos experimentam ao ver um outro corpo, sabendo que, perturbados, os homens e as mulheres recorrerão a quem assim os perturbou (p. 60).

Ora, a preocupação do clero é comum a todos os comerciantes: reservarem para si o mercado, criando um monopólio que lhes assegure dinheiro e ascendência (*The Compassionate Samaritane*, p. 256; p. 258). Naturalmente, precisam de clientes ingênuos o bastante para acreditar que, por não exercerem essa profissão, não têm condições de compreender a palavra de Deus. E vá alguém seguir a profissão do clero sem ter freqüentado as Universidades: "consolidaram tal ódio no coração da maioria das pessoas contra esse homem que nem um ladrão ou um assassino contaria menos com o favor delas" (p. 256).

Glosas políticas, comentários, controvérsias, estudo de idiomas mortos, infindáveis disputas sobre questões insignificantes: nesse ambiente se forma o espírito "cúpido, ambicioso e perseguidor" do clero, grande responsável por todas as desgraças dos ingle-

268 EUNICE OSTRENSKY

ses. E os eclesiásticos pretendem perpetuá-las, dominando as Universidades, as Igrejas e a imprensa, para impedir que se contestem nos panfletos suas determinações "duvidosas e até mesmo infundadas" (p. 258). Os espíritos mais livres que ousarem desafiá-los se arriscam a ir presos, como Walwyn, que escreve da prisão, tendo como companhia Overton, Lilburne e os *Ensaios*, de Montaigne. E, no entanto, a liberdade está dentro do homem: nada há de necessário para o esclarecimento do homem que Deus não tenha tornado acessível a todos, mesmo aos de capacidade mais estreita.[17]

* * *

Embora relevantes, as posições de Overton e Walwyn não são as mais correntes entre os defensores da tolerância religiosa. Em geral, parte-se da doutrina luterana do "sacerdócio de todos os fiéis", segundo a qual apenas a fé, nunca as obras, distingue os santos dos réprobos. A Igreja de Deus, como congregação de fiéis, torna-se então invisível, prescindindo de decisões políticas ou judiciais que a ajudem a alcançar a plenitude. Com efeito, não serão os açoites, as prisões e os flagelos, que levarão um homem ao Reino dos Céus. Será preciso contar tão-somente com a fé na palavra de Deus para se conseguir a salvação. Porém, uma vez interiorizada a Igreja, já não existirá no plano temporal um critério religioso que permita separar os justos dos injustos e, por causa disso, deve desaparecer o poder coercitivo sobre a alma.

---

[17] "Tudo o que necessitam saber é tão fácil que dispensa interpretação; tudo o mais não lhes faz bem nenhum" (*Behemoth*, p. 94). Sobre os defensores da religião minimalista (que reduzem ao mínimo as doutrinas essenciais do cristianismo), confira-se Sommerville 1992, p. 136.

Em face da Igreja invisível de Lutero e da distinção entre os poderes temporais e espirituais, os "sectários"[18] entregam o problema da salvação a cada fiel, abolindo, no mesmo golpe, o mandato divino do governante e do clero, para estabelecer as condições externas sob as quais se desenvolveria o verdadeiro cristianismo. Dando um passo além, tratam ainda de aprofundar a divisão entre Igreja e Estado. Este foi ordenado por Deus aos homens para conservar a paz no que se refere aos corpos e aos bens; aquela, para educar e informar a alma. A paz no Estado independe, assim, das diferenças de opinião religiosa. Pelo contrário, a uniformidade de religião e a perseguição têm sido causa de guerras civis, derramamento de sangue e hipocrisia, atitudes que ferem os ensinamentos de Cristo, de modo que as opiniões anticristãs, se existirem, deverão ser combatidas pela única espada capaz de conquistar: a espada de Deus.[19] Além disso, se os poderes espirituais e temporais se distinguem quanto à matéria e à finalidade, quanto à forma o Estado e a Igreja guardam alguma semelhança. Do mesmo modo que o pacto institui o governo civil, também é um pacto que cria as várias igrejas, verdadeiras ou falsas, as quais se dedicarão a propa-

---

[18] Assim como *leveller*, sectário é palavra de conotação pejorativa, utilizada basicamente pelos defensores das Igrejas Anglicana e Presbiteriana (Igrejas estatais ou que precisam do Estado para se viabilizar), contra todos os que neguem as hierarquias e a disciplina eclesiásticas dessas Igrejas. Assim como temos empregado o termo leveller sem assumir essa conotação negativa – que hoje, aliás, se perdeu – usaremos na sequência o termo sectário.

[19] Veja-se, a esse respeito, Roger Williams, *The Bloudy Tenent of Persecution*, 1644. Williams fugiu da Inglaterra em 1630, emigrando para Massachusetts, onde se empenhou em evangelizar os índios. Sua experiência como colono e evangelizador transparecem nesse tratado, no qual se refere à paz entre "os próprios americanos e mais os selvagens pagãos", a despeito de suas diferenças religiosas (p. 240). Segundo Wootton, Williams foi por muito tempo considerado um dos primeiros expoentes de princípios que viriam a ser essenciais na constituição norte-americana: a soberania do povo e a separação entre Igreja e Estado (*Divine Right and Democracy*, p. 215).

270 EUNICE OSTRENSKY

gar a palavra de Deus. Daí a definição de Igreja nesse contexto sectário: a Igreja é uma reunião de crentes[20] que se comprometem, mediante pactos mútuos, a professar esta ou aquela doutrina. É a mesma definição oferecida por John Locke em *A Letter concerning Toleration*: "Considero (...) que a Igreja seja uma sociedade voluntária de homens, reunindo-se de próprio acordo a fim de adorar publicamente Deus, da maneira que julgarem aceitável a Ele e eficaz para a salvação de suas almas" (p. 28). A jurisdição dessa corporação somente se exerce, portanto, sobre os que voluntariamente aceitaram nela ingressar, sendo tirania e usurpação todo exercício de autoridade sobre os não-crentes.[21]

É preciso considerar ainda como se distribui o poder no interior de cada Igreja. Voltando-se para os apóstolos de que Cristo se cercou, os sectários notam que nenhum deles recebeu mais poder que outro, e disso concluem que os vários membros das igrejas devem deter, como irmãos em santidade, poderes equivalentes.[22] Mas se o modelo das Igrejas sectárias pode ser o regime democrático, também pode ser uma companhia ou sociedade de comerciantes.[23] Nesse caso, a união entre os membros obedece a vários inte-

---

[20] "... uma sociedade de devotos" (*The Bloudy Tenent of Persecution*, p. 240); "uma sociedade de crentes que se reúne em nome de Cristo" (*The Saint's Apology*, 1644; IN: *Puritanism and Revolution*, p. 300).

[21] Veja-se, a esse respeito, *The Saint's Apology*: "Jurisdição à qual nenhum homem se sujeita legalmente, a não ser mediante seu próprio acordo. É necessário se sujeitar voluntariamente à superioridade de jurisdição em coisas espirituais ou temporais (se não for tão natural como a paterna), ou, do contrário, será usurpada e tirânica" (IN: *Puritanism and Revolution*, p. 301).

[22] "... segundo a política ou o governo pelo qual Cristo desejou que suas igrejas se ordenassem, a correta disposição do poder ... pode residir numa devida e proporcional distribuição em diversas mãos" (Thomas Goodwin e Philip Nye: *Introduction to John Cotton's The keys of the kingdom of Heaven*, 1644, IN: *Puritanism and Revolution*, p. 294).

[23] "... a igreja ... se parece a uma corporação ou agremiação de médicos numa cidade – se parece a uma corporação, sociedade ou companhia da Índia Oriental ou de

resses comuns e está sujeita até mesmo a rompimentos, se existirem entre eles divergências irreconciliáveis. Na pior das hipóteses a sociedade que os unia desaparece, mas isso não afetará em nada o Estado, cujas leis, punições e tribunais são radicalmente diferentes dos regulamentos e sanções das companhias.

Não importa, de fato, se as Igrejas sectárias se erguem ao modo das companhias comerciais, ou na forma de um pacto social. De um modo ou de outro, a proposta de reforma da disciplina eclesiástica traz em germe as propostas de redefinição da república. A ênfase na natureza voluntária e contratual do governo eclesiástico, baseada no livre consentimento dos fiéis, a afirmação da igualdade universal dos crentes e seu poder de tomar decisões no interior desse "Estado sagrado, cidade ou reino" – nas palavras de Lilburne em 1639 (Zagorin 1954, p. 9) –, indicam que a verdadeira república civil será também fruto de um acordo entre iguais. Não admira que por fim as propostas levellers favoreçam o regime democrático e, se o fizerem, terá sido mais como resultado de suas reivindicações, do que como propósito delas.

Fundar sobre a coerção e o arbítrio tanto o governo civil como o eclesiástico nada mais é que instituir uma tirania, intolerável aos olhos de Deus. "Pertence a Deus, e somente a Deus, governar pela lei de Sua abençoada vontade". Retirada de *England's Miserie and Remedie* (p. 277), a frase resume as inquietações religiosas e políticas dos levellers, cujos alvos primários são todos os que advogam um poder centrado na vontade absoluta, espelhado no poder divino: o monarca, os bispos, os presbiterianos, os defensores da mistarquia e, a partir de 1649, os independentes.

---

comerciantes turcos, ou qualquer outra sociedade ou companhia em Londres" (*The Bloudy Tenent of Persecution*, p. 240).

Reinterpretação da lei de natureza

Nas cartas e informes desesperados que, em 1645, envia de Newgate aos amigos e simpatizantes, Lilburne evoca incessantemente os princípios e as leis das quais sua prisão seria flagrante violação. Os princípios, já sabemos, são os da lei de natureza, mas sob as vestes heterodoxas da igualdade natural. Por natureza, salienta Lilburne em *The Freeman's Freedom Vindicated*, os homens têm igual poder porque foram criados à imagem de Deus; todo excesso de poder, por conseguinte, resulta de uma concessão ou doação – vale dizer, do consentimento ou acordo mútuo – cuja finalidade é proporcionar conforto e segurança e evitar a servidão. Todo poder suplementar é político, ou, então, não é poder, mas irracionalidade, desnaturação, pecado e tirania (p. 31). Quem, nesses termos, poderia concordar com a própria prisão, exceto um servo?

Esses princípios naturais, que asseguram ao indivíduo o exercício de sua liberdade, ganham corpo nas leis inglesas. Prova disso é a Magna Carta, expressão da liberdade inata dos ingleses, inabalada apesar da Conquista Normanda – ou do mito de uma Conquista incompleta. Segundo esse mito, graças à resistência dos anglo-saxões na defesa de suas liberdades inatas, o Conquistador não teria logrado impor sua vontade como lei e, portanto, jamais teria existido um governo absoluto na Inglaterra. Obrigado a ceder, Guilherme I celebraria um contrato com os súditos, confirmado mais tarde na Magna Carta e renovado na promessa, proferida doravante por todos os reis no juramento de coroação, de aceitar as leis e os justos costumes em vigência no reino. À maneira de um jurista, Lilburne cita precisamente essas leis, reduzidas a compêndio no Registro de Declarações (*Book of Declarations*) – grosso volume de Ordenações que algum carcereiro mais amistoso lhe terá facilitado. De acordo com esses inúmeros dispositivos legais originados no costume e aprovados pelo Parlamento, o leveller seria imediatamente colocado em liberdade e para seu lugar seriam mandados os parlamentares. É como se, apelando à lei e à legalidade, Lilburne voltasse as armas de seus inimigos contra eles mesmos. Assim como o Parlamento intitulara-se rei quando Carlos I se convertera em tirano, Lilburne agora intitula-se o Parlamento, ou pelo menos reivindica seus direitos pela autoridade moral do Parlamento (Sharp 1988, p. 39).

A linguagem da lei manifesta a continuidade com as teorias parlamentares, mais ainda, a continuidade histórico-legal do mito da Conquista Normanda. Em 1645, porém, o mito da Conquista começa a se desfazer, primeiro pelas mãos de Walwyn e Overton, e depois aos olhos de Lilburne. A partir de então, os levellers rompem com a teoria tradicional do Parlamento, rompimento este que, no entanto, se faz em dois estágios: o primeiro de crítica e o segundo de afirmação. A passagem de um momento para outro se dá pela reinterpretação da noção de lei de natureza. A formulação negativa da lei, mediante a qual ninguém tem, por natureza, direito sobre outro, cede lugar a uma formulação positiva do direito natural: cada um tem direito ou propriedade sobre si. Vejamos mais detidamente cada um desses momentos.

Em *England's Lamentable Slaverie*, carta privada para uso público, confome o subtítulo, Walwyn abandona a dedicação quase exclusiva à defesa da liberdade de consciência para advogar a libertação de Lilburne. As diferenças religiosas entre os dois em nada alteram a preocupação de Walwyn de se informar dos sofrimentos pelos quais passa seu companheiro e de lutar pela restauração de sua liberdade (p. 2). Não se trata de demagogia, mas de convicção, e do mesmo modo que Walwyn acredita no debate e na persuasão em questões religiosas, acredita que poderá convencer Lilburne de seus equívocos quanto à constituição do reino: "A Magna Carta tem muito mais valor na sua estima do que merece; embora possa ser boa para o povo, em muitos detalhes ele permanece sob intoleráveis opressões" (p. 5). Já tão reduzida desde a origem, a Magna Carta sempre esteve sujeita às usurpações dos reis, arrependidos de conceder mesmo essa pouca liberdade. Mas é ingênuo pensar que os reis estivessem sozinhos nesse ataque às liberdades; pelo contrário, muitas vezes tiveram "o auxílio desnaturado dos Parlamentos" (p. 3). Se Lilburne duvida, que volte a consultar o grosso volume de leis com redobrada atenção, e então verá como os Parlamentos passaram o tempo da assembléia: "não encontraremos nenhuma lei criada para expandir esses limites estreitos designados, enganosa e impropriamente, de Magna Carta (na verdade, designados assim para cegar o povo)" (*Ibidem*).

Além de breve – indício da restrita liberdade –, a Magna Carta traz marcas variadas de uma servidão intolerável e longe de ser a suma da liberdade dos ingleses é o vergonhoso registro do muito pouco arrancado aos tiranos que mantêm servil a nação. Grande parte das leis contidas na Carta cuida de assuntos menores, tais como normas para a caça, autorização para consumo de carne de cervo, criação de pombos, uso de roupas desta ou daquela fazenda, "e assuntos igualmente preciosos e raros, a maioria dos quais foi acrescentada com o propósito de distraí-lo [o povo] do menor pensamento de liberdade, pensamento adequado ao corpo representativo de um povo tão grande" (p. 4). É a isso, afinal, que se reduz a *common law,* essas leis exaltadas como a herança dos ingleses livres, e que de fato não passam de uma concessão do Conquistador. Como confundi-las com o verdadeiro direito inato?

Assim, ao contrário de Coke, para quem a *common law* vigorava desde tempos imemoriais – servindo de limite à vontade arbitrária de Guilherme – Walwyn e Overton (além de Gerard Winstanley, como lembra Pocock) julgam que de fato houvera Conquista e a lei existente seria uma das marcas da tirania do Conquistador, parti-

AS REVOLUÇÕES DO PODER 275

lhando, portanto, a ilegalidade que caracteriza todo o mando arbitrário (Pocock 1957, p. 126). Desse ponto de vista, existe uma clara aliança entre os reis e os Parlamentos, destinada a iludir o povo quanto ao verdadeiro sentido dos termos liberdade e servidão.

Walwyn não se deixa seduzir pela aparência de legalidade e suspeita que a melhor maneira de corromper um homem seja elogiá-lo: "a aparente bondade é mais perigosa do que a franca iniqüidade. Gestos amáveis facilmente se distinguem de palavras doces e agradáveis" (p. 6). Nenhuma sofística do mundo será suficiente para convencê-lo de que Lilburne não está preso em Newgate por não se conformar à servidão; nenhuma arte, por mais sutil, poderá desmentir o fato de que os longos anos de paz, durante os quais os Parlamento e os reis se entenderam perfeitamente, somente tiveram como resultado a lassidão do espírito, uma certa indolência e a satisfação com a miséria disfarçada de liberdade, dizem Walwyn e Overton em *A Remonstrance of many thousand citizens* (p. 35). Sob a prodigalidade dos reis que permitiram o enriquecimento dos súditos, havia apenas a intenção de corromper, e não o respeito por direitos inatos. Sob a revolta dos súditos que deixaram de contar com o apreço de Carlos, estava apenas o desejo de manter os costumes viciosos. Daí o desmancho da farsa chamada mistarquia e da máxima "o rei não erra", que passou a lhe dar sustentação em 1642: com essa linguagem submissa, o Parlamento tão-só pretendia convencer os cidadãos de que tudo se arruinaria sem o rei, "como se fosse impossível a qualquer nação ser feliz sem um rei" (p. 36). História enganosa, a de que o jugo normando nunca pesou sobre os ingleses![24]

---

[24] Veja-se *A Remonstrance of many thousand citizens:* "A história de nossos antepassados, desde que foram conquistados pelos Normandos, manifesta que esta nação foi desde então mantida o tempo todo em cativeiro pelas políticas, pela força dos oficiais a cargo da república, entre os quais sempre consideramos o rei o principal" (p. 34).

Ao promoverem a crítica à *common law* e a sua suposta continuidade histórica, Overton e Walwyn procuram reescrever a história de suas liberdades perdidas, revertendo a perspectiva histórica conservadora dos parlamentares – que nas suas disputas constitucionais com o rei sempre defenderam, à sua maneira, a monarquia, e buscaram resguardar os direitos supostamente arrancados ao Conquistador. A volta ao passado faz os dois levellers perceberem, entretanto, que a história atesta antes sua servidão que sua liberdade, como a conferir validade ao discurso realista.[25] Diante disso, não há outra alternativa senão promover a ruptura com os argumentos em que até então se baseava a política, como se lê na seguinte passagem de *A remonstrance of many thousand citizens* (1646): "Não importa o que nossos antepassados foram, não importa o que sofreram ou se viram forçados a aceitar: nós somos os homens do tempo presente e precisamos ser absolutamente livres de todas as espécies de exorbitâncias, molestamentos ou poder arbitrário" (p. 35).

A história se mostra ora discutível, ora desfavorável, porque não fornece nenhum precedente para justificar a reivindicação das liberdades.[26] Nesse momento em que o exemplo dos antepassados se torna um peso no presente, é preciso abandonar qualquer recurso à história, à autoridade e à erudição, apelando agora à razão como base última de julgamento – a exemplo do que Walwyn, crítico do saber livresco, já propusera a seus leitores. É nesse sentido, que, em *An appeal from the Commons to the Free People* (1647), Overton examina os registros e as histórias inglesas e se certifica de que não há nenhum exemplo ou precedente assegurando o direito de Parlamentos apelarem ao povo. Possivelmente sua iniciativa será vista como subversão e como tal censurada para evitar que o povo e

---

[25] Veja-se Zagorin 1954, p. 28.
[26] Veja-se Hill 1980, p. 84; Pocock 1975, p. 127.

os reinos mergulhem em confusão. O fato de não possuir precedente, entretanto, não invalida o apelo: "a razão não possui precedente – a razão é a fonte de todos os justos precedentes" (p. 323).[27] Considerando as leis da Inglaterra "indignas de um povo livre" (p. 46), Overton e Walwyn propõem, em *A remonstrance*, que se debata seriamente uma nova constituição ("forma e vida de todo governo"), livre dos vícios verificados na Antiga Constituição e promulgada por consentimento de todos os homens livres. Em suma, propõem um contrato social, traduzido em novas eleições para a escolha de representantes para o Parlamento e em amplas reformas no sistema penal, eclesiástico e jurídico.

Direito natural e propriedade

A nova constituição se fundamenta na razão e na eqüidade, e por isso é de esperar que a multidão de indivíduos racionais seja convocada a votá-la. Ora, o que, propriamente, define a racionalidade e permite que se convoque, não mais o povo, ou não o mesmo povo de que falavam os parlamentares, mas a multidão de indivíduos? A resposta está em dois panfletos, *An arrow against all tyrants* (1646) e *An appeal from the Commons to the Free People* (1647), nos quais Overton expõe uma teoria radical dos direitos naturais, superando o impasse do sistema de deveres originais criados pela lei de natureza. Com efeito, a teoria tradicional do Parlamento exige a convergência dos vários sentidos de lei de natureza (a lei divina, da razão e fundamental) e, mais importante para o

---

[27] Walwyn já enunciara princípio semelhante em *Toleration Justified*: "*Eu* pensava que as práticas dos Estados cristãos devessem ser julgadas pela regra da razão e pela palavra de Deus, e não a razão por elas" (p. 16).

278 EUNICE OSTRENSKY

caso presente, fornece a estrutura moral *a priori* em cujo interior operam as leis civis. De acordo com essa estrutura, portanto, não haveria nenhum espaço para exercer liberdades negligenciadas ou mesmo anuladas pela lei civil, como pretendiam Walwyn e Overton. O arcabouço jurídico e moral fornecido pela lei de natureza é uma teleologia que visa a conservar uma certa ordem fixa, na qual o costume exerce o importante papel de segunda natureza. Desse ponto de vista, a possibilidade de instituir uma nova ordem, na qual vigore outro sistema de direitos, parece quase excluída.

Na tentativa de se desvencilhar dos inúmeros laços de sujeição introduzidos em lei, Overton precisa, então, modificar o conceito de lei de natureza. A empresa não é simples. Para Pocock, o recurso à história é de tal modo inescapável, que a teoria fundamentalmente anti-histórica dos levellers só pode se exprimir na linguagem histórica (Pocock 1957, p. 127). Podemos acrescentar também que o recurso à lei é tão forte, que Overton só pode rejeitá-lo oferecendo uma reinterpretação da teoria tradicional.

De início, Overton recupera o arcabouço genérico da lei de natureza, supondo que Deus não é o Deus da irracionalidade, loucura ou tirania, pelo contrário: tudo o que transmitiu a suas criaturas é justo e bom, e tem como finalidade impedir o dano, a destruição, o cativeiro, bem como proporcionar, por todos os meios, a existência segura. Enquanto todas as criaturas possuem o instinto da defesa, o homem é dotado de um princípio suplementar, segundo o qual nada que seja contrário à razão é lícito (*Nihil quod est contra rationem est licitum,* princípio latino mencionado por Overton em *An Appeal to the People,* p. 324).[28] Essa já é uma formulação de direito derivada da noção de lei fundamental, mas clara o

---

[28] Esse texto se encontra na coletânea *Puritanism and Liberty.*

suficiente para retirar Overton da vizinhança com os parlamentares e colocá-lo entre os teóricos do direito natural. Lembremos que Hobbes citava o mesmo princípio em versão positiva, por assim dizer, afirmando que "o que não é contrário à razão os homens designam por Direito ou *jus*" (*Elements of Law* I, I, 7). Tal como Hobbes, Overton considera que a sobrevivência seja antes um direito do que uma obrigação moral imposta pela lei de natureza, e um direito idêntico à liberdade de usarmos todos os poderes para evitarmos um mal muito maior que a morte – a tirania.

Esse princípio básico, de acordo com o qual é direito tudo o que é racional, soma-se a um segundo princípio do direito romano, que C.B. Macpherson interpretou, como é bastante sabido, à luz da economia: o princípio da propriedade de si. Como esclarece James Tully, afirmar que um homem é senhor ou proprietário de si equivale a defini-lo, não como possuidor de direitos exercidos no mercado por meio de relações contratuais, mas por oposição ao escravo, que se caracteriza como sujeito da vontade de outro (Tully 1993, pp. 80-1). Portanto, é no horizonte da servidão, não do mercado, que devemos entender o princípio da propriedade de si, formulado claramente por Overton em *An arrow against all tyrants*: "todo homem, enquanto é ele mesmo, possui a propriedade de si – do contrário, não poderia ser ele mesmo" (p. 55). Por natureza, todo indivíduo recebe de Deus a propriedade de si mesmo, bem como os meios para evitar que esta seja invadida ou usurpada por outros; além disso, ninguém tem poder sobre direitos e liberdades alheias na medida em que "por direito natural todos os homens são igual e similarmente nascidos para a mesma propriedade, liberdade e privilégio" (p. 55). Iguais e livres, os homens só adquirem mais poder (ou mais propriedade) sobre outro mediante consentimento ou delegação. Quem delega mais do que é necessário à vida se converte em escravo, "peca contra a própria carne"

(p. 55); quem obtém mais do que precisa para se defender e sobreviver "é ladrão e assaltante de sua espécie" (*Idem*).

De um lado, então, não há contrato com ladrões. Se a propriedade for invadida, cada indivíduo está autorizado a retomá-la, nos termos do direito natural de autodefesa. Isso significa que todo governante está sujeito, em princípio, à resistência individual dos cidadãos caso ultrapasse os estreitos limites impostos pelo contrato. A resistência deixa de ser uma ordem da consciência (de Deus ou da natureza), como pensavam os parlamentaristas, e se converte, também ela, em direito individual inalienável – de nada adiantaria ao homem receber de Deus a propriedade de si, se não recebesse, também, os meios de guardá-la. A liberdade inclui, assim, a posse do corpo e o julgamento dos meios de conservá-la. Por outro lado, o poder soberano é limitado porque o poder natural de cada homem sobre si é limitado: "por natureza, nenhum homem pode maltratar, bater, atormentar ou afligir a si mesmo" (p. 57). Ser livre não é, como pensa Hobbes, ter poder absoluto sobre si mesmo e sobre outros. Esse poder pertence apenas a Deus – não se cansam os levellers de frisar –, que governa segundo os desígnios insondáveis de Sua vontade. Às criaturas Ele concedeu o uso da razão, de modo que enlouquecer, tornar-se caprichoso, é o mesmo que escravizar-se, alienar o corpo. O senhor, que abandona a razão à vontade cega, agora se equipara ao escravo. Mesmo que um possua o que ao outro falta (a propriedade), ambos se rebaixaram, não ao nível das relações domésticas, mas ao nível dos animais. A diferença é que, enquanto os senhores são "tão-só lobos vorazes, mesmo leões rugidores à caça da presa, indo de lá para cá, procurando alguém para devorar" (p. 64), os escravos se assemelham aos animais de carga, que raras vezes se revoltam. Mas, se isso porventura acontece – já alertava Walwyn, pensando nos presbiterianos –, costumam ser ainda mais cruéis que seus senhores. Na política, espaço da racionalidade, os párias não têm lugar.

AS REVOLUÇÕES DO PODER 281

* * *

Um princípio análogo ao da propriedade de si já fora exposto em *The Compassionate Samaritane*, no contexto da liberdade de consciência e dos pressupostos céticos que Walwyn mobilizara para rechaçar o presbiterianismo. Naquela ocasião, Walwyn dissera que a razão de um homem é sua opinião a respeito do que segue ou contraria a vontade de Deus, "e assim o homem, por sua própria razão, necessita ter a opinião que tem" (p. 249). Não é possível ter opinião distinta, porque justamente essa opinião expressa a propriedade inalienável que o homem tem de si mesmo. Mais ainda, a opinião, a liberdade e a propriedade formam o "eu" do homem, ao qual não pode renunciar. Correndo o risco da simplificação brutal, poderíamos reduzir o pensamento leveller à fórmula "ser livre é possuir e exercer o domínio inalienável de si". Essa fórmula está implícita na revolta de Lilburne contra o poder arbitrário do rei e do Parlamento, na defesa que Walwyn faz da tolerância e na sua crítica à história, e, obviamente, na teoria do direito natural desenvolvida por Overton. Em todas essas manifestações, a liberdade se define tanto pelo exercício do próprio domínio (a expressão do autocontrole, da própria opinião), como por não se estar sujeito ao domínio de outro.

É sob esse aspecto que a teoria leveller se distingue da teoria conservadora dos direitos naturais elaborada por Hobbes e Digges. À sua maneira, Hobbes também supõe que por natureza o homem tenha a propriedade de si (entendida não à luz do individualismo possessivo de Machpherson, ou de uma concepção econômica do "eu", mas do domínio de si ou dos direitos sobre o "eu"); supõe, mais ainda, que o indivíduo possa alienar tal propriedade definitivamente, resguardando o exíguo, porém fundamental, direito à vida.[29] Aqui

---

[29] Renato Janine Ribeiro observa, no entanto, que a concepção hobbesiana da proprie-

se vê, salvo engano, a divisão de águas entre a teoria leveller e a teoria hobbesiana. Enquanto Hobbes faz as relações políticas e sociais erigirem-se sobre necessidade de alienação do poder, porque afinal a propriedade de si constitui um direito impraticável, os levellers constroem essas relações sobre a possibilidade da delegação desse mesmo poder (Tully 1993, p. 83). A alienação, para estes, é sinônimo de servidão.

No entanto, os levellers apenas prefigurariam a filosofia política de John Locke, caso suas posições políticas se condensassem no princípio da propriedade inalienável de si. Esse princípio do direito natural pode às vezes ser lido como o direito à não-interferência e prescinde, teoricamente, da defesa da tolerância religiosa, da crítica à história, ou mesmo da interpretação heterodoxa da lei de natureza ("não estar sujeito ao arbítrio de ninguém"). Mas o mais importante é notar que nos escritos levellers todas essas reivindicações são princípios da justiça natural que nenhuma constituição humana abole ou modifica. Por isso, quando os levellers afirmam que esses princípios são superiores até mesmo às leis humanas, deixam subentendido que direitos adquiridos dos proprietários poderão ser revogados caso se mostrem incompatíveis com a liberdade natural. Já se vê que uma teoria nesses moldes não agradaria aos "legisladores naturais". Os primeiros a combatê-la foram os independentes, que advogam a doutrina dos direitos inatos, exemplificada, no início deste capítulo, pela análise do panfleto *Constitutio Liberi Populi*, de William Ball. Nos debates de Putney, o enfrentamento entre os dois grupos políticos se tornará mais claro.

---

dade é axiológica: "constitui-se ao mesmo tempo que bem e mal, e identifica-se com a Justiça, isto é, com a diferença entre justo e injusto, lícito e ilícito". Nesse sentido, não é direito natural (ver Ribeiro 1999, p. 82).

Pacto, voto e revolta

Em outubro de 1647, os generais Henry Ireton e Oliver Cromwell finalmente cedem à pressão dos soldados rasos e aceitam se reunir em Putney com os representantes que estes escolheram - os chamados agitadores (*agitators* ou *adjutators*) –, mais os representantes dos oficiais e alguns civis. A reunião, que durou vários dias, ficou conhecida como os Debates de Putney e teve como finalidade discutir o Acordo do Povo, documento elaborado, pouco antes, por vários membros do exército, entre eles os coronéis Lilburne e Overton e muito provavelmente Walwyn.[30]

O Acordo do Povo pretende ser o contrato que dará origem a uma nova sociedade criada pela renovação do Parlamento, uma declaração de direitos e, por conseguinte, o esboço da primeira constituição escrita da Inglaterra. Por intermádio desse pacto, que cada homem é convidado a firmar, todos se comprometem "mediante dever mútuo" a impedir o retorno a uma condição servil que só possa ser interrompida com uma nova guerra (p. 93). Como a falta de assembléias nacionais e a ineficiência das que se realizaram – ou seja, a carência de representatividade – são identificadas às causas das opressões a que se sujeitaram até então os ingleses, propõem-se eleições imediatas. Deixariam de existir a monarquia e a Câmara dos Lordes, cujos membros não são eleitos; os direitos dos futuros Parlamentos, os limites do poder legislativo da Câmara dos Comuns, seriam declarados com base nos direitos originais do povo.

O documento está dividido em duas partes. A primeira delas, composta de quatro artigos, estipula os meios para recompor a sociedade e solapar a antiga sujeição: a necessidade de respeitar a

---

[30] É o que pensa Andrew Sharp, o editor de *The English Levellers* (p. 92, 202).

proporcionalidade da representação conforme o número de habitantes dos condados e de ampliar o eleitorado; a dissolução imediata do Parlamento, reunido já havia sete anos; a instituição de Parlamentos bienais e, por fim, a definição do mandato dos representantes, cujo poder é apenas inferior ao dos representados e se estende ao poder legislativo e executivo (pp. 93-4). A segunda parte do Acordo estabelece os direitos inalienáveis dos representados, ou seja, os poderes que não são passíveis de representação e que, uma vez desrespeitados, autorizam os cidadãos a dissolver o Parlamento.

O primeiro desses direitos é o de culto: como não é possível confiar a outros um poder que não se tem – o de determinar a vontade de Deus –, a república pode apenas instruir os fiéis, jamais coagi-los. Do mesmo modo, como nenhum homem tem o direito de expor seu próprio corpo às feridas provocadas por armas ou por qualquer outro instrumento, ninguém deverá ser constrangido a lutar em guerras. O terceiro direito original diz respeito a não ser interrogado, salvo pelos representantes do povo: nem o clero, nem os juízes podem conduzir processos sem que deles participem membros reconhecidos da comunidade. São contrários ao direito de natureza tanto os juramentos *ex officio*, nos quais o acusado, o mais das vezes sob tortura, incrimina-se e, portanto, é obrigado a renunciar à sua defesa, como os julgamentos proferidos sem a participação de um júri composto por doze pessoas escolhidas na comunidade, ou os processos judiciais concluídos sem o testemunho de duas ou mais pessoas idôneas.[31] O quarto direito original é hoje bastante trivial, não por ser respeitado, claro: todos estão igualmente sujeitos à lei, e

---

[31] A Petição de 11 de setembro de 1648 trata todos esses pontos com mais detalhe e acrescenta outras reivindicações relevantes, como a abolição da prisão por dívidas (que arruína o devedor e o emprestador), e a remuneração dos deputados, pois do contrário um representante pobre não tem como se manter durante a sessão do Parlamento (*The English Levellers*, pp. 136-7).

nenhuma posse, posição ou título exime um homem de se submeter aos procedimentos comuns da justiça. Finalmente, o quinto e talvez o mais controvertido direito estabelece que as leis não podem ser nocivas à segurança e ao bem-estar do povo. Isso significa não apenas que é sempre o povo o juiz de sua segurança, como ainda que os direitos coletivos da sociedade não se sobrepõem aos direitos individuais. É contra esse direito que se volta Ireton nos debates de Putney.

O primeiro artigo do Acordo, que trata da ampliação do colégio eleitoral, em geral é o que recebe mais destaque de historiadores e estudiosos, em detrimento de outras propostas até mais relevantes do programa leveller de reformas. Duas seriam as razões dessa ênfase: por um lado, o primeiro artigo constituiria o foco de divergências incontornáveis entre levellers e independentes, e, por outro, um exame de seus pressupostos, como fez Macpherson em *A Teoria Política do Individualismo Possessivo*, evidenciaria que, por não proporem o sufrágio universal, os levellers não poderiam ser considerados os precursores da democracia moderna. No entanto, o historiador Keith Thomas mostra que os levellers negam direito de voto aos serviçais – importante setor da economia britânica no século XVII – menos por serem assalariados, como afirma Macpherson,[32] do que por estarem sujeitos à vontade de um senhor, isto é, por não serem donos de si mesmos (Thomas 1974, p. 77).

É exatamente esse o teor de uma das intervenções de Maximilliam Petty nos debates de Putney. Petty, um dos civis escolhidos para discutir o Acordo com os oficiais, esclarece que os aprendizes, serviçais e mendigos serão excluídos do colégio eleitoral porque dependem da vontade de outros homens "e ficariam

---

[32] Para Macpherson, como os assalariados e mendigos teriam perdido a propriedade do próprio corpo, é de supor que não tivessem propriedades em terras ou em capital (p. 156).

receosos de desagradá-los" (p. 130). Mas o que vale para essas categorias não se aplica aos assalariados, e prova disso é a solidariedade dos levellers com os soldados que teriam perdido emprego e posses para defender a república, como lemos no Acordo: "Para o vosso bem, nossos amigos, nossas posses e vidas não nos foram caras. Para vossa segurança e liberdade, suportamos de bom grado duras penas e corremos os perigos mais violentos" (p. 95). O coronel Thomas Rainborough, um dos mais exaltados, afirma temer pelo futuro dos que arriscaram todas as suas posses na guerra e que não terão nenhum representante no Parlamento, se não lhes for reconhecido o direito de voto (p. 118).

Retornando às duas razões pelas quais a questão do direito de voto teria adquirido vulto no programa leveller, malgrado outras propostas, vemos que ou se admite a divergência entre os oficiais e os agitadores, ou, então, se afirma, como Macpherson, que ao fim e ao cabo uns e outros defenderiam os *freeholders*, divergindo apenas quanto ao valor ou dimensão da posse que faculta o direito de voto. É fato que os oficiais e os agitadores concordaram tacitamente quanto à inviabilidade do sufrágio universal – na verdade, em momento algum do debate se chega a mencionar tal proposta. No entanto, divergiram radicalmente quanto à ampliação do colégio eleitoral. Os levellers manifestam a preocupação constante em reconhecer os direitos políticos de homens que, por não possuírem posses no valor estipulado por lei, não eram tradicionalmente considerados livres e por isso não podiam escolher representantes para o Parlamento. Mas os outros presentes à reunião resistem fortemente à proposta de conceder direito de voto aos que não sejam *freeholders*, nem possuam terras que possam ser consideradas como herança, temendo que se revogue o direito de nascença, assegurado pela *common law*.

Como nota Keith Thomas no artigo acima citado, é duvidoso que uma única teoria possa racionalizar adequadamente a posição leveller no que se refere ao direito de voto (p. 77). Mas, se existe algo consensual entre os levellers, é a prevalência dos direitos naturais sobre os direitos civis. A certa altura, o oficial John Wildman pede que se deixe de lado a discussão dos fatos e se passe a examinar o direito. Ora, que fatos são esses, senão as leis criadas pelo Conquistador? Não se deve dar crédito algum às crônicas e aos registros nos quais se baseiam os critérios de concessão de direito de voto e de modo geral as leis do país, diz Wildman, e a razão disso é bastante clara: os senhores que fizeram de homens livres vassalos registraram nos livros apenas sua vontade.[33] Por isso, a finalidade do Parlamento não é velar por interesses historicamente constituídos, mas agir de acordo com as justas regras da república. Se o governo não for fruto de consentimento, ninguém está obrigado a se submeter a ele (p. 116). O capitão Edward Sexby vai além e afirma que ele e seus companheiros lutaram na guerra para recuperar seus direitos inatos. Não eram *freeholders*, sem dúvida, mas tinham um direito de nascença, um interesse nos assuntos do reino, do contrário seriam meros mercenários (p. 120). E, voltando-se para Cromwell, que censurara essas posições como anárquicas, pergunta: "Não achas triste e miserável que nesse tempo todo tenhamos lutado para nada?" (p. 124).

Rainborough não é menos contundente. Se o critério dos bens alodiais introduzidos por lei for suficiente para diferenciar os que têm e os que não têm direito de voto, os verdadeiros homens livres terão lutado para se tornar escravos dos *freeholders*, para estar obrigados a leis que não votaram. Tirania maior que servir aos ricos não há! E, se apenas Deus sabe como os senhores adquiriram tais terras (p. 111), Ele sabe também que a razão de nada valeria para suas cria-

---

[33] Daí, lembra Christopher Hill, o hábito de destruir os registros dos senhores feudais na década de 1640 (Hill 1990, p. 83).

288 EUNICE OSTRENSKY

turas se elas não a pudessem usar e aprimorar. De fato, a propriedade de que falam os levellers é a razão, condição de exercício da liberdade natural, capacidade de adquirir posses – não as garantidas por lei. Estas, as dos ricos, foram introduzidas de maneiras escusas, provavelmente por força de enganos; aquelas outras, as verdadeiras, foram concedidas por Deus, e a maior evidência desse direito está na participação ativa na guerra.[34]

Henry Ireton, genro de Cromwell, vislumbrou subversão nessas afirmações apaixonadas. Desde o início dos debates sua posição se manteve inalterada e, aliás, o mesmo se pode dizer com relação aos soldados. De certo modo, houve discussão, mas ninguém arredou pé de suas convicções. As de Ireton e Cromwell se condensam na seguinte frase, proferida logo após o discurso incendiário de Rainborough: "A lei divina não se estende às coisas particulares ... Nosso direito de propriedade descende de outras coisas" (p. 111).[35] É verdade: se todos tiverem direito de voto por serem igualmente livres, será necessário buscar refúgio no direito absoluto e natural, negando todo direito positivo. Porém, de acordo com o direito natural – acrescenta Ireton em laivos hobbesianos – todos terão direito a tudo, "e então imagino que tereis de negar também toda a propriedade" (p. 108). Revogada a lei civil, anulada a Antiga Constituição, todos voltarão a ser iguais e não há razão para imaginar que um se refreará de tomar as posses do outro, pois a lei de natureza decreta o

---

[34] Segundo Skinner, é para burlar a aplicação desse princípio radical e inconveniente que Locke prefere interpretar a lei de natureza mais à luz dos juristas que dos teólogos (Skinner 1978, vol. 2, p. 153).

[35] Na primeira afirmação, "A lei divina não se estende às coisas particulares", ficam claras as origens divinas dos direitos políticos reivindicados pelos levellers, como sublinha Hanson no artigo "Democracy" (Hanson 1989, p. 74). A segunda afirmação, por sua vez, "Nosso direito de propriedade descende de outras coisas", poderia explicar por que as invocações religiosas, longe de salvarem os levellers da acusação de radicalismo – coisa que parece espantar o mesmo Hanson (p. 75) –, foram justamente as responsáveis pela prisão dos principais líderes do movimento.

que homem poderia ter, mas não determina o que realmente pertence a cada homem. Por isso, conceder direito de voto a qualquer homem que seja livre pelo direito natural significa conceder-lhe a possibilidade de confiscar terras que as leis positivas atribuíram a outros.

O coronel Nathaniel Rich apresenta um segundo argumento contrário à ampliação do colégio eleitoral, reivindicada pelos levellers. Admite que, se o senhor e o servo tiverem igual direito de voto, os pobres, que são a maioria, poderão destruir a propriedade dos ricos. Mas isso talvez seja o menos grave. Pior, sem dúvida, é a possibilidade de que os ricos comprem os votos dos pobres.[36] Segundo Rich, a compra de votos era comum no Senado romano, prática que resultou em "inúmeras manobras e revoluções" (p. 114). É por reconhecer a importância vital do elo entre participação política e liberdade que o coronel julga a situação presente da Inglaterra mais propícia à República que a democracia plena. A república romana chegou ao fim, lembra ele, quando um homem poderoso e rico, que tinha bastante ascendência no exército, tornou-se ditador perpétuo. "E, se nos esforçamos tanto para evitar a monarquia no rei, tomemos o cuidado de não convocarmos imperadores para nos livrarem de mais de um tirano" (*Idem*).

Em pouco tempo, Cromwell se encarregará de mostrar que tinha sabedoria nas palavras de Rich, cuja intervenção em Putney antecipa o ambiente republicano que se seguirá à abolição da monarquia e ao tiranicídio. Por ora, prevaleciam a voz de Ireton e sua preocupação em demonstrar que as leis e instituições formam uma estrutura social em cujo interior os homens não são livres para se mover. Na mesma época, recorda Pocock, um home escondido em

---

[34] Esse argumento já havia sido empregado por Maquiavel em *Discursos sobre a década de Tito Lívio*, III, 28.

290 EUNICE OSTRENSKY

Kent pensava outras maneiras de alcancar a mesma negação da liberdade natural: nosso já conhecido Robert Filmer.[37]

Representação

Mesmo antes dos Debates de Putney cresce entre os diferentes grupos políticos a opinião de que os levellers haviam se tornado um estorvo. Os realistas suspeitam de uma conspiração leveller para matar o rei – ou pelo menos é isso o que sugere em 1647 o jornal *Mercurius Pragmaticus,* órgão dos realistas, editado por Marchamont Nedham (que, apenas para recordar, começara a carreira de jornalista como editor do parlamentarista *Mercurius Britannicus*).[38] Aliás, é difícil saber com precisão, em meio ao mar de propaganda das partes envolvidas (realistas, presbiterianos, independentes, levellers),

---

[37] Pocock 1975, p. 376. Em 1647, Filmer provavelmente está em plena atividade especulativa. Escreve *The Free-holders Grand Inquest,* e *The Anarchy.*

[38] Em 1647, Nedham foi contratado pelos realistas para dirigir o *Pragmaticus* e cumpria suas funções com admirável vigor. Mas, ao mesmo tempo, continuava secretamente como redator do *Mercurius Britannicus* e existem indícios de que também tenha contribuído com panfletos independentes e levellers. Tantas e tão diferentes são as atividades jornalísticas de Nedham que, na sátira intitulada *Match me these two: or the conviction and arraignment of Britannicus and Lilburne,* os oficiais de justiça que vão prender o "infamante" Britannicus o encontram na cama em tão profundo estudo que, quando se aproximam, o jornalista mal os percebe. Pelos documentos apreendidos, os oficiais adivinham que Britannicus projetava um guia para o labirinto em que ele mesmo se envolvera – a autoria de milhares de panfletos e jornais. Eis, na sátira, as últimas palavras do jornalista antes de receber a sentença do tribunal: "Confesso que fui ousado e inventivo... Considero essa a minha maior glória, a que fará de mim o único prodígio do próximo século e me dará o título de PRÍNCIPE DOS LIBELISTAS. Sua Majestade possui enormes motivos para aplaudir minha verve, pois, se pensar bem, minhas linhas não eclipsaram menos sua glória do que promoveram sua causa...". Ao contrário da peça, na qual é condenado à morte, Nedham alcançou extrema popularidade em 1650, quando, resgatado da mais profunda miséria pelos independentes, foi cooptado a peso de ouro para defender a República. Por isso, não estranharia se o próprio Nedham fosse autor dessa sátira.

quais eram as verdadeiras alianças políticas em finais de 1640. Os realistas vêem acordo entre Cromwell e os vários grupos sectários; estes não se entendem, a não ser na prisão; os presbiterianos tentam se aliar aos realistas e, finalmente, os independentes contam com talentosos publicistas para explorar supostas e estranhas afinidades teóricas entre *levellers* e realistas (os dois grupos seriam jesuítas disfarçados), e divulgar a inverossímil ameaça de uma aliança entre eles para restaurar a monarquia.

Embora o regicídio servisse ao duplo propósito de golpear os partidários de Carlos e facilitar a prisão dos líderes do movimento leveller, tornando assustadoramente real, de certo modo, a aliança entre dois grupos tão distintos, em 1649 os independentes e seus seguidores ainda insistem em que nas antípodas se juntam os defensores do poder incontrastável do rei e os paladinos do vulgo inconstante e descontente. Para eles, a monarquia por direito divino e a democracia popular representam o domínio da irracionalidade, no qual se dão as mãos a tirania e a anarquia, com seus efeitos igualmente funestos. Portanto, énecessário encontrar, de acordo com Anthony Ascham, "uma posição eqüidistante entre esses dois grandes interesses, brutalmente contraditórios, o da populaça e o da magistratura" (*The Original and End of Civil Power*, p. 642). O jornalista Nedham, por sua vez, considera os dois partidos inimigos da República nascente e, a rigor, inimigos de qualquer governo, já que trazem instabilidade ao Estado ao atentarem contra as liberdades do povo (*The Excellency of a Free State*, pp. 2-4). Até mesmo Hobbes parece endossar essas críticas, afirmando ser difícil e imprescindível assumir uma posição razoável entre os que se batem, de um lado, por "excessiva liberdade" e, de outro, por "excessiva autoridade" (*Leviatã*, p. 5).

John Milton também censura aos levellers a inconstância e a aposta na irracionalidade, mas, ao fazê-lo, adota um outro ângulo.

Para ele, os levellers incorrem numa contradição insuportável, indigna de homens que se vêem como heróis: de início participam de ações grandiosas, que em seu curso acabam por soterrar a lei e o costume; depois, quando precisam mostrar-se definitivamente virtuosos, capazes de autorizar um feito tão nobre como a execução do tirano, começam a "oscilar", disputando "precedentes, formalidades e circunstâncias, quando a república quase perece por falta de atos concretos, realizados com justa e exata prontidão" (*A tenência de reis e magistrados*, p. 5). Somente a pouca instrução explica esse súbito respeito pela majestade – conclui o poeta em tom de desprezo pela "multidão irrefletida", segundo suas palavras noutro texto (*Readie and Easie Way to Establish a Free Commonwealth*, p. 518).

Assim, nas críticas dos contemporâneos aos levellers é comum ressaltarem-se a escassa instrução dos líderes e o radicalismo das propostas, que teriam por finalidade transferir um poder de natureza majestática à multidão totalmente destituída de racionalidade. A exemplo dos parlamentaristas, cujo poder e autoridade haviam sido contestados pelos levellers, os críticos do final da década de 1640 consideravam que a multidão não é o povo; não é composta por indivíduos livres e detentores de direitos.

Movimentando-se na contracorrente, Thomas Hobbes trata de repudiar as propostas levellers, sem no entanto partilhar as premissas dos que os criticam, segundo as quais a multidão não é nem pode ser o povo. Pelo contrário, no *Leviatã*, Hobbes dirá que a multidão, unida numa pessoa, "chama-se República" (cap. 17, p. 147). James Harrington, outro nome de destaque do período revolucionário, louva os elementos democráticos visados pelos levellers, mas salienta que nada poderia estar mais distante da instituição do governo popular do que o Acordo do Povo. É com as posições desses dois grandes pensadores a respeito dos levellers e, mais particularmente, do conceito de representação situado por esse grupo na base do regime democrático, que encerraremos este capítulo. Vejamos primeiro o que teria a nos dizer o autor de *Leviatã*.

* * *

Embora Hobbes jamais mencione as propostas levellers, presume que seus leitores as conheçam, e por isso tenham condições de perceber como a idéia de representação pode servir, não a um debate sobre as formas de governo, mas a uma discussão sobre o valor da soberania. Mais uma vez, temos aqui uma mostra da habilidade de Hobbes em acomodar um discurso adversário aos interesses de sua filosofia, transformando-o no inverso do que se pretendia. O conceito de representação, de que agora se apropria o filósofo, é comumente associado, primeiro, às instituições parlamentares como um todo, segundo, à origem do poder dos Comuns (a representação popular), e terceiro, aos membros do Parlamento.[39]

A definição de representação no *Leviatã* privilegia o aspecto legal conferido pelo termo "autorização". No Capítulo 16 dessa obra, o soberano torna-se representante ou pessoa jurídica una e única, enquanto os representados são os autores, indivíduos capazes de autorizar ou reconhecer como suas as palavras do ator/representante. Assim, a multidão se transforma em pessoa jurídica quando cada indivíduo consente em que todos os atos de um terceiro sejam tomados como os seus, isto é, cada membro da multidão concede o direito de uso (*right of possession*) de seu poder a um outro. Uma vez decididas as ações que constituem objeto da autorização, o representante adquire poderes e direitos de que não dispunha

---

[39] O primeiro registro que H. Pitkin encontra desta última acepção data de 1651, e se encontra num texto de Isaac Pennington, filho (ver Pitkin 1989, p. 140).

antes, e os representados, por sua vez, adquirem novas obrigações.
Essa definição formalística, segundo Pitkin, assegura que jamais é possível resistir ao soberano sob a alegação de que não estaria representando os súditos como deveria – embora, por outro lado, ao empregar o termo "procuração", Hobbes reconhecesse implicitamente que o soberano só pode fazer o que os representados esperam que ele faça, e não o que quiser (Pitkin 1989, p. 141).

Ao contrário do que poderia parecer, nada há de ambíguo nisso. O Estado somente é capaz de agir, diz Skinner, se for representado, e o Estado somente é capaz de agir legalmente se nós, membros individuais da multidão, o autorizamos a nos representar. As ações do soberano são as de um ator, as de alguém que representa um papel – o papel do Estado. Dizer que resistimos ao soberano, representante do Estado, é de certo modo afirmar que resistimos a nós mesmos, o que não faz nenhum sentido. Mas, por outro lado, o soberano não pode ter a expectativa de que se mantenha a união civil, fundada sobre a obediência, se não garantir aos representados aquilo que mais desejam: proteção. Como explica Skinner no mesmo lugar, apesar de alinhar-se politicamente aos realistas, Hobbes foi um inimigo declarado do legitimismo, negando que pudesse existir algo semelhante ao "direito de mandar". O governo está sempre submetido a um teste, a saber, se é ou não capaz de nos proteger dos danos que podemos causar uns aos outros.[40] Portanto, em princípio o soberano pode fazer o que bem entender da procuração que lhe transmitimos, e nada, contudo, nos obriga a obedecer-lhe se não recebemos em troca proteção.

---

[40] Entrevista de Quentin Skinner ao Jornal *Clarin*, "El Estado, un monstruo necesario: a 350 anos del Leviatan", 8 de julho de 2001.

Para os levellers, também o conceito de representação é fundamental. Vale lembrar que eles atribuem as causas das opressões toleradas pelos ingleses à falta de representatividade do Parlamento, e daí a proposta da ampliar o colégio eleitoral na tentativa de corrigir falha tão prejudicial. Além disso, os levellers determinam o direito individual e coletivo de resistência precisamente em razão da carência representativa da assembléia governante: se um indivíduo ou um grupo sentir que o Parlamento não representa adequadamente seus interesses – e com isso usurpa poderes que não lhe são delegados – é lícito, justo, direito e recomendável aos cidadãos (compreendidos como uma multidão de indivíduos iguais), e aos indivíduos isolados pegar em armas contra essa assembléia tornada tirana ou substituí-la por uma assembléia verdadeiramente representativa. Como os pactos firmados no passado não são obrigatórios no presente, tudo se passa como se o consentimento precisasse ser renovado constantemente, *hic et nunc,* sob pena de o Parlamento perder autoridade.

Para David Wootton, ao introduzir em *Leviatã* o conceito de autorização, Hobbes não estaria pensando tanto em solucionar o problema teórico gerado pela hipótese da democracia primitiva ou aprimorar alguma lógica interna do contrato exposto no *Do Cidadão,* mas em combater os levellers no terreno destes (*Divine Right and Democracy,* p. 57). É ao consentimento universal, constante e imperecível, ainda segundo Wootton, que Hobbes busca responder no *Leviatã* com a teoria da representação. Ao contrário do que reivindicam os levellers, Hobbes afirma que, uma vez criado o Estado ou Leviatã, *já não é possível retirar o consentimento ou a procuração do soberano,* mesmo nas situações de descontentamento. Pois, embora no capítulo 16 daquela obra empregue o termo "consentimento", no capítulo seguinte Hobbes esclarece que a autorização se funda propriamente na renúncia do direito de se autogovernar – o que não implica, como parece claro, a renúncia ao direito de sobrevivência. O importante é que os pactos firmados no passado continuam válidos no presente, mesmo que o indivíduo se arrependa de tê-los firmado. O Leviatã, em suma, é a multidão irremediavelmente unida num só corpo, de tal forma que o consentimento inicial se converte, com a autorização, em assentimento contínuo.

Um artigo de Keith Brown sobre a capa de *Leviatã* reforça essa hipótese (Brown 1978, pp. 24-36). Brown argumenta que originalmente o livro seria publicado tendo por capa um desenho, não uma gravura, mas, por razões até aqui ignoradas, o desenho acaba por figurar no exemplar manuscrito com que Hobbes presenteou Carlos II na década de 1660, enquanto a gravura provavelmente sai publicada em 1651. Essa substituição induziu a pensar que o desenho teria sido feito com base na gravura, e não o inverso. No entanto, um exame da gravura revela algumas desproporções que o bom desenhista não teria cometido. Além disso, há diferenças notáveis entre as duas capas, e a mais curiosa delas não está no rosto,[41] mas no corpo do soberano. Na gravura, é composto por outros tantos homens, que nos voltam as costas; no desenho, se vêem milhares de cabeças a mirar o leitor, como se o soberano fosse o monstro de muitas cabeças, em versão pacífica.

Incorporando a multidão, isto é, organizando-a em povo, o Leviatã pacifica e controla a turba revoltosa. É assim que se oferece como alternativa à instabilidade projetada pela democracia radical, na qual o autogoverno corre o sério risco de se transformar na

---

[41] Muitos pensam que o rosto do desenho seja o de Cromwell. Para Brown, é o de Carlos II. Muito provavelmente o desenhista teria imaginado um rosto mais envelhecido para o futuro rei, que em 1651 tinha apenas 20 anos. Também o rosto do soberano na gravura é o de Carlos II, mas retocado.

mais pura anarquia, ou na ausência de governo. E de fato, concorda James Harrington em *The Art of Lawgiving* (1659), a anarquia certamente viria no bojo das propostas levellers de um acordo do povo. Passemos a palavra a Harrington.

* * *

Dentre os temas trazidos a debate pelos levellers, a Harrington parece interessar sobretudo o da representação, também privilegiado por Hobbes. Mas, ao contrário deste, que raramente nomeia aqueles a quem critica, Harrington faz uma análise pontual das principais reivindicações dos levellers, tal como expostas na segunda versão do Acordo do Povo. É compreensível o desvelo para com esse documento. Estamos em 1659: a república ruiu, o Protetorado fez água, a Inglaterra parece desgovernada e muitos cogitam seriamente restaurar a monarquia. Esta seria uma decisão tão precipitada quanto desastrosa, pois, aos olhos de Harrington, ainda que Carlos II possa reivindicar seu direito como herdeiro, desde muito estava destruído o trono inglês a que ascenderia (*Oceana*, p. 56). Aliás, já no governo de Henrique VII a distribuição da autoridade política deixara de ser proporcional à distribuição das propriedades no interior do reino. Desaparecida a proporção entre os bens fundiários em mãos do rei e dos aristocratas, toda autoridade monárquica se esvaziara, impedindo a Grã-Bretanha de jamais voltar a restaurar o governo de um rei, sem perecer no mesmo golpe (*The Art of Lawgiving*, p. 402).[42]

---

[42] "Oceana, ou qualquer outra nação de extensão semelhante, deve possuir uma nobreza competente, ou, então, será totalmente incapaz de [ter] monarquia. Com efeito, onde houver igualdade de posses deverá haver igualdade de poder; e onde houver igualdade de poder não pode existir monarquia" (*Oceana*, p. 60).

Daí que Harrington julgue necessário considerar as alternativas de governo popular, dentre as quais se inclui a oferecida pelos levellers por meio do Acordo do Povo. Este, como já se sabe, pretendia-se o ato inaugural de uma nova sociedade e, ao mesmo tempo, a constituição responsável por regular toda a vida política da nação. Tentativa de fornecer ao Estado tanto seu fundamento (a base material, a distribuição das propriedades) como sua superestrutura (a política e as leis), em vocabulário de Harrington, o Acordo do Povo parece, todavia, incapaz de cumprir suas mais elevadas aspirações e deve ser de imediato descartado. Não traria um governo democrático, antes o inverso. Daria lugar a um governo despótico – porque fraco – que precisaria confiscar as propriedades transmissíveis e hereditárias para permitir a todos a participação nas decisões da república. Mas, como a liberdade objetiva dos cidadãos ingleses se tornara totalmente incompatível com o exercício de poder inerente à prática violenta do confisco, em breve também o governo democrático desmoronaria: "onde houver desigualdade de posses haverá, necessariamente, desigualdade de poder e onde houver desigualdade de poder não pode existir república" (*Oceana*, p. 57).

Não basta fixar em 400 o número de representantes do povo ou mesmo ampliar o colégio eleitoral para se alcançar o governo popular, como determina o primeiro artigo dessa Constituição. É a proporção entre as propriedades dos habitantes do reino que deve servir de critério para a representação, e não o mero número de habitantes. Concordando com Ireton, Harrington insiste em que a propriedade hereditária seja pré-requisito de qualquer interesse ou participação na república. Se, na Inglaterra, os *freeholders* constituem a porção mais forte da sociedade, é de esperar que elejam mais representantes. Como Rainborough, porém, Harrington parece considerar os trabalhadores autônomos, que recebem salários e habitam choupanas próprias, possuam também estatuto de cidadãos e sejam representados no Parlamento. Do contrário, o governo não estará conforme ao equilíbrio de propriedades, não será natural, mas violento; durará pouco – quando a natureza do equilíbrio não é destruída pelo governo, ela o destrói (*Oceana*, p. 12).

O segundo artigo do Acordo versa sobre Parlamentos bienais. O curto mandato dos deputados (8 meses) promoveria a alternância de poder – ou rotação, em vocabulário de Harrington – e impediria a perpetuação no cargo de indivíduos não autorizados pelos representados. Nada mais falso, diz Harrington. Se o Parlamento é uma instância soberana, que garantias temos de que não se converterá em conselho perpétuo? (*The Art of Lawgiving*, p. 410). Se decide autodissolver-se, o que vigora no intervalo das sessões e que autoridade convo-ca um novo Parlamento? Mostrando total independência em relação aos debates constitucionais e às teorias desenvolvidas em torno da noção de lei de natureza, segundo os quais o Estado jamais desaparece (o rei não morre), mesmo na ausência de governo, Harrington faz uma afirmação que muitos identificariam a Hobbes: "A dissolução do governo soberano é a morte" (*The Art of Lawgiving*, p. 410).

Talvez os *levellers* também presentissem que nunca se deve deixar vago o espaço da soberania, mesmo considerando que a multidão é capaz de se autogovernar. Por isso dispuseram, no artigo terceiro do Acordo, que um conselho eleito pelos deputados convocaria e dissolveria o Parlamento. Ora, no fim das contas então o governo *leveller* seria uma oligarquia! No entanto, atalha Harrington, o mesmo Acordo já estabelecera que a soberania radica nos representantes, não no conselho, e estabelecera ainda que o soberano – os representantes – sujeitam-se a sofrer a resistência dos representados. A primeira disposição contradiz a existência do conselho; a segunda aponta diretamente para a anarquia.

Disso tudo, Harrington só pode concluir que o Acordo do Povo carece totalmente de fundamento político e, longe de instituir e constituir um governo democrático, redunda no caos. Nessa conclusão, podemos entrever o que para Harrington fora um sentimento contraditório e, para Hobbes, primeiro um temor, depois uma experiência e, finalmente, uma lembrança dolorosa: a dissolução do governo, o colapso da autoridade. Mas, ao contrário de muitos de seus contemporâneos, que sempre insistiram na necessidade de limitar a soberania para evitar tamanho desastre, Hobbes e Harrington, autores de resto tão diferentes, julgaram que não haveria outro meio de conservar o Estado em paz se a soberania não fosse absoluta: "Onde o poder soberano não é tão inteiro e absoluto como na própria monarquia" – afirma Harrington – "não pode existir nenhum governo" (*The Art of Lawgiving*, p. 411).

Aos olhos de Hobbes e Harrington, a execução de Carlos I e a derrota dos levellers em 1649 pareceram comprovar que, assim como não se podia tributar o fracasso do governo monárquico à natureza absoluta de sua soberania, tampouco se poderia esperar êxito de governos brutalmente limitados pelos direitos dos cidadãos. A democracia e a monarquia tinham o mesmo destino. No entanto, esses dois grandes autores, que se destacaram pelo olhar agudo lançado sobre a política e pela originalidade dos argumentos empregados para alterar o fluxo dos acontecimentos, não tinham o dom da profecia. Não podiam saber que já no século seguinte a Inglaterra se orgulharia de ser uma monarquia constitucional.

* * *

No item 18 da Petição de 11 de setembro de 1648, Lilburne solicita ao Parlamento que se obrigue, mediante lei, a impedir a abolição da propriedade, "nivelar os estados dos homens ou tornar comuns todas as coisas" (p. 137). Item retórico. Jamais o Parlamento cogitou fazer tais coisas. Somente a necessidade de se defender explica a presença dessa reivindicação num panfleto leveller. Os democratas estavam a um passo da derrota. Não tardaria para sua influência no Exército ser trocada pela cabeça de Carlos I. Eliminado o tirano, tornava-se possível dispersar o exército e reprimir os levellers. Cromwell foi bem sincero quando vociferou, em 1649: "Precisas esmagá-los, senão eles te esmagam" (Hill 1980, p. 87). Um mês após a execução de Carlos, os principais líderes desse movimento, Overton, Lilburne e Walwyn, são condenados por traição e sentenciados à prisão na Torre. É o fim do movimento leveller. Comutada a pena em 1651, Overton se torna conspirador, juntando-se a oficiais republicanos e monarquistas descontentes com o novo regime. Depois de 1659, nada mais se sabe dele. Lilburne ainda se amargurou em algumas outras prisões, até se converter ao pacifismo quacre. Depois de um breve retorno a temas religiosos, Walwyn dedicou-se inteiramente à medicina. Até 1653 várias petições foram apresentadas ao Parlamento seguindo a maneira dos levellers, algumas delas pela "frágil mão das mulheres". Mas nada conseguiu recuperar as comoções dos anos revolucionários.

A SEGUNDA METADE DO CÍRCULO

"Ninguém volta ao que acabou"
Notícia de Jornal
Luís Reis e Haroldo Barbosa

Ao longo da década de 1640, a linguagem da lei civil e natural veio a se tornar predominante e nesse percurso desgastou a visão paradigmática que se tinha das relações políticas quando veio à tona o conflito entre o rei e o Parlamento. Acompanhar esse processo era uma das principais tarefas deste livro. Agora no fim o propósito será apontar rapidamente que discursos políticos se destacam nos anos de 1650, marcados no início pela emergência do governo *de facto* que sucedeu o *de jure* e, no final, pelo retorno do monarca, convocado pelo Parlamento.

A década de 1650 começou na verdade em 1649, quando caiu derrotado o movimento leveller, a monarquia foi abolida e uma lei instituiu a república. Para boa parte dos realistas o cenário é de horror e nem mesmo as mais fortes analogias do rei Jaime conseguiriam descrevê-lo. Chocam-nos o martírio do rei, sua decapitação, as casas derrubadas, o gado sacrificado no campo, as cidades incendiadas, as famílias destruídas, as virgens defloradas, a tirania instalada em Whitehall – males listados no jornal *Mercurius Pragmaticus*, em sua edição de número 53 que circulou na primeira semana de maio de 1649. Sem manifestar menos estupor e indignação em face do rol de desgraças – pelas quais não se vêem minimamente responsáveis –, os prebiterianos fazem eco a esses apelos emocionais e ameaçam resistir ao governo ilegal e imoral intitulado Republicano. No entanto, os argumentos empregados por realistas e presbiterianos prestavam-se a um uso cínico, como em breve perceberam alguns propagandistas do governo *de facto*. Em *The Lawfulness of obeing the present Government* (1649), por exemplo, o puritano Francis Rous atira inescrupulosamente ao rosto dos realistas os argumentos escrupulosos com os quais estes no passado haviam defendido o absolutismo: a Epístola de São Paulo aos Romanos, segundo a qual todos os governos devem ser obedecidos, mesmo os ilegítimos; e até uma certa doutrina do rei Jaime, de acordo com a qual "se o rei existisse para a república, e não a república para o rei, o fim seria destruído pelos meios, o todo pela parte" (p. 400). Ao se servir desses argumentos claramente falaciosos, Rous desafiava os realistas a se mostrar coerentes com seus princípios e obedecer ao governo adquirido por conquista. Do contrário, que passassem à inusitada categoria de rebeldes.

Havia ainda uma terceira opção: esmagar o cerne das próprias doutrinas. Alguns escolheram essa via, dentre eles Robert Filmer. Lançando por terra o legitimismo contido em sua doutrina patriarcal, Filmer oferece uma nova interpretação do 5º. Mandamento: como o poder do pai pode ser (injustamente) usurpado, é suficiente aos filhos acreditar naquele que se diz pai e obedecer-lhe como obedeceriam ao pai verdadeiro. Aliás, o título ou direito do usurpador – é o realista quem o afirma – deve ser preferido a qualquer outro que não o do antigo rei, pois esse direito permitirá preservar a vida do súdito, do rei e mesmo a do usurpador, "quando provavelmente ele assim estará reservado para a correção ou misericórdia de seu verdadeiro superior" (*Observations upon Aristotles*

Politiques, pp. 282-83). Ao que tudo indica, quando o *Patriarcha* se converteu em ideologia *tory,* ninguém fez muito caso dessa rara ênfase de Filmer na sobrevivência ou no interesse como motivo para aceitar este ou aquele governo. De qualquer modo, nessas considerações utilitaristas, Filmer ainda nada contra a corrente dos tempos, defendendo a idéia segundo a qual a preservação da vida é um dever, não um direito, inscrito na obrigação mais ampla de preservar a ordem que Deus designou às suas criaturas. Se Deus queria o governo do usurpador, que então os homens lhe obedeçam sem mais perguntas.

A obediência que se deve a um governo *de facto* é mesmo assunto delicado. "Minha mão treme ao escrever mais coisas sobre esse caso", anota, com estudada hesitação, Anthony Ascham em *Of the Confusions and Revolutions of Government,* de 1649 (p. 352). De modo geral, porém, seu tom é firme. Como Filmer, sublinha a sobrevivência e a necessidade de reorganizar a vida após as guerras. Se aos realistas e presbiterianos apavora a continuidade da guerra, então que consultem seu interesse privado e digam se não é melhor obedecer ao partido vitorioso e viver em paz. O que constitui o direito? – pergunta Ascham. E responde ele próprio: o direito, como matéria, é algo sempre discutível. De certo só existe o direito a nós mesmos que, a bem da verdade, é o único direito transcendente ("direito transcendente que naturalmente temos na preservação de nós mesmos" – p. 346). Mas, como esclarece em *The Original & End of Civil Power* (1649), zelar por nós mesmos não implica esquecer que, sozinhos, seríamos levados à destruição. Se não houver governo, explica Ascham em viés hobbesiano, "não haverá leis e, sem leis, não há propriedade e distinção ou divisão de direitos; e o que então se segue são só miseráveis confusões" (p. 650).

O mesmo tema reaparece em *The Case of the Commonwealth of England Stated* (1650), de Marchamont Nedham. Segundo o jor-

306 EUNICE OSTRENSKY

nalista, o governo é necessário e, portanto, bom: sem poder coercitivo e relações de mando e obediência não há como impedir a violência e a desordem. Somente "anarquistas" (p. 30) se recusam a obedecer a um governante que não caiba em seus sonhos. Devem recordar-se esses insociáveis, entretanto, que ou obedecem a um governo e dele recebem proteção ou serão tratados como marginais, inimigos públicos.

Com o direito à sobrevivência convertido em palavra de ordem naquela quadra de 1650, também perde temporariamente vigor o constitucionalismo parlamentarista e sua defesa da imemorial harmonia entre o rei e as duas câmaras. Antes que o governo de *facto* viesse a destruir provisoriamente o sonho de uma monarquia mista constitucional, os levellers já haviam mostrado que a distribuição de poderes entre os reis e os Parlamentos não passava de farsa. Agora que os levellers não ofereciam mais perigo ao mito da Antiga Constituição e seu caráter absolutamente tirânico, vinham os teóricos do governo de *facto* argumentar que a perda de direito implica perda de poder. Que governo seria realmente legítimo? – pergunta-se ainda Nedham na obra acima citada. Seria legítimo o governo que jamais acaba pela força? Não: todos os governos se prestam a inevitáveis revoluções que o mais das vezes os interrompem abruptamente. Seria legítimo então o governo paterno, tão caro aos realistas? Nenhum outro pode ser mais arbitrário: o filho nunca escolhe o pai, este é que se impõe. Como nenhum governo consegue furtar-se à dissolução, assim como não pode recusar sua origem, o direito de gládio,[1] conclui-se que a força sempre conferiu legalidade aos governos, a espada sempre criou direito e título.

---

[1] "Se somente a convocação proveniente do povo constitui uma magistratura legítima, portanto muito raramente jamais existiu uma magistratura legítima no mundo, nem entre nós antes da Conquista e desde então" (*The Case of the Commonwealth ...* p. 37).

Não pensa assim apenas esse jornalista a quem acusam de leviano e inconstante. De acordo com Nedham, dois grandes autores, um presbiteriano e o outro realista, subscrevem suas palavras: Salmásio e Hobbes.[2] O jornalista tem às mãos o *De Corpore Politico*, a que se refere como o último livro de Hobbes, e aí lê que todos os homens aceitam se tornar súditos de um outro homem por "medo de não conseguirem se preservar de outra maneira" (p. 135).

Impugnação do discurso da resistência, ênfase no direito à vida e indistinção moral entre governos instituídos e adquiridos por conquistas: todas essas questões já haviam sido tratadas por Hobbes em *Elements of Law* e *Do Cidadão*, obras que passam a desfrutar de grande aceitação nos anos em que se debateu a natureza da obrigação política a um governo *de facto*. Lidos fora do ambiente realista em que foram projetados e por um público que não era o originalmente pretendido pelo autor, os dois livros tiveram a difícil tarefa de refutar teorias ortodoxas consideradas subversivas e inconseqüentes (as parlamentaristas) e transformar, talvez desfigurando, doutrinas realistas claramente ineficazes (as do direito divino), para finalmente serem incorporados ao pensamento político inglês, hoje tratado como clássico. Vimos que, no caso de *Elements of Law,* o público a que visava eram os realistas a quem Hobbes, na tentativa de conferir maior eficácia teórica ao absolutismo, buscava oferecer o direito natural como alternativa ao direito divino. Embora o livro tenha alcançado algum reconhecimento logo após circular em manuscrito, somente dez anos mais tarde receberia a aprovação desejada, se bem que não mais entre os realistas. Quanto ao *Do Cidadão*, os lei-

---

[2] "Não que eu considere a autoridade deles um pouco mais autêntica do que a daqueles que já citei, mas a considero apenas em relação à grande reputação conferida a esses livros pelos dois partidos, presbiteriano e real" (*The Case of the Commonwealth* ..., p. 129).

tores imaginados por Hobbes seriam os sábios dispersos por todos os países da Europa – daí o livro ser escrito em língua universal, o latim –, aos quais o filósofo, mantendo um olho nos acontecimentos recentes de seu país e outro nos problemas também experimentados pela monarquia francesa, introduziria uma investigação política inteiramente nova. Nesse ponto, as aspirações de Hobbes se tornaram mais reais, ainda que nem toda a República das Letras se curvasse aos méritos do livro.[3]

Escapando dessas fronteira políticas e intelectuais, no início de 1650 uma versão pirata de *Elements of Law* era publicada na Inglaterra em duas partes: *Human Nature* e *De Corpore Politico*. Ao alterar os títulos e dividir a obra, o livreiro certamente pensava ludibriar o público, dando-lhe a entender que *Human Nature* fosse um livro inédito de Hobbes, a tão alardeada segunda parte do sistema filosófico (Sommerville 1992, p. 22), e o *De Corpore Politico*, a tradução inglesa de *Do Cidadão* – Nedham terá se deixado enganar quando comprou o *De Corpore Politico* pensando adquirir o último livro de Hobbes. O expediente fraudulento do livreiro devia-se à grande demanda pelas obras do filósofo. Tanto assim que em março de 1651 correu a notícia, depois desmentida, de que saíra impressa a verdadeira tradução de *Do Cidadão*, com o título de *Philosophical Rudiments concerning Government and Society*. Por volta de 1646, Hobbes realmente projetara traduzir *Do Cidadão* para o inglês, mas, depois, de ponderar, preferiu ampliar o livro a traduzi-lo. Entre os vários motivos que concorrem em 1646 para que Hobbes inicie a redação de sua maior obra, *Leviatã*, um deles é o desejo de proporcionar ao público inglês uma versão mais completa de sua teoria, tantas eram as queixas dos amigos a respeito da

---

[3] Sobre a aceitação das obras de Hobbes na França, veja-se, de Skinner 1993, pp. 123-138.

AS REVOLUÇÕES DO PODER   309

dificuldade de obter um exemplar do *De Cidadão* em Londres (Sommerville 1992, p. 21).

Assim, a notoriedade ganha pelos primeiros escritos de Hobbes na época em que se debate a submissão ao governo *de facto* abre caminho para o contexto no qual o *Leviatã* produzirá seu grande impacto – a controvérsia, em 1651, em torno do *engagement*, juramento de lealdade à República que todo inglês maior de idade é chamado a prestar. Na verdade, o *Leviatã* surge na Inglaterra em abril daquele ano, quando Carlos II, comandando um exército cujas fileiras trazem escoceses, acaba de invadir o norte da Inglaterra e ainda possui, em princípio, alguma possibilidade de recuperar o trono. Nesse momento, como lembra Pocock, seriam de pouco préstimo os conselhos que no final do *Leviatã* Hobbes dá a seus leitores, permitindo-lhes identificar as circunstâncias nas quais "um súdito se torna obrigado perante o conquistador" ("Revisão e Conclusão", p. 584).[4] Mas com a derrota de Carlos II na batalha de Worcester, em 3 de setembro daquele ano, a Inglaterra seria definitivamente conquistada. Mais uma vez, coloca-se o problema ético, legal, religioso e político de saber que obediência deve o súdito a um governo *de facto*, não *de jure*. Agora os conselhos de Hobbes adquirem bastante influência.

Aliás, Hobbes não tardará em se submeter ao novo regime, retornando ao país em janeiro de 1652. Como se não bastasse a forte indisposição com os bispos da *entourage* de Carlos II e com o próprio rei, muitos realistas, entre eles Edward Hyde, viam semelhança entre o *Leviatã* e os escritos de Ascham. Ora, no dia em que deveria

---

[4] "Um leitor do perfil de um Anthony Ascham poderia reconhecer que Hobbes oferecia pouco conselho – e de fato não havia conselho nenhum a oferecer – sobre o que fazer quando dois competidores para o papel de Leviatã estivessem no campo de batalha, cada um deles exigindo a aliança do súdito na ponta da espada" (Pocock 1996, p. 160).

310   EUNICE OSTRENSKY

assumir o cargo de embaixador inglês na Espanha, em 1650, Ascham
e seu intérprete foram assassinados por realistas ingleses, um dos
quais servia a Hyde, representante de Carlos II em Madri. Os assassinos jamais foram encontrados e o caso todo deixou Hobbes apa-
vorado. Sentindo-se totalmente desprotegido na França, Hobbes
tampouco podia arriscar-se a regressar a seu país, no caso de vitória
de Carlos II, para cair nas redes dos presbiterianos, a essa altura co-
ligados a esse príncipe.

Assegurando-se da derrota dos presbiterianos e – infelizmente
– do rei, Hobbes pôde retornar à Inglaterra, onde "era possível expressar idéias incomuns com relativa impunidade (...) e as opiniões
anticlericais estavam particularmente em voga" (Sommerville 1992,
p. 24). Nesse ambiente seguro, Hobbes encontrou condições de se
dedicar exclusivamente à ciência, tal como anuncia no fim do *Leviatã*.
Mas talvez o aborrecesse a vida retirada, necessária aos estudos da
filosofia primeira. Os livros da biblioteca em Derbyshire não supriam
a falta de "conversa erudita", propícia para botar ordem nos pensamentos. No interior, confidenciaria o filósofo a Aubrey, "ao longo do
tempo, a inteligência acaba mofando por falta de uma boa conversa"
(*Brief Lifes*, 431). Na década seguinte, Hobbes não poderá se queixar. Muitas de suas energias estão voltadas aos problemas da ciência
que o preocupavam havia mais de 30 anos e à discussão, nem sempre educada, aliás, com John Wallis sobre temas relacionados à ma-
temática e à física. Além do mais, sua atividade de escritor engajado
será intensa e ele se revelará um polemista de primeira – fruto da
necessidade de justificar, desenvolver, explorar e até mesmo negar
posições tomadas durante os anos de 1650.[5]

Nessa quadra de 1650, a linguagem do direito natural, como
vertente do debate sobre a lei civil e de natureza, deixa de se iden-

---

[5]   Veja-se, a esse respeito, Skinner 2002, pp. 27-37.

tificar à causa realista ou leveller, constituindo, desde então, peça fundamental do pensamento político inglês. E é também nessa época que a Inglaterra assiste à emergência de um pensamento estranho ao vocabulário da lei natural e civil, em todas as suas vertentes: o pensamento republicano.

Como esclarece Pocock, as teorias republicanas foram a conseqüência, não a causa ou a pré-condição, da execução do rei e da abolição temporária da monarquia.[6] Desse modo, quando o regicídio tirou sentido à doutrina da Antiga Constituição, quando a vitória de um partido afastou provisoriamente do horizonte o temor de novas turbulências e, por fim, quando se erigiu sobre as ruínas da monarquia uma ditadura militar ou oligarquia, tornou-se possível sistematizar o pensamento republicano inglês. Até então, o governo só tinha, de republicano, o nome e nada mais. Era ainda o Parlamento, expurgado dos presbiterianos e emancipado da Câmara dos Lordes, que em abril de 1653 Cromwell dissolveria sem dó, para convocar, dois meses depois, uma assembléia composta por 140 homens escolhidos pelos líderes do Exército (Hill 1980, p. 97). Em dezembro, também essa assembléia é dissolvida. Dois outros experimentos constitucionais, o Primeiro e o Segundo Parlamento do Protetorado, são igualmente desastrosos.

A partir da segunda metade da década, a experiência republicana já se desfez, e os anos que começaram intensos vão terminando melancólicos. John Milton tentou, talvez inutilmente, diminuir a distância entre a forma real e a forma ideal do governo,[7] exortando os que considerava os verdadeiros homens livres a não perder a oportunidade de fazer seu país livre. No entanto, possivelmente melhor

---

[6] Ver a Introdução de Pocock a *Oceana*, p. xi.

[7] "O republicanismo, na prosa de Milton, é mais uma atitude mental do que qualquer configuração governamental específica" (Corns 1998, p. 41)

312 EUNICE OSTRENSKY

momento não haja para denunciar o Protetorado e exigir uma República genuína. Em *The Excellency of a Free State* (1656), o indefectível Nedham combate cada ato de Cromwell definindo e exaltando o verdadeiro sentido de liberdade. Entre outras coisas, a liberdade – diz ele – reside no poder de mudar o governo e os governantes quando necessário, no curso ininterrupto de sucessivos parlamentos ou assembléias do povo, e na livre eleição de membros para cada sessão do Parlamento. As histórias romanas comprovam, prossegue Nedham, que o povo foi realmente livre apenas quando deteve o poder de eleger seus representantes, revogar leis e alterar governos (p. XVI). Noutras circunstâncias, os romanos supunham-se sob um governo monárquico. Aos romanos, com efeito, era odioso não apenas o nome rei, como "a coisa rei" (p. XX).

A reversão de Nedham aos grandes temas do republicanismo clássico anuncia seu rompimento definitivo com a linguagem da teo-ria política inglesa que estivemos estudando ao longo deste trabalho, e da qual o próprio Nedham se servira poucos anos antes, quando defendera o governo *de facto*. Mas, por mais que a iniciativa de Nedham e de outros teóricos republicanos seja por si só relevante, em face do predomínio das teorias baseadas na lei natural e na *common law*, não alcança a grandeza da obra de James Harring-ton, o segundo grande inovador do período revolucionário depois de Hobbes.

Seria temerário condensar o pensamento de Harrington nas poucas linhas que ainda restam neste trabalho. Basta dizer, talvez, que terá sido o mais terrível adversário teórico que Hobbes jamais poderia encontrar. Na visão harringtoniana da história, sobretudo a inglesa, o papel intelectual de Hobbes é imenso, e por isso deve ser combatido com todo o empenho. Enquanto Maquiavel representaria o governo *de jure*, definido como império das leis, não dos homens, Hobbes – discípulo de Carnéades, segundo Harrington –

seria a efígie do governo *de facto*, no qual um ou alguns homens sujeitam uma cidade ou nação e a governam de acordo com seu interesse privado. Daí ser esse governo o império dos homens, não da lei (*Oceana*, pp. 11-14). Vigente desde desde a Queda do Império Romano, quando os godos deformaram a face do mundo com os feios golpes do direito de gládio, essa estrutura política defendida por Hobbes havia agora finalmente desaparecido, soterrada pela guerra civil. No novo estágio da história, um novo governo era necessário, e obviamente não seria o Leviatã.

A república livre de Harrington foi descrita como utópica, possivelmente por intérpretes que se deixaram iludir pelo nome de um país que não estaria no mapa: Oceana. Entretanto, tinha alvo certeiro essa teoria, assim como muitas outras a que se aplica o termo "utópica", como se fosse pecha infamante: fornecer uma explicação histórica da Revolução, e oferecer uma análise prática dos problemas e possibilidades da sociedade inglesa. Se hoje essas propostas parecem inalcançáveis – utópicas – é porque afinal o Leviatã era mais forte do que parecia.

E, com efeito, já é por si só notável escapar sem aranhões às intrigas da corte exilada e depois sobreviver ao ambiente de caça às bruxas da Restauração. Muitos não conseguiram. Com a volta do poder, em refluxo, à monarquia Stuart, Milton ainda escreveu páginas desesperadas nas quais buscou reunir novamente os santos, os virtuosos cidadãos ingleses. Depois veio a perseguição e mais adiante a liberdade em meio à pobreza. Desiludido e quase cego, dedicou-se a um dos mais importantes poemas épicos da literatura inglesa: *Paradise Lost*. Harrington foi preso em 1661 por um curto período, porém nunca mais o abandonariam os delírios que começou a sofrer na prisão. Segundo Aubrey, o republicano imaginava que suas gotas de suor se transformassem em moscas e abelhas (*Brief Lives*, p. 126).

Quanto a Hobbes, bem que em 1666 os presbiterianos e os anglicanos tentaram incriminá-lo por heresia, blasfemia e ateísmo, mas caíram antes os homens que arquitetaram sua queda, entre eles Edward Hyde, conde de Clarendon. Ainda na Restauração, hobbista tornou-se sinônimo de canalha, e a política de Hobbes viu-se canhestramente reduzida ao plano da moral – tendência que, somada à defesa do absolutismo, ainda hoje faz o pensamento de Hobbes ser visto com suspeição. E, no entanto, o direito à vida, a necessidade de proteção, o Estado como instância impessoal e abstrata ainda persistem como objetos centrais da política. De algum modo, o Leviatã se havia tornado onipotente.

Índice

A

Aalen, W., 11, 20, 204

Absolutismo, 15, 24, 31, 75, 101, 102, 108, 114, 117, 121, 124, 125, 148, 156, 157, 242, 255, 304, 307, 314

Acordo do Povo, 11, 19, 24, 283, 292, 297, 298, 299

Alienação (de poder), 79, 80, 282

Alma, mortalidade, imortalidade, 52, 83, 86, 174, 206, 208, 239, 258, 259, 264, 268, 269

Analogia, 53, 62, 134, 303

Anarquia, 57, 60, 62, 65, 69, 133, 160, 165, 172, 198, 235, 242, 264, 291, 296, 299

Anglicana, Igreja,16, 18, 19, 38, 46, 81, 145, 245, 269

Anti-populista, anti-populismo, 94

Arbítrio, poder arbitrário, 56, 59, 63, 73, 79, 92, 109, 129, 167, 169, 180, 181, 183, 185, 187

Aristocracia, 164, 168, 230

aristocratas, 195, 297

Aristóteles, 37, 69, 109, 136, 216, 217, 219, 328

Ascham, A., 12, 291, 305, 309, 328

Assembléia (s), 67, 106, 140, 162, 175

Assentimento, 93, 101, 102, 175, 240, 296

Astronomia, 26, 27

Aubrey, J., 12, 13, 15, 310, 313, 328

Autoconservação, 80, 146, 224, 225, 226, 228, 238

Autoridade, 16, 30, 32, 45, 47, 50, 59, 60, 62, 66, 74, 81, 85, 89, 90, 94, 96, 98, 99, 102, 103, 104, 111, 115, 127, 129, 130, 133, 134, 136, 137, 149, 152, 153, 158, 169, 178, 179, 182, 185, 189, 191,194, 200, 201, 203, 220, 227, 228, 230, 232, 233, 234, 236, 239, 241, 242, 246, 247, 252, 253, 257, 259, 261, 263, 270, 272, 273, 274, 276, 291, 292, 295, 297, 298, 299, 307, 331

B

Bacon, F., 210, 328

Ball, W., 11, 248, 249, 250, 251, 282, 328, 334, 335

Belarmino, R., 208

Berkeley, R., 114

Bíblia, 25, 34, 104

Birthright, 248

Bispo (s), 17, 22, 73, 106, 141, 197, 198, 202, 207, 208, 245, 264, 271, 309

Blackwell, G., 78

Bracton, H., 108

Brown, K., 296, 333

Buchanan, G., 58, 91, 92, 95, 96, 97, 99, 208, 328

Buckingham, Duque de, 200

C

Cade, J., 77

Calvino, J., 14, 35, 87, 88, 91, 92, 329

As revoluções do poder 317

Carlos I, 12, 14, 16, 17, 20, 21, 25, 29, 35, 39, 41, 42, 43, 49, 50, 67, 71, 125, 126, 130, 132, 138, 151, 153, 158, 161, 162, 170, 190, 193, 195, 196, 200, 202, 205, 211, 235, 242, 244, 247, 251, 252, 255, 272, 299, 300

Carlos II, 12, 16, 28, 29

Casuísmo, 37, 155, 156

casuístas, 116, 148, 156, 168, 191, 198

Catecismo, 47, 55, 193, 194, 197, 198

Católicos, 68, 77, 78, 82, 198

Chillingworth, W., 12, 13, 183, 204

Cícero, 96, 103, 214, 216, 217, 218, 337, 329

Ciência, 27, 28, 54, 110, 192, 193, 215, 216, 259, 310

Clero, 83, 84, 86

Coke, E., 50, 108, 109, 112, 248, 274, 329

Colégio eleitoral, 39, 285, 289, 295, 298

Colepeper, J., 12, 13

Common law, 35, 108, 111, 112, 116, 205, 247, 276, 312, 330

Comunidade (s), 47, 53, 58, 63, 79, 80, 108, 133, 140, 150, 154

Conquista, 36, 112, 122, 131, 140,

Conquistador, Normando (Guilherme I), 46, 104, 105, 113, 128

Consenso, 34, 60, 97, 124, 189, 213, 215, 230, 265

Consentimento, 68, 79, 97, 99, 108, 114, 116, 126, 140, 162, 166, 183, 184

Conspiração da Pólvora, 77, 108, 196, 290

Constitucionalismo, 35, 37, 116, 118, 222, 306

Constituição, mista, Antiga, 109, 117, 162, 166, 171, 172, 178

Contrato, 54, 80, 107, 120, 163, 133, 178, 182, 188

Corpo político, 27, 53, 63, 69, 106, 188, 215

Costume, 72, 99, 108, 111, 112, 160, 272, 275, 278, 292

Cowell, J., 125, 126

Cristão (s), 85, 86, 87, 90, 142, 143, 146, 197, 201, 206, 239

Cristianismo, 89, 197, 252, 269

318 EUNICE OSTRENSKY

Cromwell, O., 11, 12, 16, 18, 19, 20, 21, 24, 28, 71

D

Davies, J., 112, 113, 329
Delegação (de poder), 79, 80, 279, 282
Democracia, 29, 38, 70, 71, 72, 110, 135, 160, 164, 186, 191, 285, 295, 296, 300
Democratas, 38, 202, 217, 301
Descartes, R., 31
Designação, teoria (anglicana) da, 139
Devonshire, Conde de, 201,207
Digges, D., 13, 37, 50, 148, 150, 170, 176, 183, 203, 204, 205, 206, 208, 209, 213, 214, 216, 219, 222, 228, 229, 230, 231, 234, 235, 238, 281, 329
Direito divino, 36, 45, 48, 58, 75, 79, 81, 106, 119, 120, 122, 123, 141, 149, 154, 163, 236, 307
Direito inato, 100, 131, 136, 251, 274
Direito individual, 98, 221, 249, 262, 264, 279, 294
Direito natural, 27, 37, 55, 72, 81, 123, 139, 149, 236, 237, 239, 273, 277, 278, 279, 281, 282, 288, 307, 310,
Direito romano, 113, 178, 279
Dunn, J., 24, 27, 29, 47, 55, 74, 133, 135, 334

E

Eleição, 85, 122, 127, 131, 138, 140, 184, 188, 207, 312
Eleito, povo, 89, 94, 139
Eloqüência (*ver também* orador e retórica), 209, 212, 213, 214, 216
Engels, F., 24

Escrituras, 12, 38, 46, 47, 49, 51, 82, 88, 134, 138, 144, 157, 197, 198, 206, 215, 240, 241, 258, 261, 262

Estado, 11, 13, 16, 25, 27, 29, 50, 74, 82, 129, 136, 146, 148, 150, 168, 171, 191, 195, 204, 208, 210, 211, 214, 215, 217, 218, 223, 225, 226, 232, 233, 234, 235, 236, 237, 238, 242, 255, 258, 261, 263, 268, 269, 270, 271, 277, 293, 297, 298, 299, 327, 337

Eudaimonia, 37

Execução (ver regicídio), 13, 14, 36, 41, 44, 78, 106, 122, 183, 184, 220, 248, 291, 299, 300, 311

Exército, 11, 12, 13, 20, 21, 43, 71, 95, 101, 153, 162, 177, 190, 202, 203, 247, 248, 251, 253, 259, 283, 289, 300, 309, 311

F

Facções, 68

Falkland, Visconde, 13, 162, 163, 183, 204

Ferne, H., 14, 50, 100, 139, 140, 142, 144, 152, 170, 195, 244, 246, 330

Figgis, J., 84, 122, 123, 124, 131, 204, 205, 334

Filmer, R., 14, 15, 36, 74, 80, 99, 100, 120, 123, 133, 135, 136, 138, 142, 148, 169, 170, 226, 227, 289, 290, 304, 305, 329, 334

Finch, J., 115

Fish, S., 82, 83, 330

Fortescue, J., 101, 102, 109, 175, 330

Fortuna (roda da), 26

G

Galileu, G., 31

Gardiner, S., 24, 26

Gassendi, P., 31

Gentry, 101

320 EUNICE OSTRENSKY

Geometria, 205, 216
Goodman, C., 92, 95, 152
Goodwin, W., 56, 180, 270
Governantes, 41, 43, 54, 79, 88, 104, 137, 198, 220, 312
Governo, misto (*ver* mistarquia; Constituição); regimes (ou formas), *de facto*, 164, 166, 179
Grande Cadeia dos Seres, 34, 51, 52, 55, 60
Grande Rebelião, 23, 24, 25, 29, 41, 44
Great Tew, 12, 204, 205
Guise, Maria de, 92
Guizot, F., 24

H

Hampden, J., 114
Harrington, J., 14, 74, 292, 296, 297, 298, 299, 312, 313, 330
Henrique VIII, 66, 81, 83, 130
Henriqueta Maria, 67, 266
Herle, C., 15, 50, 139, 140, 152, 177, 191, 246, 330
Heylin, P., 15, 69, 177, 193, 194, 195, 196, 197, 198, 330
Hierarquia, 16, 35, 37, 47, 52, 100, 207, 269
Hill, C., 25, 113, 251, 255, 276, 286, 300, 311, 332, 334
História, 14, 26, 29, 31, 33, 51, 56, 119, 131, 132, 180, 202, 203, 211, 217, 223, 244, 275, 276, 278, 281, 282
Hobbes, T., *Leviatã, Behemoth, Elements of Law, Do Cidadão*, no exílio, 15, 27, 28, 37, 81, 82, 110, 123, 148, 158, 163, 170, 199, 200, 201, 202, 203, 204, 205, 206, 208, 209, 210, 211, 212, 213, 214, 215, 216, 217, 222, 223, 226, 227, 228, 230, 231, 232, 233, 235, 236, 238, 239, 240, 241, 242, 243, 258, 261, 265, 266, 267, 278, 281, 291, 292, 293, 294, 295, 296, 297, 299, 300, 307, 308, 309, 310, 312, 313, 330, 336, 337

AS REVOLUÇÕES DO PODER 321

Hobbistas, 38
Homilia, 45, 46, 47, 58, 77, 179, 194
Hooker, R., 103, 105, 107, 330
Hume, D., 119, 125, 330
Hunne, R., 82
Hunton, P., 15, 68, 166, 167, 171, 179, 208, 331
Hyde, E. (Conde de Clarendon), 15, 204, 309, 314

I

Idolatria, idólatra, 95, 97, 155, 197
Impeachment, processo de, 16, 20, 48, 61, 185, 200, 201, 210, 211, 212, 222
Imposto (s), *ship-money*, Empréstimo compulsório, 25, 67, 101,114, 162, 158
Independentes, 16, 19, 39, 153, 196, 248, 250, 251, 257, 271, 282, 284, 289, 290
Injunção paulina (*ver* São Paulo), 90, 91, 99, 117, 154, 247
Ireton, H., 16, 20, 71, 250, 283, 285, 288, 289
Isabel I, 106
Ius regium, 111

J

Jaime I (Jaime VI da Escócia), 36, 49, 52, 58, 62, 77, 78, 108, 122, 126, 331, 334
Jesuítas, 35, 36, 71, 77, 79, 91, 100, 108, 125
Jornais, 32, 138, 196, 198, 290, 327
Juramento de Fidelidade, 78, 309
Jurista(s), 50, 108, 111, 112, 114, 116, 174, 194, 197, 272
Jus paternum, 122

322 EUNICE OSTRENSKY

Jus politicum, 102

Jus politicum et regale, 102

K

Kenyon, J.P., 25, 26, 73, 116, 120, 133, 334
Knox, J., 58, 91, 92, 93, 95, 139, 152, 208, 247, 331

L

Laslett, P., 30, 47
Laud, W., 13, 16, 19, 155, 200
Legitimismo (discurso legitimista), 36, 130, 294, 304
Lei civil, 32, 33, 181, 239, 254, 265, 277, 288, 303, 310
Lei de Supremacia, 81, 107, 177
Lei fundamental,103, 113, 128, 171, 178, 181, 189, 220, 228
Lei natural (ou de natureza), 97, 106, 201, 249, 250, 311
Lenthall, J., 253, 255
Levellers, 11, 12, 16, 18, 20, 38, 39, 71, 72, 150, 151, 250, 251, 252, 253, 254, 257, 271, 273, 275, 278, 280, 281, 282, 284, 285, 286, 288, 289, 290, 291, 292, 294, 295, 296, 297, 299, 300, 301, 306, 329, 336
Liberdade, 21, 31, 33, 39, 58, 116, 135, 136, 152, 172, 178, 212, 213, 217, 218, 219, 220, 221, 222, 224, 225, 226, 227, 228, 229, 234, 235,242, 247, 248, 249, 250,252, 254, 257, 262, 263, 264, 265, 267, 272, 274, 275, 276, 277, 278, 279, 280, 281, 285, 286, 289, 291, 297, 31, 313, 333
Lilburne, J., 12, 17, 19, 170, 251, 252, 253, 254, 255, 267, 271, 272, 273, 275, 281, 282, 290, 300, 328, 331, 335
Loucura, 15, 56, 67, 68, 72, 147, 153, 209, 240, 259
Lutero, M., 35, 58, 84, 86, 90, 142, 161, 269, 331

M

Macpherson, C.B., 285, 286, 334

Macrocosmo, 51, 60

Magna Carta, 116, 272, 274

Mandeville, B., 38

Maquiavel, N., 14, 162, 173, 312

Maria I, 92

Marta, G.A., 92

Martírio, 19, 78, 303

Marx, K., 24

Maximes Unfolded, 168, 328

Maxwell, J., 17, 51, 57, 80, 100, 134, 140, 148, 152, 206, 331

Maynwaring, R., 17, 61, 63, 123, 126, 142, 331

McIlwain, C., 30, 52, 71, 77, 125, 156, 331, 334

Mendle, M., 102, 156, 175, 335

Mercurius Aulicus,15, 68, 195, 326

Mercurius Britannicus, 18, 195, 290, 326

Mercurius Politicus, 18

Mercurius Rusticus, 70, 71

Mersenne, M., 31, 199

Microcosmo, 51, 53, 54

Milícia, Ordenação de, 66, 156, 162, 177

Milton, J., 17, 72, 151, 152, 158, 208, 291, 311, 331, 333

Mistarquia (*ver também* Constituição), 169, 252, 271, 275

Monarca (*ver* rei(s), 36, 42, 50, 56, 81, 90, 126, 131, 132, 134, 148, 153, 165, 190,197, 201, 211, 231, 233, 246, 253, 271, 303

Monarquia, Stuart, Tudor, eletiva, por conquista, 27, 29, 313

More, T., 82

Multidão, 43, 52, 73, 148, 214, 220, 231, 232, 233, 234,244, 246, 247, 254, 257, 277, 291, 292, 293, 294, 295, 296

N

Natureza, estado de, 70, 123, 146, 191, 225, 237, 261
Nedham, M., 18, 23, 26, 289, 290, 291, 305, 306, 307, 308, 312, 331
Newcastle, Conde, 220
Nobreza, 94, 101, 194, 223

O

Obediência, passiva, 90, 142, 144, 146, 152, 154, 238
Obrigação, 31, 32, 35, 58, 60, 63, 94, 133, 142, 143, 146, 157, 181, 205, 218, 219, 225, 227, 230, 239, 240, 278, 305,307
Orador, 65, 96, 214, 240
Overton, R., 18, 251, 257, 258, 259, 260, 267, 268, 273, 274, 275, 276, 277, 278, 279, 283, 300, 332
Owen, D., 91, 99, 332

P

Pacto, 16, 94, 97, 105, 107, 151, 230, 231, 232, 233, 234, 236, 237, 238, 239, 249, 269, 270, 282, 283, 294, 295
Panfleto(s), 11, 13, 14, 17, 21, 32, 33, 37, 81, 83, 109, 138, 153, 155, 157, 170, 193, 194, 198, 215,243, 253, 257, 259, 267, 277, 282, 290,300,327
Papa, 67, 78, 79, 83, 84, 85, 90, 122, 132, 177, 197
Papistas, 16, 67, 78, 125, 139, 203, 206, 208, 242
Parker, H., 13, 19, 49, 58, 67, 103, 105, 108, 117, 158, 159, 160, 161, 166, 170, 171, 172, 178, 180, 182, 186, 203, 210, 213, 220, 221, 233, 248, 250, 332

AS REVOLUÇÕES DO PODER 325

Parlamentares, 14, 17, 22, 41, 42, 48, 62, 67, 114, 116, 121, 125, 153, 154, 155, 197, 200, 201, 202, 216, 220, 224, 226, 231, 243, ,244, 246, 247, 251, 252, 254, 255, 260, 272, 275, 277, 279, 292

Parlamentaristas, 13, 25, 34, 35, 36, 49, 50, 60, 71, 73, 118, 156, 162, 171, 173, 177, 178, 181, 190, 195, 197, 198, 209, 220, 226, 231, 307

Parlamento, Longo, Rabo, soberano, 11, 12, 13, 15, 16, 17, 19, 20, 21, 23, 43, 44, 48, 49, 50, 52, 56, 59, 61, 62, 63, 64, 65, 66, 67, 68, 69, 77, 78, 100, 101, 102, 103, 106, 107, 108, 111, 113, 114, 115, 116, 117, 119, 120, 121, 122, 124, 125, 126, 127, 131, 132, 148, 153, 154, 155, 156, 157, 158, 160, 161, 162, 163, 165, 166, 167, 168, 170, 171, 172, 173, 174, 175, 176, 177, 178, 185, 188, 189, 190, 191

Parsons, R., 77

Patriarcalismo,120, 121, 123, 137, 140

Paulo V, 78

Pennington, J., 23, 25, 64, 65, 293

Petição de Direito, 20, 116, 132, 202

Petty, M., 19, 285

Pocock, J.G.A, 30, 32, 33, 44, 70, 109, 110, 113, 125, 133, 162, 165, 166, 170, 179, 188, 240, 241, 242, 274, 276, 278, 289, 290, 309, 311, 330, 335

Poder, espiritual, temporal, judiciário, legislativo, extraordinário, ordinário, 16, 35, 78, 79, 83, 84, 88, 90, 112, 113, 114, 117, 127, 167, 174, 177, 185, 248, 266, 283, 284

Ponet, J., 152

Populaça, 68, 73, 188, 245, 291

Populismo, 37, 158, 247

Povo, criatura do, 152

Prerrogativa régia, 35, 36, 48, 59, 63, 108, 115, 119, 122, 126, 127, 157, 221, 253

Presbiterianos, 42, 43, 99, 107, 121, 139, 151, 152, 153, 166, 242, 244, 247, 251, 260, 263, 264, 265, 266, 267, 280, 289, 290, 304, 305, 310, 311

Primogenitura, 131, 138, 140

Privilégios parlamentares, 114, 125, 253

Propriedade, 32, 33, 39, 71, 73, 98, 115, 116, 130, 172, 244, 249, 250, 251, 273, 277, 279, 280, 281, 286, 288, 298, 300

Protetorado, 18, 29, 297, 311, 312

Providência, 69, 140, 191, 252

Prynne, W., 15,19, 72, 155, 176, 246

Purgatório, 83

Puritano (a/s), 24, 25, 26, 91, 92, 99, 100, 125, 139, 154, 159, 175, 178, 179, 206, 304

Putney, debates de, 19, 20, 250, 282, 284, 285, 289

Pym, J, 20, 61, 62, 64, 176, 185, 332

Q

Queda, 94, 97, 182, 217, 313, 315

R

Rainbourough, T., 20, 71

Ravaillac, F., 91

Razão, lei da razão, natural, artificial, 12, 104, 110, 117, 207, 248

realeza, 25, 59, 78, 96, 156, 158, 177

Realistas, 11, 15, 18, 34, 37, 38, 42, 43, 49, 55, 59, 60, 61, 67, 68, 73, 90, 118, 125, 133, 142, 151, 155, 161, 170, 172, 177, 194, 195, 197, 198, 204, 212, 233, 238, 243, 244, 246, 247, 250, 253, 289, 290, 292, 294, 303, 304, 305, 306, 307, 309, 310

Rebelião, direito de, 98, 247

Reforma Protestante, 91, 117

As REVOLUÇÕES DO PODER 327

Regicidas, 41, 43, 92
Regicídio, 13, 18, 34, 42, 68, 92, 151, 158, 256, 291, 311
Rei (s), 11, 13, 14, 15, 16, 18, 20, 23, 28, 35, 36, 37, 41, 42, 43, 44, 45, 46, 48, 49, 50, 51, 52, 53, 54, 58, 59, 60, 61, 62, 64, 66, 68, 71, 74, 77, 78, 79, 80,81, 85, 88, 89, 90, 91, 92, 94, 96, 99, 100, 101, 103, 104, 106, 107, 108, 109, 110, 111, 112, 114, 115, 116, 118, 119, 120, 122, 125, 126, 129, 130, 131, 136, 137, 138, 142, 143, 144, 146, 152, 153, 154, 156, 157, 158, 160, 161, 162, 163, 166, 167, 170, 171, 172, 174, 175, 177, 185, 186, 193, 194, 195, 198, 199, 201, 203, 205, 209, 211, 212, 214, 219, 220, 232, 234, 239, 242, 244, 247, 248, 251, 252, 253, 254, 259, 268, 275, 276, 296, 299, 303, 304, 306, 309, 311, 312
Representação, representatividade, teoria da, 295
República, 11, 13, 16, 18, 26, 27, 28, 47, 63, 65, 71, 107, 113, 141, 151, 160, 181, 209, 217, 221, 222, 232, 236, 254, 257, 263, 264, 266, 271, 275, 285, 286, 289, 291, 292, 297, 298, 303, 304, 308, 309, 312,
Republicanismo, 311, 312
Republicanos, 19, 26, 107, 312, 301
Resistência, dever, direito, 36, 56, 58, 80, 84, 87, 88, 89, 90, 91, 94, 95, 107, 118, 132, 142, 143, 144, 145, 146, 151, 152, 154, 157, 158, 165, 168, 169, 189, 190, 191, 193, 195, 197, 230, 234, 236, 238, 239, 242, 244, 246, 247, 255, 257, 272, 279, 294, 299, 307, 339
Resposta às XIX Propostas do Parlamento, 12, 13, 161, 162, 167, 170, 173
Retórica (ver também eloqüência), 101, 152, 163, 213, 217, 255
Revisionismo, 124
Revolução, Inglesa, Francesa, Gloriosa, 24, 26, 27, 28, 29, 30, 91, 93, 95, 124, 151, 313, 334
Ribeiro, R. J., 111, 130, 216, 227, 238, 281, 282, 330, 335, 337
Rich, N., 289
Rous, F., 332, 334
Rutherford, S., 332

S

Salisbury, J., 83, 332

Salus populi, 159, 160, 161, 174, 181

Salvação, 46, 86, 239, 258, 268, 270

Schochet, G., 121, 123, 135, 142, 143, 144, 335

Scudamore, Visconde, 199, 200

Sectarismo, 95

Sedução, sedutores, 68, 224, 242

Seitas, 21

Selden, J., 170, 204, 205

Sêneca, 216

Sexby, W., *ver* Aalen, W., 11, 20, 287

Shakespeare, *Hamlet, King Lear, Macbeth*, 41, 57, 204, 331, 332

Sharp, A., 71, 155, 253,257, 273, 332, 335

Sidney, A., 75, 251

Skinner, Q., 30, 81, 90, 93, 94, 95, 104, 148, 150, 178, 213, 215, 288, 293, 294, 308, 310, 333, 334, 336, 337

Smith, A., 24, 38, 119, 332

Smith, T., 64, 103, 106, 332

Soberania, do rei, do Parlamento, 12, 15, 19, 32, 36, 38, 45, 67, 68, 80, 99, 100, 112, 122, 128, 145, 147, 148, 149, 150, 153, 154, 155, 156, 157, 158, 160, 162, 166, 169, 170, 171, 172, 176, 178, 179, 180, 189, 191, 195, 197, 204, 206, 222, 231, 232, 233, 237, 242, 246, 247, 250, 253, 269, 292, 299, 300

Sobrevivência, direito de, dever de, 60, 65, 69, 171, 177, 190, 191, 234

Sommerville, J.P., 52, 103, 108, 124, 130, 133, 142, 206, 208, 221, 268, 308,309, 310, 329, 331, 336

Spelman, J., 20, 49, 100, 140, 142, 197, 246, 333

St. John, O., 115

AS REVOLUÇÕES DO PODER 329

Strafford, conde de; *ver* Wentworth, T., 12, 13, 17, 20, 61, 62, 63, 74, 163, 172, 185, 200

Stuart Mill, J., 39, 263

Sucessão, 36, 80, 100, 130, 131, 135, 140

Supremacia, da lei, do parlamento, 109,114, 168

Supremacia, Lei de, 81, 107, 177

T

Tanner, J. R., 122, 123, 124, 134, 336

Testamento, Antigo, Novo, 82, 83, 85,182

The Maximes of Mixt Monarchy, 109, 153, 156, 180, 328

Thomas, K., 71, 285, 287, 336

Tirania, 57, 60, 63, 71, 73, 83, 85, 89, 96, 97, 98, 106, 108, 160, 162, 164, 165, 172, 174, 183, 185, 190, 191, 193, 198, 235, 253, 254, 260, 265, 270, 271, 272, 274, 278, 286, 291,303

Tiranicídio, 98, 121, 147, 289

Tirano, 21, 37, 43, 44, 49, 58, 60, 72, 80, 82, 83, 84, 87, 88, 89, 93, 96, 97, 99, 101, 108, 129, 137, 151, 152, 163, 183, 186, 189, 190, 197, 198, 217, 219, 238, 250, 251, 260, 262, 272, 274, 289, 291, 300

Tolerância religiosa,12, 21, 38, 251, 257, 259, 260, 263, 281, 282

Touching the Fundamentall Lawes, 64, 170, 173, 174, 181, 188, 328

Traição, 41, 57, 110, 134, 153, 181, 301

Tributos, tributação (ver Impostos), 85, 210, 247

Tuck, R., 81, 132, 155, 166, 170, 200, 204, 210, 213, 214, 225, 229, 238, 262, 336

Tully, J., 279, 282, 331, 337

Tyler, W., 77

Tyndale, W., 82

U

Usurpação, 83, 85, 130, 141, 169, 172, 249, 270

V

Veto, poder de, 16, 168, 172, 173
Voto, direito de, 71, 72

W

Wallace, J., 155, 156
Walwyn, W., 20
Wentworth, T., 20, 21, 61
Westminster, 66, 67, 68, 166, 175
Whig, historiografia, 122, 124, 243, 335
Wildman, J., 21, 287
Williams, G., 22, 49, 73, 141, 197, 245, 269, 333
Wiseman, T., 23, 25, 65, 68
Wolsey, Cardeal, 82

Z

Zagorin, P., 204, 205, 206, 276, 336

BIBLIOGRAFIA

A) Documentos:

State Papers Domestic, Charles I (SP 16-18): série completa da correspondência oficial dos secretários de Estado, além de registros contendo alguns dos mais importantes discursos e procedimentos do Parlamento no período entre 1640 e 1649, Public Record Office.

State Paper Office: Williamson Collection, Pamphlets, Miscellaneous (SP 9/245; Public Record Office): panfletos e jornais que aparentemente se inspiram e originam no jornal dos Comuns – *Diurnall occurrences or the heads of proceedings in both Houses of Parliament* (1641). Principais jornais e panfletos consultados:

Mercurius Aulicus Communicating the Intelligence and Affaires of the Court to the rest of Kingdom (1642);

Mercurius Britannicus Communicating the Affaires of Great Britain, for the better information of the People (1642-3);

Certain Information from several parts of the kingdome, for the satisfaction of all sorts of people that desiere to bee truly informed (1643);

Anti-aulicus Discovering Weekly the Policies, Deceits, and Erroneous Maximes of the Court (1643);

Mercurius Anglicus or a Post from the North (1643);

The Weekly Acompt (1645);

The Kingdomes weekly Post (1647-8);

Mercurius Pragmaticus Communicating Intelligence from all Parts, touching all affaires, designes, Humours and conditions throughout the Kingdome (1649);

332 EUNICE OSTRENSKY

The Thomason Collection of Civil War Tracts (TT), Biblioteca Britânica.

B) Fontes primárias:

[Anon.] *Match me these two: or the conviction and arraignment of Britannicus and Lilburne*, 1648 (TT. E 400 (9)); s.n.p.

[Anon.] *The Maximes of Mixt Monarchy*, 1642 (TT E. 88. (18); s. n.p.).

[Anon.] *Maximes Unfolded*, 1643 (Biblioteca Britânica).

[Anon.] *Touching the Fundamental Lawes*, IN: *The Struggle for Sovereignty*, ed. J. L. Malcolm, Indianapolis, 1999.

[Anon.] *Eikon Basilike: The Portrait of His Sacred Majesty in His Solitudes and Sufferings*, ed. P. Knachel, New York, Cornell University Press, 1966.

[Anon.] *England's Miserie and Remedie*, IN: *Divine Right and Democracy*, ed. D. Wootton, London, Penguin Books, 1986.

Aristóteles, *Ética a Nicômaco*, trad. para o inglês de W. D. Ross, Encyclopaedia Britannica, 1952.

_____, *Política*, trad. para o inglês B. Jowett, Encyclopaedia Britannica, 1952.

Ascham, A., *Of the Confusions and Revolutions of Government*, IN: *Divine Right and Democracy*, ed. D. Wootton, London, Penguin, 1986.

_____, *The Original and End of Civil Power*, IN: *Complaint and Reform in England*, ed. W.H. Dunham e S. Pargellis, New York, Octagon Books, 1968.

Aubrey, J. *Brief Lives*, ed. Buchanan-Brown, Penguin Books, 2000.

Bacon, F., "Of Seditions and Troubles", *The Essays or Counsels Civil and Moral*, ed. B. Vickers, Oxford University Press, 1999.

Ball, W., *Constitutio Liberi Populi*, IN: *The Struggle for Sovereignty*, ed. J.L. Malcolm, Indianapolis, Liberty Fund, 1999.

Buchanan, G. *The Rights of the Crown in Scotland*, IN: *Rex Lex*, Harrisonburg, Sprinkle Publications, 1982.

Cícero, M. T., *De Officiis*, trad. para o inglês de M. T. Griffin e E. M. Atkins, Cambridge University Press, 1996.

Calvino, J. *Do Governo Civil*, ed. H. Hopfl, IN: *On Secular Authority*, Cambridge University Press, 1997.

Charles I, *XIX Propositions Made by Both Houses of Parliament, to the King most Excellent Majestie: With His Majestie Answer Thereunto*, IN: *The Struggle for Sovereignty*, ed. M.L. Joyce, Indianapolis, Liberty Fund, 1999.

Coke, E., *The Second Part of the Reports*, IN: *The Struggle for Sovereignty*, ed. M.L. Joyce, Indianapolis, Liberty Fund, 1999.

_____., *Prohibitions del Roy*, IN: *The Struggle for Sovereignty*, ed. M.L. Joyce, Indianapolis, Liberty Fund, 1999.

_____., *Le Tierce Part des Reportes*, IN: *Divine Right and Democracy*, ed. D. Wootton, London, Penguin Books, 1986.

Constitutional Documents of the reign of James I, ed. J. R. Tanner, Cambridge University Press, 1960.

Clarendon, Earl of, *The History of the Rebellion and Civil Wars*, London, Oxford University Press, 1968.

Davies, J., *Le primer Report des Cases et Matters en Ley Resolues et Adiudges en les Courts del Roy en Ireland*, IN: *Divine Right and Democracy*, ed. D. Wootton, London, Penguin Books, 1986.

Digges, D. *The unlawfulness of subjects taking up armes against their soveraigne in what case soever*, together with an answer to all objections scattered in their several bookes. Oxford, 1642 (Biblioteca Britânica).

Divine Right and Democracy, ed. D. Wootton, London, Penguin, 1986.

The English Levellers, ed. A. Sharp, Cambridge University Press, 1998.

Ferne, H. *The Resolving of Conscience*, IN: *The Struggle for Sovereignty*, ed. M.L. Joyce, Indianapolis, Liberty Fund, 1999.

Filmer, R. *Patriarcha and other writings*, ed. J.P. Sommerville, Cambridge University Press, 1991.

Fish, S., *A Supplication for the Beggars*, IN: *Complaint and Reform in England*, ed. W.H. Dunham e S. Pargellis, New York, Octagon Books, 1968.

Fortescue, J., *The Governance of England,* IN: *Complaint and Reform in England,* ed. W.H. Dunham e S. Pargellis, New York, Octagon Books, 1968.

Foucault, M., *As palavras e as coisas,* trad. S. Muchail, São Paulo, Martins Fontes, 1987.

Harrington, J., *The Commonwealth of Oceana,* ed. J. G. A. Pocock, Cambridge University Press, 1996.

_____, *The Art of Lawgiving, Divine Right and Democracy,* ed. D. Wootton, London, Penguin Books, 1986.

[Herle, C.], *A Fuller Answer to a Treatise Written by Doctor* Ferne, IN: *The Struggle for Sovereignty,* ed. M.L. Joyce, Indianapolis, Liberty Fund, 1999.

Heylin, P. *The Rebels Catechisme,* Oxford, 1644 (TT E. 35.(22)).

Hobbes, T. *English Works,* ed. Molesworth, 1835.

_____. *Elements of Law,* ed. J.C.A. Gaskin, Oxford University Press, 1994.

_____. *Do Cidadão,* tradução para o inglês *On the Citizen,* por M. Silverthorne, Cambridge University Press, 1998; tradução para o português *Do Cidadão,* por R. J. Ribeiro, São Paulo, Martins Fontes,1992.

_____. *Leviatã,* trad. J. P. Monteiro e M. B. Nizza, São Paulo, Martins Fontes, 2003.

_____. *A Dialogue between a Philosopher and a Student of the Common Laws of England,* ed. J. Cropsey, The University of Chicago Press, 1997.

_____. *The Correspondence of Thomas Hobbes,* ed. N. Malcolm, Oxford, Clarendon Press, 1997.

_____. *Behemoth,* trad. E. Ostrensky, Belo Horizonte, Ed. UFMG, 2001.

An Homily against Disobedience and Wyful Rebellion, IN: *Divine Right and Democracy,* ed. D. Wootton, London, Penguin Books, 1986;

Hooker, R. *Of the Laws of Ecclesiastical Polity,*ed. A. S. McGrade, Cambridge University Press, 1997.

Hume, D., *The History of England,* vol. I, Indianapolis, Liberty Fund, 1983.

Hunton, P. *A Treatise of Monarchy,* 1643, IN: *Divine Right and Democracy,* ed. D. Wootton, London, Penguin Books, 1986.

Jaime I, *The Political Works,* ed. C.H. McIlwain, New York, Russel and Russel, 1965.

_____ (King James VI and I), *Political Writings,* ed. J.P. Sommerville, Cambridge University Press, 1994.

The Judgement and Decree of the University of Oxford, IN: *Divine Right and Democracy,* ed. D. Wootton, London, Penguin Books, 1986.

Knox, J. *On Rebellion,* ed. R. Mason, Cambridge University Press, 1994.

Locke, J., *A Letter Concerning Toleration,* ed. J. Tully, Indianapolis, Hackett Publishing Company, 1983.

Lilburne, J., *A letter sent from Captain Lilburn to divers of his Friends, citizens and others of good account in London, wherein he fully expresses the misery of his imprisonment and the barbarous usage of the cavaliers towards him, desiring (if it were possible) to use some meanes for his releasement.* London, 1643. TT E. 84.(5).

Lutero, M. *Da Autoridade Secular,* ed. Harro Hopfl, IN: *On Secular Authority,* Cambridge University Press, 1997; pp. 1-46.

Maxwell, J. *Sacro-sancta regum majestas: or the sacred and royal prerogative of Christian kings,* Oxford, 1644 (Biblioteca Britânica).

Maynwaring, R., *Religion and Alegiance,*IN: *The Struggle for Sovereignty,* ed. M.L. Joyce, Indianapolis, Liberty Fund, 1999.

Milton, J., *A tenência de reis e magistrados,,* IN: *Escritos Políticos,* ed. Martin Dzelzainis, trad. Eunice Ostrensky, Martins Fontes, 2005.

_____, *The ready & Easie Way to Establish a Free Commonwealth,* IN: *The Struggle for Sovereignty,* ed. J.L. Malcolm, Indianapolis, Liberty Fund, 1999.

Nedham, M., *The Case of the Commonwealth of England Stated,* Ed. Philip A. Knachel, The Folger Shakespeare Library, University of Virginia Press, 1969.

_____, M., *The Excellency of a Free State,* TT. E. 1676 (1).

Overton, R., *Man's mortality* (1643), TT. E. 20. 16.

Owen, D., *Herodes and Pilate Reconciled,* ed. L. Sasek, IN: *Images of English Puritanism,* Louisiana State University Press, 1989

336 EUNICE OSTRENSKY

Parker, H., *The Case of Shipmony Briefly Discoursed,* IN: *The Struggle for Sovereignty,* ed. J. L. Malcolm, Indianapolis, 1999.

_____., *Observations upon some of his Majesties late Answers and Expresses* – The Second Edition corrected from some grosse errors in the presse, 1642 (Biblioteca Britânica). Há uma edição recente desse texto em *Revolutionary Prose of the English Civil War,* ed. H. Erskine-Hill e G. Storey, Cambridge University Press, 1983.

_____. *The Political Catechism,* 1644 (Biblioteca Britânica).

Political Ideas of the English Civil Wars 1641-1649, ed. A. Sharp, London, Penguin Books, 1983.

Puritanism and Revolution, ed. A. S. P. Woodhouse, The University of Chicago Press, 1965.

Pym, J., "The Speech or Declaration of John Pym", IN: *The Struggle for Sovereignty,* ed. J. L. Malcolm, Indianapolis, 1999.

[Rous, F.], *The Lawfulness of obeing the present Government,* IN: *The Struggle for Sovereignty,* ed. J. L. Malcolm, Indianapolis, 1999.

Rutherford, S., *Rex Lex, or the Law and the Prince,* Virginia, Sprinkle Publications, 1982.

Salisbury, J., *Policraticus,* trad. de C. J. Nederman, Cambridge University Press, 1995.

Shakespeare, W., *King Lear,* ed. R. Fraser, London, Signet Classics, 1987.

_____. , *Macbeth,* ed. B. Lott, Harlow, 1992.

Smith, A., *Teoria dos Sentimentos Morais,* trad. L. Luft, São Paulo, Martins Fontes, 1999.

_____, *A Riqueza das Nações,* trad. A. Rodrigues e E. Ostrensky, São Paulo, Martins Fontes, 2003.

Smith, T., *De Republica Anglorum* (1565), IN: *Complaint and Reform in England,* ed. W. H. Dunham e S. Pargellis, New York, Octagon Books, 1968.

Spelman, J. *Certain considerations upon the duties both of prince and people,* written by a Gentleman of quality, a wel-wisher both to the king and Parliament, Oxford, 1642 (Biblioteca Britânica);

The Stuart Constitution, ed. J. P. Kenyon, Cambridge University Press, 1986.

Stuart Mill, J., *A Liberdade/ Utilitarismo*, trad. E. Ostrensky, São Paulo, Martins Fontes, 2000.

Suárez, F. *De Legibus*, ed. J. Kraye, *Cambridge Translations of Renaissance Philosophical Texts*, vol. 2, Cambridge University Press, 1997.

Tracts on Liberty in the Puritan Revolution 1638-1647, ed. W. Haller, N. York, 1934.

[Walwyn, W.], *The Power of Love* (1643), TT. E. 1206. (2.).

_____, *The Compassionate Samaritaine*, IN: *Divine Right and Democracy*, ed. D. Wootton, London, Penguin, 1986.

_____, *Englands Lamentable Slaverie*, 1645 (Biblioteca Britânica).

Williams, G., *Vindiciae Regum, or the Grand Rebellion, that is a looking-glasse for Rebels, whereby they may see, how by ten several decrees they shall ascend to the height of their designe, and so thoroughly rebel, and utterly destroy themselves thereby*, Oxford, 1643, TT. E 88 (1).

Williams, R., *The Bloudy Tenent of Persecution*, IN: *Divine Right and Democracy*, ed. D. Wootton, London, Penguin, 1986.

C) Fontes secundárias:

Brown, K., "The Artist of the *Leviathan* Title-Page", *British Library Journal*, IV (1978), pp. 24-36.

Corns, T. N., "Milton and the characteristics of a free commonwealth", IN: *Milton and Republicanism*, ed. D. Armitage, A. Himy and Q. Skinner, Cambridge University Press, 1998.

Daly, J.W. "Cosmic h armony and political thinking in early Stuart England", IN: *Transactions of the American Philosophical Society*, LXIX (1979), pt. 7.

_____. *Sir Robert Filmer and English Political Thought*, University of Toronto Press, 1979 a.

Dickens, A. G., *The English Reformation*, New York, Schocken Books, 1964.

338 EUNICE OSTRENSKY

Dunn, J., *The Political Thought of John Locke,* Cambridge University Press, 1969.

_____, "Revolution", IN: *Political Innovation and Conceptual Change,* ed. T. Ball, J. Farr, R. L. Hanson, Cambridge University Press, 1989.

Elton, G. R., *Reform and Reformation,* Massachusetts, Harvard University Press, 1979.

Figgis, J.N. *The Divine Right of Kings,* Bristol, Thoemmes Press, 1994.

Hanson, R. L., "Democracy", IN: *Political Innovation and Conceptual Change,* ed. T. Ball, J. Farr, R. L. Hanson, Cambridge University Press, 1989.

Hill, C., *The Century of Revolution,* N. York and London, Norton, 1980.

_____., *O Eleito de Deus,* São Paulo, Cia das Letras, 1990.

_____., *Origens intelectuais da Revolução Inglesa,* São Paulo, Martins Fontes, 1992.

_____, *Society and in Puritanism in Pre-Revolutionary England,* New York, St. Martin's Press, 1997.

Kantorowicz, E.H., *The King's Two Bodies,* Princeton University Press, 1981

Kenyon, J.P. *The Stuarts,* London, B.T. Batsford, 1958.

Kenyon, J. e Ohlmeyer, J. (ed.) *The Civil Wars: a military history of England, Scotland and Ireland, 1638-1660,* Oxford University Press, 1998.

Khan, V., "The Metaphorical Contract in Milton's *Tenure of Kings and Magistrates*", IN: *Milton and Republicanism,* ed. D. Armitage, A. Himy and Q. Skinner, Cambridge University Press, 1998.

Klein, W. "The Ancient Constitution Revisited", IN: *Political Discourse in Early Modern Britain,* Cambridge University Press, 1993; pp.23-44.

Macpherson, C.B., *A Teoria Política do Individualismo Possessivo,* São Paulo, Paz e Terra, 1979.

McIlwain, C.H., *Constitutionalism ancient and modern,* Cornell University Press, 1976.

Maddox, G. "Constitution", IN: *Political Innovation and Conceptual Change,* ed. T. Ball, J. Farr and R.L. Hanson, Cambridge University Press, 1989; pp. 50-67.

AS REVOLUÇÕES DO PODER 339

Mendle, M., "Parliamentary sovereignty: a very English absolutism", IN: *Political Discourse in Early Modern Britain*, Cambridge University Press, 1993; pp. 97-119.

Oakley, F. *Omnipotence, Covenant and Order*, an excursion in the History of Ideas from Abelardo to Leibniz, Ithaca and London, Cornell University Press, 1984.

Pitkin, H. F., "Representation", IN: *Political Innovation and Conceptual Change*, ed. T. Ball, J. Farr, R. L. Hanson, Cambridge University Press, 1989.

Pocock, J.G.A. *The Ancient Constitution and the Feudal Law*, New York, Norton, 1957.

_____. *The Machiavellian Moment*, Princeton University Press, 1975.

_____. *Politics, Language and Time*, The University of Chicago Press, 1989.

_____. *The Varieties of British Political Thought*, 1500-1800, Cambridge University Press, 1996.

Ribeiro, R.J., *Ao leitor sem medo*, Belo Horizonte, Ed. UFMG, 1999.

_____., *A última razão dos reis*, São Paulo, Cia. das Letras, 1993.

Rinesi, E., *Política y Tragedia*, Buenos Aires, Ediciones Colihue, 2003.

Sanderson, J. *'But the people's creatures'*, the philosophical basis of the English Civil War, Manchester and New York, Manchester University Press, 1989.

Sharp, A., "John Lilburne and the Long Parliament's *Book of Declarations*: a radical exploitation of the words of authorities", IN: *History of Political Thought*, vol. IX, no. 1, Spring 1988; pp. 19-44.

Schochet, G.J. *The Authoritarian Family and Political Attitudes in 17th Century England*, New Brunswick and London, Transaction Books, 1988.

Schwoerer, L., "The right to resist: Whig resistance theory", IN: *Political Discourse in Early Modern Britain*, Cambridge University Press, 1993.

Skinner, Q., *The Foundations of Modern Political Thought*, Cambridge University Press, 1978.

_____. "History and Ideology in the English Revolution", IN: *Thomas Hobbes Critical Assessments*, ed. P. King, London, Routledge, 1993; p. 91-122.

_____. "The State", IN: *Political Innovation and Conceptual Change*, ed. T. Ball, J. Farr and R.L. Hanson, Cambridge University Press, 1989; pp. 90-131.

_____, *Reason and Rhetoric in the Philosophy of Hobbes*, Cambridge University Press, 1996.

_____. *Liberty before Liberalism*, Cambridge University Press, 1998.

_____., "Hobbes's life in philosophy", IN: *Visions of Politics*, Cambridge University Press, 2002; pp. 1-37

Sommerville, J.P. *Thomas Hobbes: Political Ideas in Historical Context*, London, Macmillan Press, 1992.

_____. *Royalists and Patriots*: Politics and Ideology in England, 1603-1640, London and New York, Longman, 1999.

Tanner, J.R., *English Constitutional Conflicts of the Seventeenth Century*, Connecticut, Greenwood Press, 1983.

Thomas, K., "The Levellers and the Franchise", IN: Aylmer, *The Interregnum*, Londres, 1974; pp. 57-78.

Tuck, R. *Natural Rights Theories*, Cambridge University Press, 1979.

_____(et alli). *Great Political Thinkers*, Oxford University Press, 1992.

_____. *Philosophy and Government*, Cambridge University Press, 1993.

Tully, J., *An Approach to Political Philosophy: Locke in contexts*, Cambridge University Press, 1993.

Wallace, J. M. *Destiny his choice: the loyalism of Andrew Marvell*, Cambridge University Press, 1968.

Zagorin, P., *A History of Political Thought in the English Revolution*, London, Routledge and Kegan Paul, 1954.

_____, "Clarendon and Hobbes", IN: *Thomas Hobbes Critical Assessments*, ed. P. King, London and New York, Routledge, 1993; pp. 430-452.

AGRADECIMENTOS

Antes de mais nada, gostaria de agradecer à Fundação de Amparo à Pesquisa do Estado de São Paulo, FAPESP, sem cujo incentivo este livro nunca teria existido. Triplo incentivo, na verdade. Além de financiar meu doutorado por quatro anos, em 2001 essa Fundação me permitiu realizar parte da pesquisa de fontes primárias e secundárias na Inglaterra, no Public Record Office e na Biblioteca Britânica; por último, me concedeu um importante auxílio para publicar os resultados de todos esses anos de esforço intelectual. Também quero expressar meus agradecimentos ao Prof. Dr. Renato Janine Ribeiro, orientador de meu mestrado e doutorado, e à Profa. Marilena Chauí, que me ajudou nesta publicação e comigo discutiu, em várias ocasiões, os resultados parciais deste trabalho. Junto com eles, compuseram a banca avaliadora da tese de doutorado os Profs. Drs. Renato Lessa, Raquel Kristsch e Cícero Romão de Araújo. A todos agradeço a oportunidade do debate e as valiosas intervenções no meu texto. Não poderia deixar de citar o Professor Quentin Skinner, que por algumas vezes me recebeu com extrema gentileza em Cambridge e Londres, interessando-se por meu trabalho bem mais do que este merece e sugerindo uma bibliografia fundamental.

Este livro é o produto mais tangível de meus estudos entre 1994 e 2002. Na primeira data se deu o início de meu mestrado em filosofia e o aprofundamento de uma relação filosófica com Thomas Hobbes, relação que dura, talvez, até hoje. Foi também em dezembro daquele ano, quando terminava os créditos do mestrado, que repentinamente morreu meu pai. Por um tempo fiquei muda, inconsolável, mas ao fim apenas acabei aceitando o irremediável. Não é exagero dizer que escrevi o mestrado muito em gratidão por meu pai, vencendo de certo modo a morte. A segunda data marca o fim do doutorado, momento ambíguo de alívio e angústia, ponto zero de novo. No mesmo ano, senti e vi surgir de dentro de mim uma vida inteira pela frente, uma obra completa, da qual sempre terei o maior orgulho e que defenderei com todos os meus instintos. Minha filha Helena nasceu exatos treze dias depois da defesa de tese e me deixou, por vários meses, alheia ao discurso filosófico, inteiramente encantada e absorta.

Nesse caminho, permaneceu constante o apoio da minha família. À minha mãe Leda, aos meus irmãos Antônio e André, agradeço o carinho, mesmo à distância. Com meu amigo argentino Eduardo Rinesi, aprendi mais do que pude ensinar. E aos amigos de sempre, principalmente Pedro e Fernão, que continuam a me ligar, apesar de minha resistência maníaca e insociável ao telefone, quero deixar registrada minha fraternidade. A amizade segura de Joana e Haroldo, editores deste livro, foi uma das grandes conquistas posteriores a esse período. Queridíssimos, me deixam confortável para ficar até em silêncio, só gostando de sua presença. E, por fim, poucas palavras a quem me roubou de um romance antigo e abriu meu segredo.

Este livro foi impresso em São Paulo pela gráfica
Palas Athenas no verão de 2006. No texto da obra,
foi utilizada a fonte Minion, em corpo 10 com
entrelinha de 15 pontos